大数据背景下
高技术制造业
技术技能人才供给策略

董俊华　黄卫庭　著

华南理工大学出版社
·广州·

图书在版编目（CIP）数据

大数据背景下高技术制造业技术技能人才供给策略／董俊华，黄卫庭著. -- 广州：华南理工大学出版社，2024.8. -- ISBN 978-7-5623-7780-1

Ⅰ.F426.4

中国国家版本馆CIP数据核字第2024HW8122号

Dashuju Beijing xia Gaojishu Zhizaoye Jishu Jineng Rencai Gongji Celüe
大数据背景下高技术制造业技术技能人才供给策略
董俊华　黄卫庭　著

出 版 人：柯　宁
出版发行：华南理工大学出版社
　　　　　（广州五山华南理工大学17号楼，邮编510640）
　　　　　http：//hg.cb.scut.edu.cn　E-mail：scutc13@scut.edu.cn
　　　　　营销部电话：020-87113487　87111048（传真）
策划编辑：范亚玲
责任编辑：周　扬　骆　婷
责任校对：曹思婷　梁晓艾
印 刷 者：广州小明数码印刷有限公司
开　　本：787mm×1092mm　1/16　印张：16.75　字数：404千
版　　次：2024年8月第1版
印　　次：2024年8月第1次印刷
定　　价：55.00元

版权所有　盗版必究　　印装差错　负责调换

序 言

在当今这个信息化、数字化迅速发展的时代,大数据已经成为推动社会进步和经济发展的重要力量。特别是在高技术制造业领域,大数据的应用不仅改变了生产方式,提高了生产效率,更成为了企业创新发展的必由之路。随着信息技术的飞速发展,大数据正逐渐渗透到高技术制造业的各个环节,从而极大地提高了生产效率和产品质量,推动了产业结构的优化升级。大数据背景下,高技术制造业对人才的需求提出了新的挑战。技术技能人才作为高技术制造业的核心竞争力,其供给策略的优化显得尤为重要。本书将探讨在大数据背景下,如何通过有效的供给策略,培养和提供符合高技术制造业需求的技术技能人才。

本书作为广东省哲学社科基金课题和教育科学规划课题研究成果及佛山职业技术学院机械设计与制造广东省高水平专业群建设成果之一,旨在探讨大数据背景下高技术制造业技术技能人才的供给策略,通过对高技术制造业创新发展模式的分析、企业创新发展模式影响机理的研究,以及大数据应用的案例分析,揭示高技术制造业在新时代背景下的发展趋势和面临的挑战。同时,本书还将基于大数据探究高技术制造业的创新发展路径,分析机械设计与制造专业群的人才需求、技术技能人才供给的典型案例并制定相应策略,为高技术制造业的人才培养和技术进步提供参考和指导。随着全球经济的不断变化和技术的不断进步,高技术制造业的未来充满了机遇与挑战。本书将展现这一领域的最新动态,并为高技术制造业的可持续发展提供战略性的思考和方案。

第1章至第7章的内容构成了本书的主体框架,从高技术企业创新发展模式入手,通过大量的政策和数据调研及相关文献研究,充分了解高技术企业发展现状,基于大数据提出高技术企业创新发展策略。附录内容从供给侧视角,以机械设计与制造高端装备领域的高技术企业人才需求及岗位能力为载体，通过案例实践，为职业教育培养高技术企业所需的技术技能人才提供有效路径。本书希望能够为读者提供关于高技术制造业在大数据时代背景下的全景图，并为相关领域的决策者、研究人员和实践者提供实用的信息和建议，其中第1章至第6章由黄卫庭著，第7章由董俊华著。

本书在撰写过程中，得到了许多专家学者、行业从业者以及教育工作者的大力支持和帮助，特别是佛山市顺德区职业教育发展促进会、广东职教桥数据科技有限公司、德国赋优（F+U）教育集团、佛山市艾乐博机器人科技有限公司、科达制造股份有限公司等，他们不仅提供了宝贵的意见和建议，还分享了丰富的经验、案例及数据，使作者能够更深入地理解大数据背景下高技术制造业对技术技能人才的需求，以及其面临的挑战和机遇。在此，我们表示衷心的感谢和崇高的敬意。

董俊华

目 录

第1章 高技术制造业创新发展模式 ·· 1
   1.1 高技术制造业创新发展政策综述 ·· 1
   1.2 大数据发展的现状及趋势 ··· 3
   1.3 广东高技术制造业创新发展分析 ·· 4
   1.4 大数据技术在高技术制造业中的应用分析 ································· 6

第2章 高技术制造企业创新发展模式影响机理 ··································· 9
   2.1 高技术制造企业创新发展模式调研 ·· 9
   2.2 高技术制造企业创新发展的原因、成效和存在的问题 ················ 10
   2.3 调研企业发展模式创新影响分析 ·· 11

第3章 高技术制造企业大数据应用的案例分析 ································· 13
   3.1 3D打印产业学院案例分析 ··· 13
   3.2 科达制造股份有限公司案例分析 ·· 14
   3.3 佛山市艾乐博机器人股份有限公司案例分析 ···························· 16

第4章 基于大数据探究高技术制造业的创新发展路径 ······················ 19
   4.1 智能制造整体统筹规划设计 ··· 19
   4.2 建立大数据共享平台 ·· 20
   4.3 提升高技术制造企业大数据技术应用能力 ································ 21
   4.4 构建高技术制造业"4+2+3"创新发展模式 ································ 23
   4.5 加强多层次的人才保障 ··· 24

第5章 机械设计与制造专业群人才需求调研分析 ····························· 26
   5.1 调研背景 ··· 26
   5.2 调研目的 ··· 27
   5.3 调研组织与实施 ··· 27

5.4	先进装备制造产业背景研究	29
5.5	机械设计与制造专业群市场岗位需求分析	41
5.6	机械设计与制造专业群目标培养岗位与胜任力分析	43
5.7	调研总结与建议	55

第6章 机械设计与制造专业群职业能力分析报告 58

6.1	职业能力分析的目的及意义	58
6.2	职业能力分析的方法与途径	58
6.3	职业能力分析表整理原则	59
6.4	职业生涯发展路径表	60
6.5	职业能力分析表	61

第7章 技术技能人才供给典型案例 109

| 7.1 | 智能制造类国际化复合型人才培养 | 109 |
| 7.2 | 供给侧结构性改革视角下现代学徒制人才培养 | 145 |

附 录 147

附录1	佛山职业技术学院科达国际工匠班实训课程模块（1）	147
附录2	佛山职业技术学院科达国际工匠班实训课程模块（2）	153
附录3	佛山职业技术学院科达国际工匠班实训课程模块（3）	161
附录4	佛山职业技术学院科达国际工匠班实训课程模块（4）	168
附录5	数控技术专业现代学徒制试点工作方案	173
附录6	现代学徒制数控技术专业人才培养方案	180
附录7	学徒岗位能力课程标准（机械设计与创新）	221
附录8	学徒岗位能力课程标准（数控特种加工）	228
附录9	学徒岗位能力课程标准（数控加工工艺与编程）	235
附录10	学徒岗位能力课程标准（ISO9000质量管理体系认证）	247
附录11	学徒岗位能力课程标准（6S管理）	252

参考文献 257

第1章　高技术制造业创新发展模式

1.1　高技术制造业创新发展政策综述

党的十八大指出，要"坚持走中国特色新型工业化、信息化、城镇化、农业现代化道路，推动信息化和工业化深度融合、工业化和城镇化良性互动、城镇化和农业现代化相互协调，促进工业化、信息化、城镇化、农业现代化同步发展"。为深入贯彻落实党的十八大精神，2013 年 8 月工业和信息化部针对两化深度融合颁布了专项的行动计划文件，提出要建设和推广"企业两化融合管理体系"标准、推广企业两化深度融合示范行动、推进电子商务和物流信息化集成创新、提升中小企业两化融合能力、提升重点领域智能化水平、推动互联网与工业融合创新、培育智能制造生产模式、提升信息产业支撑服务能力等八大行动，全面提高工业发展的质量和效益，促进工业由大变强。2015 年 5 月，国务院印发了《中国制造 2025》，它是部署全面推进国家实施制造强国战略的第一个十年的行动纲领，强调中国制造业创新发展必须加快两化融合的深度应用。2016 年 7 月中共中央和国务院发布了《国家信息化发展战略纲要》（以下简称《纲要》），它是国家实施信息化强国战略的文件，是国家信息化未来十年的发展纲领。《纲要》指出要加快实施《中国制造 2025》，推进信息化和工业化深度融合。在 2016 年 12 月和 2017 年 1 月工业和信息化部接连发布《智能制造发展规划（2016—2020 年）》和《大数据产业发展规划（2016—2020 年）》，其中《智能制造发展规划（2016—2020 年）》为我国智能制造的发展指明了方向，对智能制造应该如何推进、如何发展、如何重点攻克关键技术创新等问题给出了明确的答案，并明确提出大力发展智能制造装备、加强推进关键共性技术的创新、建构工业互联网基础、建设智能制造标准体系、加大智能制造试点示范推广力度、推动重点领域智能转型、促进中小企业智能化改造、培育智能制造生态体系、推进区域智能制造协同发展、打造智能制造人才队伍等十项重点任务。《大数据产业发展规划（2016—2020 年）》（以下简称《规划》）是实施国家大数据战略、实现我国从数据大国向数据强国转变的重要推动力。大数据已然成为塑造国家竞争力的战略制高点之一，《规划》中提出加强大数据技术产品的研发、深化工业大数据的创新应用、促进行业大数据的应用发展、加快大数据产业主体的培育、推进大数据标准体系的建设、完善大数据产业的支撑体系、提升大数据安全保障的能力等七大重点任务。2017 年，国务院印发了《关于深化"互联网+先进制造业"发展工业互联网的指导意见》（以下简称《意见》），该《意见》的颁布有助于国家全面实施创新驱动发展战略，系统推进工业互联网的建设和发展，全面加快互联网、大数据、人工智能与实体经济的深度融合，大力发展先进制造业，对于传统制造产业转型优化升级具有重要意义。2021 年，工业和信息化部印发了关于《"十四五"信息化和工业化深度融合发展规划》的通知，文中强调信息化和工业化深度融合是信息化和工业化两个历史进程的交汇与创新，是中国特色新型工业化道路的集中体现，是新发展阶段制造业数字化、网络化、智能化发展的必由之路，是数字经济时代建设制造强国、网络强国和数字中国的扣合点。信息化是信息技术在国民经济各领域的应用，既是发展过程也是发展目的，信息化和工业化的融合既加速了工业化进程，也推动了信息技术的进步。信息世界与物理世界的深度融合是未来世界发展的总趋势，信息化和工业化的两化深度融合顺应这一趋势，正在全面加速数字化转型，推动制造业企业形态、生产方式、业务模式和就业方式的根本性变革。为深入贯彻落实党中央、国务院关于深化新一代信息技术与制造业融合发展的决策部署，持续做好两化深度融合这篇大文章，2021年工业和信息化部、国家发展和改革委员会等八部门印发的《"十四五"智能制造发展规划》提出，"十四五"及未来相当长一段时期，推进智能制造要立足制造本质，紧扣智能特征，以工艺、装备为核心，以数据为基础，依托制造单元、车间、工厂、供应链等载体，构建虚实融合、知识驱动、动态优化、安全高效、绿色低碳的智能制造系统，推动制造业实现数字化转型、网络化协同、智能化变革。到2025年，规模以上制造业企业大部分实现数字化网络化，重点行业骨干企业初步应用智能化；到2035年，规模以上制造业企业全面普及数字化网络化，重点行业骨干企业基本实现智能化。

广东省是我国制造业大省和实体经济大省，也是世界重要的先进制造业基地。为加快实施创新驱动发展战略，加大制造业供给侧结构性改革的力度，广东省人民政府办公厅在2014年10月出台了《关于加快先进装备制造业发展的意见》和《关于推动新一轮技术改造促进产业转型升级的意见》，为进一步推动全省先进装备制造业集约发展，打造珠江西岸先进装备制造产业带，大力推进以科技创新为核心的全面自主创新，提供了充分的政策支持。在国家倡导信息化和工业化深度融合以及《中国制造2025》发展规划的战略背景下，广东省人民政府分别于2015年7月、2016年4月和2016年5月印发了《广东省智能制造发展规划（2015—2025年）》《广东省促进大数据发展行动计划（2016—2020年）》和《广东省工业企业创新驱动发展工作方案（2016—2018年）》，率先提出广东省制造业要达到智能制造世界先进水平，必须坚持在信息化数字化核心技术研发应用中有新的突破，带动制造业转型形成新模式和新业态，稳步迈向国际价值链和产业链中高端，力争在2018年实现先进制造业、高技术制造业增加值占工业增加值比重分别达50%和30%；到2020年打造全国数据应用先导区和大数据创业创新集聚区，实现全省先进制造业增加值超2.4万亿元、智能装备产业增加值达4000亿元；到2025年全面实现智能化制造，将广东省打造为国家智能制造发展示范引领区和产业聚集区。2017年9月广东省经济和信息化委、广东省国资委、广东省质监局三部门联合发布《深入推进信息化和工业化融合管理体系实施意见的通知》，强调广东需要进一步加强推广和普及两化融合的管理体系，重点规范广东省两化融合的管理体系贯标工作，确保到2020年两化融合管理体系成为提升广东省制造业乃至各行各业信息化水平的重要手段。为进一步加快工业互联网的发展，全面深化科技体制机制改革，促进制造业进一步降本提质增效，广东省人民政府在2018年3月和2018年12月印发《广东省深化"互联网+

先进制造业"发展工业互联网实施方案及配套政策措施的通知》《广东省支持企业"上云上平台"加快发展工业互联网的若干扶持政策（2018—2020年）》和《关于进一步促进科技创新若干政策措施的通知》，提出进一步发挥在工业技术软件化、网络化、云计算、大数据、人工智能等关键技术领域的优势，加快建设跨行业、跨领域的工业互联网平台，加快IPv6（互联网协议第6版）等核心技术攻关，促进边缘计算、增强现实、人工智能、区块链、虚拟现实等新兴技术在工业互联网中的应用和探索，充分发挥科技创新对经济社会发展的支撑引领作用。《广东省制造业高质量发展"十四五"规划》中提出，智能制造是制造强国建设的主攻方向，其发展程度直接关乎我国制造业质量水平，发展智能制造对于巩固实体经济根基、建成现代产业体系、实现新型工业化具有重要作用。2022年广东省科学技术厅、广东省工业和信息化厅印发《关于加快构建广东省战略性产业集群创新体系，支撑产业集群高质量发展的通知》，文中指出加大产业集群企业培育力度，强化"科技型中小企业、高新技术企业、科技领军企业"的科技型企业梯次培育机制，建立完善具有生态主导力企业、龙头企业、单项冠军企业、"专精特新"企业等优质企业梯度培育体系。

2019年工业和信息化部针对工业大数据的发展发布了相关指导的征求意见，为激活工业数据资源要素潜力、发展数据治理和工业大数据提供了明确的指导方向，对于推进互联网、大数据、人工智能与制造业深度融合，促进工业经济向数据驱动发展的创新体系和模式转变，推动制造业高质量高水平发展，具有重大意义。因此，国家和广东省政府出台了制造业创新改革发展和两化融合的配套支持政策文件，推动在信息化数字化核心技术研发应用中新的突破，带动制造业转型形成新模式和新业态。大数据技术和制造技术的快速迭代更新及应用已经逐步成为一个企业、行业、地方乃至国家竞争力的重要体现，只有不断加强在大数据关键技术研发和应用方面的布局，培育数据驱动的制造业新模式，才能推动产业发展，真正实现数据强国和制造强国。

大数据时代已经来临，正引领着新一轮科技和理念革新的浪潮。哈佛大学商学院访问教授托马斯·H.达文波特（Thomas H. Davenport）在2012年撰写的《大数据》一书中指出："大数据分析及其应用，将会在未来十年影响并改变着几乎每一个行业的业务功能。如果任何一个组织能够早些着手大数据的研究和应用工作，它将获得明显的竞争力和优势。"高技术制造业与传统制造业相比，处于价值链相对中高端的位置，是引领工业创新转型的战略产业，对整个产业链和价值链的核心竞争力起着决定性作用。广东要在数字化信息化技术创新方面领先全国，必须在高技术制造业发展模式创新方面充分发挥大湾区的区位优势、技术优势和资源优势，探索具有广东特色、国际水平的新型工业化模式。

1.2 大数据发展的现状及趋势

"大数据"是在20世纪90年代由"数据仓库之父"比尔·恩门第一次提出，并在21世纪随着经济的发展开始流行。中国、美国分别在2011年和2012年召开大数据世界论坛、启动"大数据研发计划"，而英国学者在2013年出版的 Big Data 更是掀起了世界范围内的大数据研究和应用的浪潮。

我国较早意识到大数据将为整个行业和社会带来颠覆性的创新和价值,众多学者和专家也将注意力转移到了大数据相关的研究领域中。吴小红等认为,大数据等新技术催生产业转型改革,进而带来巨大的经济效益,市场发展需求又反向作用于信息技术的迭代更新。尽管我国大数据产业在近年来发展迅速,并取得了一定成就,但相比于技术成熟的发达国家,中国在数据存储、流通及生态开放性等方面还存在明显差距。代芯瑜等人指出我国学者和专家在大数据研究方面较为单一且成果较少,仍处于初始阶段。

大数据在制造业中如何应用则成为产业转型升级和创新发展的重要研究课题。徐颖、李莉将制造业大数据分为三个阶段:第一阶段(1990—2000年),以远程监控、数据采集与管理为主要技术的产品监控系统;第二阶段(2001—2010年),使用大数据中心综合管理产品,即通过数据分析软件挖掘数据中潜在的价值;第三阶段(2010年—至今),"工业大数据"时代,利用大数据集成技术、大数据处理技术、大数据存储技术、大数据分析技术和大数据展示技术等核心技术构建大数据平台,价值链呈现由生产驱动向需求驱动转变的趋势。顾新建等学者指出制造业大数据来自较大范围的、种类繁多的,经过长时间积累并在快速增长,对企业乃至整个制造业有重要价值的海量数据,能够提高企业创新能力、推进大批量定制、支持企业开展制造服务和绿色制造。梁志宇等人认为制造业大数据除了具有大数据共有的"5V"特性,即容量(Volume)、速度(Velocity)、多样性(Varity)、价值(Value)和真实性(Veracity),还具有数据来源多样、数据质量低、数据蕴含信息复杂、耦合性不确定、数据实时性高等特征。当前我国绝大多数工业企业的大数据发展应用还处于起步阶段,工业场景的高度复杂性使得工业大数据应用面临诸多困难,有效利用大数据推动工业升级仍是任重道远。

1.3 广东高技术制造业创新发展分析

广东省聚集了众多高校、研究机构和高新技术企业,在生产制造、学术研究、技术研发和应用推广等方面都处于全国领先地位。广东省高技术制造业发展规模迅猛,已连续几年位居全国第一,引领广东省工业领域持续突破发展;同时产业相对集中,广东高技术产业集群整体布局以电子信息产业为主导,高端装备、新能源、新材料、生物医药等战略新兴产业协同发展。广东省通过大湾区的区位优势和战略资源优势引进、培养大量高层次科技创新人才,进而引领行业转型创新,尤其是通过技术创新和管理创新将传统制造业转向高技术制造业改革发展。

从广东省高技术制造业产业增加值的统计来看,在本省所处的重要地位和发展态势方面,从2016年到2019年这四年期间广东高技术制造业发展较快。从广东高技术制造业占规模以上工业增加值来看,其比重呈增长趋势,2017年其比重增加值达到13.2%;2019年比重增加值上升到32.0%。广东提出,到2025年,高技术制造业增加值占规模以上工业增加值比重提高到33%。

通过对广东省高技术制造业的发展模式和趋势进行详细的梳理和剖析,郑博儒大致概括了其产业的特征,即产业发展量质齐升,创新能力大幅提升,集聚效应凸显,产业规模全国领先。但当前产业技术研发机构建设规模不足，智能装备引进和改造的资金投入不够，并且新的制造技术和信息技术的应用推广还存在一定的滞后。童根基认为高技术制造业当前发展速度非常快，也促使产业不断加大创新经费的投入，产业呈现高度集聚的态势，即区域聚集，广东高技术制造业九成以上集中在珠三角地区；行业聚集，高技术制造业企业近九成集中于电子信息行业。但也存在一些问题——广东高技术制造业发展的主要动力是经济增长而非技术创新。在广东高技术制造业中，R&D（Research and Development，研究与开发）效率整体较高，但各行业研发效率参差不齐，除了电子及通信设备制造业在 R&D 效率上呈现高位态势外，其他行业大多处于低效状态。广东高技术行业的优化升级关键取决于产业的技术创新能力。苏植权指出广东高技术制造业规模持续发展，凸显了其战略和重点产业的地位，高技术制造业的行业集中度较高，外向型制造业产业发展明显，且地区集中度高的特征也较为突出。但同时产业附加值不高，增加值率走低，市场资源和关键技术两头在外，中低端生产的价值链明显，技术创新能力不足，技术装备水平不高，自主研发的高附加值产品不多，盈利能力不足，主营业务利润率长期维持在 5% 左右，盈利增长模式主要依靠以量取胜和外延扩张，因此企业的经济效益水平相对偏低。

  一些学者针对高技术制造业的创新发展研究从产业集中情况等方面着手，如陈智研究发现产业集中的程度、研发和人力经费的支出情况、软硬件设施搭建的程度、政府干预和支撑的程度都会影响高技术产业的创新绩效。肖仁桥等学者发现中国高技术制造业创新效率普遍偏低，行业间的创新效率也有着较明显的差异，其中东部、中部和西部地区的创新效率依次递减。肖仁桥等还通过使用共同前沿面和距离函数、并联网络 DEA 模型，对影响高技术制造业创新效率的因素进行了分析，发现高技术制造业的规模大小、创新氛围的培育和营造、政府政策和资金的支持都是重要的影响参数，其中随着企业规模的增大，政府的支持对其创新效率的促进作用将会减少，且对于不同行业，因影响因素的不同，创新效率也不同。邓凤敏针对广东省高新技术产业进行深入研究，发现产业有效发明专利数对产业颠覆性的发展创新成效影响最大，并且对其颠覆性的创新发展系数影响最小。另外有一些学者针对高技术制造业的创新发展研究是从现场访谈和问卷调查等方面着手，如万东华通过对全国企业的创新情况进行数据统计分析，发现技术信息缺乏、创新费用过高、人才流失或不足这三大方面是阻碍高技术制造业开展技术创新活动的主要因素。郑霞通过访问调查高技术企业管理人员，搭建了技术创新能力影响因素的指标体系和结构方程模型，并发现研发资金投入、生产制造水平、组织管理能力、营销能力和决策能力是企业创新的主要影响因素，且各因素影响的相关系数依次减小。张杰等针对江苏省制造业企业进行了大量的问卷调查，发现企业规模大小、企业创新资金和资源的投入呈明显的倒 U 形关系，有一定的门槛效应。因此，综合众多学者关于企业创新发展影响因素的研究可以发现，学者们普遍认为人力资本投入、研发资本投入、政府干预和支持程度、所在行业或区域等因素都会影响高技术制造业的创新绩效。

  综上，广东高技术制造业未来发展过程中存在的几个问题不容忽视：

  （1）原创性、基础性理论研究力量薄弱。广东省的高技术制造业发展的创新条件非常优越，该领域涉及的优势行业、龙头企业和研究院所都已基本涵盖，但在高技术制造业着手研发技术创新中，不仅需要在应用技术方面下功夫，更需要在原创性和基础性理论方面进行重点研究，才能在大数据、互联网和制造业的结合应用方面取得质的突破。

（2）专利数量多，但专利质量有待改善，专利成果转化不足。根据国家知识产权局的统计结果来看，2023年全国授权发明专利92.1万件，较2022年79.8万件提升15.4%。自我国专利制度实施至2023年12月，有效发明专利499.1万件，较上一年的421.2万件，增加18.5%。虽然每年授权发明专利的数量都在增加，但专利成果转化不足却是中国专利普遍存在的问题。

（3）价值链中低端锁定明显，产业附加值相对偏低，技术装备水平不高。大部分企业仍属于劳动密集型企业，通常处于全球价值链分工的中低端位置，即从事附加值低的生产制造和加工装配环节，较少生产具有高附加值和自主知识产权的高端产品，推动产业向价值链高端跃迁的困境仍然存在。

（4）高素质人才聚集，但具有战略引领意义上的高技能创新型人才队伍依旧缺乏。在高层次人才队伍中仍比较缺乏既懂技术又懂管理的领军人才，尤其是在高精尖技术领域中缺乏如"国家杰出青年科学基金"获得者等能够掌握前沿发展方向的顶尖人才。

（5）难以进一步创新是制约和限制企业进阶发展的问题，尤其是在科技创新方面。科技创新只有持续不断地投入基础研究、应用研究的经费并进行成果转化，才能推动企业在技术、设备、产品、管理模式等方面创新和转型升级。与世界发达国家的投入产出比和研究成果的转化比例相比，广东省还存在很大差距，距离将发展主要驱动力量转变为依靠科技创新的模式也存在着很大差距。

1.4 大数据技术在高技术制造业中的应用分析

近年来，包括制造业在内的各行各业都在积极利用大数据实现升级改造。例如，通用电气通过在生产制造中采用工业互联网领域中的传感器技术和大数据技术，挖掘潜在价值、降低能耗，进而重塑整个工业系统。我国与德国共同开展工业4.0合作，旨在通过建设高资源利用效率的智慧工厂提升制造业数字化和智能化水平。其本质是工厂利用终端设备和应用软件实时交换数据信息，使设备"能说话、会思考"，即通过互联网将传统工业转化为网络化工业。

2015年5月国务院印发的《中国制造2025》指出，我国需要在生产和商业方式上深度融入新技术，在产业模式和形态中寻找新的创收点和增长点。全球范围内各国都在大力推进云计算、大数据、新能源、新材料、移动互联网、物联网、3D打印和生物工程等新兴领域和新兴技术的研究和发展。因此，我国将在工业化和信息化的深度融合方面重点推进，在增材制造装备、工业机器人、数控机床等核心技术领域加快突破，重点建设智能工厂，加快推进核心技术在生产中的应用，推进智能装备和产品的研发进程。

国内很多学者提出制造业大数据的顶层设计理念，如侯洪凤指出装备制造业企业大数据平台架构设计主要包括采集层、数据层和能力层。

（1）采集层通过ETL（抽取、转换、清洗、装载）过程，利用网络爬虫技术（如Apache Nutch、Crawler4j、Scrapy、Flume）、第三方数据采集技术、数据接入技术，实现在多个层面和多个渠道上精准且快速地收集数据；

（2）数据层通过将产品设计资源、装备制造资源和工程数据等加载到公共基础数据库，将企业运营数据存储到 ODS（操作型数据存储）中，将大量的网页内容数据、流量话单数据和上网日志数据等加载到 HADOOP（分布式文件系统和大数据处理框架）中，根据主题（如生产管理、客户管理、营销管理、项目管理等）建构关联映射关系，经汇总后加载到主题分析库中，并最终生成综合数据加载到数据仓库中；

（3）能力层通过在汇集数据的基础上采用数据挖掘、文本挖掘、图像挖掘、空间数据分析、交互式分析、多媒体分析、语义分析、数据可视化等进行跨域整合，并广泛应用于合作伙伴信息评价、智能制造、故障分析、备品备件预测、产品质量追溯、产品及生产协同创新、精准营销、生产调度优化、降低能耗、大规模个性化定制等。

顾新建等学者指出制造业大数据可以提高企业创新能力，推进大批量定制，支持企业开展制造服务，帮助企业开展绿色制造。制造业大数据的主要来源有公开可利用的大数据、已有大型网站的后台大数据、已有的企业内部大数据、需要有序化的大数据、需要结构化的大数据、需要建立和培育的大数据。企业通过搭建基于网络的零部件库、基于零部件库的模块化和供应链协同网络、用户需求和企业生产匹配平台、智能制造物联网，建立基于大数据的大批量定制模式；通过搭建产品全生命周期服务平台，产品功能的租赁服务及制造服务需求匹配平台，用户体验和参与设计的虚拟环境，电子商务服务平台，物流服务平台，建立基于大数据技术应用的制造服务模式；通过搭建产品全生命周期跟踪评价平台、物质流输入和输出数据集成平台、企业和员工绿色制造贡献评价平台、产品全生命周期质量跟踪平台、产品重用和回收平台，建立基于大数据的绿色制造模式，最终实现从专家创新向全员创新发展、从分散创新向集成创新发展、从被动创新向主动创新发展的制造企业的新型创新模式。

国内学者也对大数据在制造业中如何应用进行了阐述。徐颖、李莉探讨了制造业大数据的应用通过数据采集、数据存储、数据分析和数据应用等方式，充分挖掘数据中隐藏的高价值信息，实现价值链、产业链的全流程优化，为研发产品设计、智能装备生产、市场营销预测、智能物流仓储和客户售后服务等提供关键性的科学决策，建立基于"产品—数据—产品"和"数据—产品—数据"的数据驱动研发与设计、供应链分析、柔性化生产、精确营销、智能化售后服务的由生产驱动向需求驱动变化的价值链，从而增强企业竞争力。梁志宇从设计、生产、采购、销售和售后等制造流程的五个阶段，分别阐述每个阶段的主要任务场景和需求，以及大数据分析模型在各个场景中应用方面的研究情况，如设计阶段，采用关联规则分析、回归分析、决策树、聚类、神经网络等模型进行参数优化、能耗优化、成本优化、工艺标准优化和智能设计；生产阶段，采用回归、分类、粗糙集、神经网络等数据挖掘和机器学习方法进行检测和预测，高效进行质量监控、故障检测和诊断、智能调度、能耗管理；采购阶段，基于粒子群（PSO）优化算法、主成分分析和支持向量机等模型进行库存优化和成本优化；销售阶段，运用大数据分析方法对历史数据进行建模，实现产销量预测、潜在需求发现和配送优化；售后阶段，在客户关系管理中引入大数据分析识别服务类型，依据大量数据对机器故障关联关系的概率，预测监控其运行状态。张洁等指出，企业利用制造过程中产生的海量数据，通过大数据处理方法提供可靠、可复用的数据资源，然后对工艺参数、装备状态参数等制造数据进行关联分析，挖掘影响车间性能指标的相关参数；通过对车间运行与性能数据信息的挖掘，构建车间性能预测模型，以此分析车间内部的运行规律和特征，从而精准预测车间性能；同时将车间性能的预测值实时对标目标值，及时动态调整优化车间管理安排，使制造系统始终保持最优稳定运行，确保系统具备自学习、自调控和自优化的能力，为制造系统赋予智能。张洁还指出，企业通过手机客户端和电脑客户端的用户使用状态及满意度评价等数据，能够分析用户关注需求点和产品痛点，精准预判市场走势；通过生产制造和服务运维等数据能够动态分析产品功能特征和内部结构，实现大数据驱动的产品智能设计；通过采集生产设备和制造过程的数据，分析车间运行状态与生产各个工序和环节的加工时间、生产材料运输时间和各工序等待时间的关联关系与演变规律，实现大数据驱动的生产计划调度；依据产品制造过程及质检、维护数据，分析影响产品品质和质量的重要因素，实现包含生产材料、制造过程、售后服务的产品质量追溯，实现大数据驱动的质量优化；通过监测生产及装备等实时状态数据，分析生产制造设备发生故障前的运行状态和规律，可以提前预警设备在运行过程中可能会出现的异常故障和问题并及时进行维护，实现大数据驱动的系统运维。

本研究通过调查发现，广东的高技术制造企业已基本全面启动智能制造的转型发展升级，并在研发创新投入方面比较重视。其中，大多数高技术制造企业已对生产车间开展了智能化改造，但仍有少数高技术制造企业尚未开始进行智能制造的改造和转型，且在推进数字化和智能化升级方面存在乏力的现象，主要是因为企业缺乏高技能高水平的研发技术人才，且在研发资金投入方面也不足；其次是因为整体规划设计智能制造存在一定的复杂性，以及政府对产业专项扶持力度还不够。因此，在大数据应用的视角下如何推进高技术制造业创新发展非常值得研究和探讨。大数据的出现正推动着高技术制造业的发展模式进行历史性变革。与此同时，随着市场需求和用户需求发生了改变，企业自身的核心资源优势、创新能力以及外部环境等各方面都在发生变化。目前学者研究均反映出大数据技术的发展与应用对高技术制造业的发展有着至关重要的作用，这迫切要求我们在大数据应用视角下对广东高技术制造业创新发展对策进行深入研究。

第2章 高技术制造企业创新发展模式影响机理

为了充分了解广东高技术制造企业当前的生产和发展模式，以及其在大数据和智能制造等数字化和信息化转型应用方面的情况，并为此提出企业创新发展的具体政策和建议，本项目对来自广州、深圳、东莞、佛山、珠海等地的28家高技术制造企业进行关于大数据和智能制造背景下企业开展创新发展情况的调查。本次向高技术制造企业的管理层和基层员工发放了相关的问卷，共计280份，问卷有效率为100%，满足相关调查的统计要求。本项目所涉及的行业覆盖了机械制造业、电子通讯设备制造业、家电制造业、化工制造业等，已经基本覆盖了当前高技术制造行业类型，并且有近一半的企业规模都超过1000人。

2.1 高技术制造企业创新发展模式调研

2.1.1 广东高技术制造企业在推进大数据等数字化转型过程中采用的智能制造模式和类型

调查企业针对设计、生产、市场预测等环节基本上都已开展数字化的推进工作，其中近半数的调查企业都在流程型智能制造方面进行了构建和改造升级，即企业在商品交易、物资运输采购、资金交互流通等方面开展全流程、全过程的实时状态监控，并针对生产现场调度数据、市场销售数据和内部管理数据进行报表的可视化展示，进而实现生产流程、工艺过程、市场政策、管理决策等方面的动态调整和优化；有39.3%的调查企业在大规模个性化定制方面进行了构建创新和升级改造，即企业能够根据用户的不同需求设计一系列功能模块，针对产品实现横纵向、跨系列和全系列的模块化及标准化设计，构建基于用户个性化需求的产品设计、车间生产、市场策划、渠道销售和售后服务的全生命周期管理体系；有28.6%的企业开展了离散型智能制造模式；14.3%的企业开展了网络协同制造模式；但在所调查的企业中未发现开展应用远程运维服务模式。

2.1.2 广东高技术制造企业在生产技术设备中推进数字化和自动化的情况

有43%的调查企业在生产制造过程、产品质量监控和追溯、生产工序和装备的调度等方面实现了集成控制和管理，32%的调查企业在生产过程中已经基本实现了装备的数字化、自动化控制和管理集成；21%的调查企业在生产流水线方面未实现管理集成，生产控制装备均相对独立，说明这部分企业在生产装备的数字化和自动化运行机制和模式上需要加速推进；还有14%的调查企业仅仅在生产物料和采购订单方面进行简单的管理，生产方式和管理模式相对传统，数字化和自动化推进方面也较为缓慢。目前，调查企业中未发现有生产装备需要人工操作或使用纯机械设备的情况。

2.1.3　广东高技术制造企业在整体全生命周期管理过程中智能化和信息化应用推进的情况

调查企业都非常愿意加大产品、技术研发资金的投入，说明高技术制造企业都一致认为要想获得长足的发展，企业必须在科技创新和研发创新方面下功夫。调查结果显示，有67.9%的高技术制造企业建有独立的大数据集成平台，表明大多数企业都了解整合数据资源与共享业务信息的重要性，认为只有消除信息孤岛才能更好地进行科学决策和发展；有高达92.9%的高技术制造企业建立了公司级别的信息安全保护机制，表明绝大多数高技术制造企业在信息数据泄露等安全问题上非常警觉和重视；70%以上的高技术制造企业有生产数据采集和分析系统，并能够在现场生产中实现看板管理和可视化管理；有一半以上的高技术制造企业建立了基于用户个性化和多样化需求的定制平台，且构建了安全生产全方位监控体系，使用动态指挥和调整的决策系统以提升应对问题的响应速度，表明广东高技术制造企业在推进信息化和智能化应用方面取得了一定的成绩。

2.1.4　广东高技术制造企业在推进大数据挖掘分析和深度应用场景的情况

近一半以上的调查企业通过收集用户个性化需求和产品功能需求等数据信息来设计研发产品并精准预测市场需求及趋势，通过采集设备数据、材料使用数据、各工序过程数据等信息来调整各工艺顺序进度、追溯各环节的质量问题、诊断和预警设备故障问题；但在调查企业中尚有10.7%的企业未应用大数据挖掘分析的方法帮助企业经营管理和生产管理。综上所述，大部分广东高技术制造企业将从技术研发、产品设计、物资采购、部件生产、工序环节、产品销售到售后服务、客户评价等各环节产生的海量数据（如客户需求数据、各工序数据、设备数据、物料流动数据、产品质量数据、销售数据、收发货数据、客户状态数据等）进行一定程度的整合，并通过大数据分析和挖掘为企业节省成本、配置资源、获取利润提供科学合理的决策依据，从而持续不断地为企业创新提供源泉和动力。

2.2　高技术制造企业创新发展的原因、成效和存在的问题

2.2.1　广东高技术制造企业开展智能制造模式创新的原因

有71%的调查企业表明是为了在众多竞争企业中获得新的优势和发展机遇，18%的调查企业认为客户多样化和个性化的需求、技术的更新迭代和市场的变化发展可以加快推进开展智能制造；有7%的调查企业希望通过了解和观望智能制造的前景和趋势，判断智能制造能否为企业带来利益；但仍有4%的调查企业当前在智能制造的升级方面还未进行任何形式的探索和推进。综上，随着国家制造业发展规划和两化深度融合政策的推进，大部分高技术制造企业为了能够在行业企业和国家层面获取新的核心竞争能力，已经开启了以智能制造为切入点和突破点的创新发展模式。

2.2.2 广东高技术制造企业开展智能制造模式的创新成果

有81%的调查企业认为推进智能制造有利于提升企业创新能力和竞争能力，仅有3%的调查企业认为开展智能制造对企业创新发展的作用不太明显；有75%的企业认为推进智能制造有利于促进节能减排、低碳环保、城市绿化和建设宜居环境，仅有4%的企业认为开展智能制造对企业实施节能环保没有明显的提升。大部分调查企业开展智能制造模式创新的成果表明高技术企业在开展包含大数据应用、智能制造等新技术创新后，可以提升处理各环节所产生海量数据的能力，避免信息孤岛的出现，强化公司整体一盘棋的思维，提升环保意识，及时动态调整产品营销和生产采购策略，不断推动企业进阶螺旋式创新发展。因此，将大数据技术、物联网技术、智能制造技术与实体经济密切结合，可以缩短产品研发和设计周期，有效降低资源消耗和运营成本，提高企业生产效率、产品质量、整体技术和服务水平，是高技术制造企业以科技创新为驱动的高质量发展的重要途径。

2.2.3 广东高技术制造企业开展智能制造模式存在的问题

有75%的调查企业表明开展智能制造模式变革的推进动力不足，主要存在高技能、高素质研发人才十分短缺的问题。智能制造模式变革不同于传统制造模式，其生产制造、销售及售后服务实行一体化运营和管理，员工工作岗位职责和公司组织边界较模糊，员工需要通过探索和研究的方式开展工作，其模式的复杂性和综合性带来了对更高质量和更高水平人才的需求，即新型高技术制造业人才应具备多学科多层次知识结构体系，具备自主学习、自主创新、团队合作、社交等多种能力和素质。但高技术制造业持续发展的内驱创新动力需求与目前行业企业高技能人才队伍的建设规模和人才层次的优化速度还不相匹配。有50%的调查企业认为资金缺乏是开展智能制造模式变革推进动力不足的原因之一，新产品和新装备的研发设计工作及完善技术研发工作都需要持续不断地投入创新经费，也需要不断引进高技能研发人才，这些都将对企业资金力量提出较大挑战，部分企业在经济成本流和现金流方面有较大压力，致使企业在开展智能制造模式的推进过程中出现反应和行动迟缓的问题。也有一部分高技术制造企业认为，在智能制造模式推进过程中技术骨干在设计线路图框架、概念图和架构图时不完善或不清晰，部分企业的领导班子对智能制造的推进不重视，导致层层难以推进。还有部分企业表示由于政府在企业数字化转型推进等专项方面的政策支持力度不够，导致企业难以在智能制造专项改造升级上有大的突破。

2.3 调研企业发展模式创新影响分析

2.3.1 广东高技术制造企业实现创新发展情况

从本项目参与调查的广东高技术制造企业来看，目前企业在智能制造模式和数字化转型方面基本上都已进行了不同程度的探索和实践，并为企业提供了新的竞争能力和优势。高技术制造企业都非常注重产品技术研发创新，大部分企业在多源数据智能采集、车间生产智能改造、用户需求智能定制、组织内部智能管理等方面均进行不同程度的改造升级，并通过建立大数据中心构建信息采集系统和信息安全保护系统。数字化和信息化转型帮助企业在生产过程中进行实时监测、预警、调度、控制和维护，在管理过程中进行精准营销和精准施策，从而有效提升高技术制造企业的经营效率和环保效能，推进企业可持续创新发展。

2.3.2 广东高技术制造企业创新发展过程中的核心影响因素

（1）创新发展需要加强具有引领作用的高技能创新型人才队伍的引进、打造和培养

高素质人才云集于广东，然而在这些高层次人才队伍中还是比较缺乏既懂技术又懂管理的领军人才，紧缺掌握前沿发展方向的顶尖人才。当前广东省高技术制造企业需进一步提升具有多学科多层次知识体系、多元能力特征及卓越综合素质的人才数量，并进一步优化高素质研发技术人才结构。

（2）创新发展需要持续不断地加大对基础研究和应用研发的投入

广东省在高技术制造业领域已基本覆盖了各种优势行业企业和研究机构。广东生产制造企业众多，相比全国其他地区有一定的区域和技术创新优势和条件，但自主核心制造技术、关键智能装备和信息技术标准还不够完善，在人工智能技术、智能机器人技术、关键智能零部件技术等基础和应用研究方面仍与国际水平有较大的差距，自主研发能力仍有所欠缺，其智能制造技术基础研究投入占比和成果转化率对比发达国家来说较低，这也最终导致广东省高技术制造企业创新驱动力不足。

（3）创新发展需要企业具备智能制造升级改造的体系化设计思维和能力

高技术制造企业若想顺利推进智能制造的创新模式，必须在公司战略定位、组织架构、人才队伍建设、生产设备升级、营销生态、供产销方式、经营思维、管理模式等进行全员工、全方位、全过程、全流程的变革。这对企业来说将是巨大的变革创新，需要全公司和专业服务机构的领军人才、技术和管理人才队伍汇聚智慧来制定清晰详尽、可执行的变革线路图。因此只有不断探索和完善智能制造规划设计线路图和标准，广东省高技术制造企业才能向中高端价值链迈进。

（4）创新发展需要政府针对高技术制造企业智能制造升级改造提供专项的经费支持和优惠政策

虽然广东省政府已针对制造业发布了很多推进创新转型升级的政策文件，但仍有大部分企业认为在购买智能装备、引进人才自主研发等推进智能制造过程中可能会面临回收成本困难、收效甚微、甚至资金链断裂的困难，需要政府对企业开展智能制造模式推进的各个环节予以关注，尤其是对取得核心技术研发突破的企业给予税金减免和资金奖励，通过政府的力量为制造企业与高精尖技术企业搭建智能制造合作平台，帮助企业在关键的智能技术和装备领域能够实现平滑过渡和创新发展。

第3章 高技术制造企业大数据应用的案例分析

3.1 3D打印产业学院案例分析

佛山职业技术学院3D打印产业学院拥有价值近4500万元的可用于3D打印领域的全产业链设备，覆盖了目前主流的打印技术（如SLA、SLM、DLP、FDM、MJP、CJP、PolyJet），拥有自主研发的丝材气雾化核心制粉设备并实现产业化，具备完整的材料成分分析及参数检测能力，构建了用于大型数据云计算的图形处理工作站联网系统，配备了用于产品迭代及边界条件设定运算的软件系统。该学院将大数据技术与3D打印技术相融合，其中在分布式计算等大数据技术的应用最为广泛，即基于个性化定制打造分布式制造点，在医疗器械、文化创意、建筑模型及工业设备等方面开展了深入的技术工艺革新与应用领域探索。

3.1.1 技术工艺创新与应用领域探索

（1）矫形器定制与治疗

针对治疗脊柱侧弯的传统支具设计不够合理、舒适，普遍存在透气性差、样式笨重难看等问题，佛山职业技术学院开发了具有独立知识产权的3D打印支具，并实现产业化。产品投入使用后，在2022—2023年间已经完成1000多例病患治疗并取得良好治疗效果。此外，学院开发的个性化义肢矫形器，其重量和集成功能优化、良好的透气性和极具吸引力的样式设计都是治疗取得成功的决定性因素。

（2）骨折修复重建优化治疗解决方案

医疗行业是3D打印应用的一个成熟应用领域，目前3D打印已经在骨科、齿科及心血管科等科室开展了个性化、客制化定制的相关应用，在一类支具、二类导板及术前演练方案上都得到了成功实践。医生可以利用成熟软件与相关信息技术，形成简便、易行、实用的用于骨折修复重建治疗的计算机分析与定制综合解决方案。计算机辅助分析可以帮助医生进行骨骼受力的结构力学有限元分析，模拟锁定钢板固定治疗方案中相关钢板、钛网及螺钉安装位置，从而获得不同治疗方案下骨块、钢板、钛网所受的应力、应变和位移云图，用于医师分析比对并为手术实施最佳钢板类型和安装方案提供帮助。同时，快速原型技术可以预先弯制钢板钛网，优化手术操作，通过使用患者CT三维重建的数据搭建3D模型，能够为医生和患者提供视觉和触觉上的全新体验，可以促进医生、患者及家属的高效交流，帮助医生在诊断疾病、设计术前手术方案、提前演练术前手术、操作术中辅助手术以及术后恢复等方面形成较为明确的认识。3D打印手术导板的准确性在减少手术的创伤和出血量上有很大优势，能够大大缩短手术时间，有效降低手术的风险。

（3）文化创意与建筑模型

该学院利用多种3D打印工艺相结合、多种材料相结合的方式，在传统的沙盘模型制造、礼品设计与制造方面开展设计与开发，走出了一条3D打印与传统工艺结合、先进技术与文化传承结合、创意设计与先进工艺相结合的新路子。相关产品也得到了各界的广泛好评。

（4）工业产品

在工业产品方面，学院尝试并实践多种世界一流的3D打印材料，在激光烧结技术、紫外光固化技术方面开展了多种新型材料的技术应用，努力寻找可使用的工业产品领域；在模具嵌件的随形冷却技术与嵌件嫁接技术、模流优化技术、轻量化与拓扑结构设计技术方面也开展了应用与实践，累计为近百家企业开展了产品设计与制造工作；与汽配行业的知名企业广东时利和汽车实业集团有限公司建立了合作关系，在新车零部件开发、汽车改装、汽车售后服务等方面开展深入的3D打印应用领域探索，并深耕3D打印技术在汽车行业的应用。

3.1.2 大数据等信息技术应用对3D打印企业创新发展的影响

大型数据云计算的图形处理工作站联网系统可以将3D打印从构建模型到生产工艺、仿真、加工参数、材料性能、产品质量、供应链等各个环节所产生的数据，例如通过扫描和采样获得的人群骨骼特征信息，汇聚到云计算中心，进而形成庞大规模的抽象数据，输出用于骨折修复重建治疗的计算机分析与定制综合解决方案；再利用批量生产制造优势和3D打印个性化定制生产特点，将虚拟的抽象数据对象转化为实体的成品，获得实施手术的最佳钢板类型和安装方案。

大数据技术与3D打印技术的结合实现了个性化定制，改变了传统的生产方式和运行机制，推动企业各要素集约化整合和高效化利用，解决了之前存在的"打印速度慢、资源消耗大、难以批量成品"等问题，颠覆了供应链的变化，使企业可以更加精准地批量生产，并为其带来良好的用户黏性和精准的市场定位。但是当前包括温度、膨胀、收缩、变形、结构完整性等数据源的采集和数据质量问题仍是大数据应用的难点。因此，如何采集和提高数据质量是当前企业高质量创新发展亟待解决的问题。

3.2 科达制造股份有限公司案例分析

科达制造股份有限公司创建于1992年，主要有建材机械、锂电材料及装备三大板块业务，同时有清洁煤制气装备及技术、液压泵、智慧能源等培育业务，拥有科达（KEDA）、恒力泰（HLT/DLT）、唯高（Welko）、新铭丰（SureMaker）等行业内知名品牌。科达高度重视科技创新，以"创新永无止境"作为企业的核心价值观，紧紧围绕"生产一代，研发一代，储备一代"的研发思路，向更高更深的业务领域延伸。

科达从陶瓷装备国产化到陶瓷整线工程走出国门，从生产建材机械到提供海外建材、锂电材料及装备，从传统机械装备制造商到智能制造整体解决方案服务商，始终坚持"创新不止，追求极致"。该公司从以下三个方面进行了大数据背景下的具体应用。

3.2.1 持续研发投入，高质量产出

在大数据技术的支持下，科达在技术创新方面始终保持高投入，不断引进先进的研发设备，提高研发团队的技术实力。公司鼓励员工积极参与技术研发，营造了良好的创新氛围。截至2022年底，科达制造累计共获得2731项授权，其中445项为发明专利；累计申请国际专利86项，其中PCT（专利国际条约）申请83项；PCT申请中共有34项获得授权，其中32项为发明专利。截至2024年4月，有84项科研成果通过了国家级、省级科技成果鉴定。

3.2.2 注重产品品质

科达在产品品质方面追求极致，严格按照高标准生产流程和质量控制体系要求，确保产品的性能和质量。公司不断优化生产工艺，提高产品的一致性和可靠性。科达制造建立了完善的质量控制体系，从原材料采购、生产过程到最终产品出厂，都严格按照质量控制标准进行检测和把关。公司配备了先进的检测设备和仪器，确保产品的性能和质量符合要求，通过大数据不断优化生产工艺，提高产品的稳定性和可靠性。公司鼓励员工提出改进意见和建议，持续改进生产流程和工艺方法，提高生产效率和产品质量。公司注重提高员工的质量意识和技能水平，定期开展质量培训和技能提升课程。2023年以来，积极同当地高职院校开展了现代学徒制的学工培养，从二年级学生中开始嵌入培养专业化的生产和管理团队，为企业建立可持续的人才储备库，确保产品品质得到有效保障。

3.2.3 打通专业人才通道

科达制造股份有限公司需要多方面的专业人才支持公司的数据分析和业务发展。公司通过建立专业人才通道、加强内部培训和外部招聘来满足专业人才的需求，提高公司的核心竞争力。公司面向先进制造领域下的生产制造和设备运维，以中国特色学徒制工学交替的培养模式制定现场工程师培养标准，培养具备工匠精神，精操作、懂工艺、会管理、善协作、能创新的职业教育现场工程师，建立引进专业人才和自身培养相结合的人才路径。专业人才的晋升通道为助理工程师—工程师—主任工程师—高级工程师—首席工程师—首席专家工程师。具体通过校企合作的方式进行现代学科制的培养，从助理工程师开始，员工在企业的不同岗位进行轮训；在不同的时间在企业、学校交替进行学习实践。

综上所述，该企业保证人才供给的措施主要是从以下三个方面着手。

①人才培养：公司根据大数据分析和不同岗位的需求，制定详细的招聘计划，吸引优秀人才加入科达团队；重视人才培养和发展，通过内部培训、外部培训和现代学徒制等方式，提高员工的技能水平和综合素质；公司鼓励员工参加培训课程，并为员工提供充足的培训资源和机会。

②人才激励：根据企业发展情况建立了一套完善的人才激励机制，包括晋升机制、薪酬福利和奖励制度等。公司通过合理的薪酬体系和福利政策，激发员工的工作积极性和创造力。

③人才留任：科达注重员工的工作满意度和归属感，通过关注员工的工作状态、解

决员工问题和提供良好的工作环境等方式，留住优秀人才。公司还建立了完善的员工关怀体系，提高员工的忠诚度和稳定性。

该公司人才培养的另一个特色是，现场工程师的高质量培养借鉴了霍尔三维结构方法论，从时间维（现场工程师培养阶段）、逻辑维（现场工程师培养方式）和知识维（现场工程师培养内容）三个维度展开培养。

①时间维：第1、2学期在校学习，第3学期前10周在学校学习，后10周在企业学习；第4学期前10周在企业，后10周在学校；第5学期前10周在学校，后10周在企业；第6学期在企业。

②逻辑维：从问题搜集到明确目标，再到确定方案，最后实施评估。

③知识维：主要包括机械设计基础、企业文化与安全教育、机械设计实训、液压与气压传动、数控加工、生产管理、质量检测、服务工程师等课程。

在教学管理、课程开发、师资队伍建设、企业实践基地建设、学生考核与考试评价、教学质量监控等方面，公司从实际需要出发与学校专业对接，共同制定现场工程师的人才培养方案，探索现场工程师培养模式，形成"真实项目为载体，有真功夫师傅指导，真的投入进行，真的有过程记录，真的有诊断评价，真的有改进和提高，真的让企业和学员满意的闭环管理"。公司还针对学员构建"增值评价"的评价大数据库，从在企业的轮岗实践开始进行过程记录和各阶段评价，以及在企业工作和在学校学习过程进行记录和评价，形成全数据链覆盖现场工程师培养全程的评价记录，让学校、企业及学员本人都能实时了解现在所处的状况，使后期的调整和改进有数据可依，同时也为今后职业教育现场工程师的培养提供更多经验参考。

3.3 佛山市艾乐博机器人股份有限公司案例分析

佛山市艾乐博机器人股份有限公司，专注于智能制造生产自动化和管理数字化12年，是一家扎根于"新四化"（自动化、数字化、网络化和智能化）工业机器人领域，集研发、生产、销售和服务于一体的国家高新技术企业。

该公司从聚焦传统制造业到为企业进行智能化升级，为客户量身定制工业自动化、工业数字化、智能仓储等智能制造系统，是一家具有专业化、精细化、特色化、新颖化特征的中小企业；2023年获得广东省"专精特新"称号，是中小企业的"小巨人"和"隐形冠军"。从表3-1中可以看出该企业在大数据背景下智能制造的成长过程。

表3-1 大数据背景下佛山市艾乐博机器人股份有限公司成长对比表

序号	对比内容	2012年	2023年
1	公司性质	刚成立的民营传统锅具设备制造商	现代股份制科技创新型企业，获得广东省"专精特新"称号的中小企业；国家高新技术企业
2	主营产品和服务	主要生产制造锅具，配备生产机器设备1套	提供自动化定制服务、数字化定制服务、智能仓储、智能制造，可提供800多条智能生产线；细分行业的"隐形冠军"

(续表)

序号	对比内容	2012年	2023年
3	公司人员	最初不足10名员工	100多人的集开发设计、生产、制造调试、销售服务于一体的复合型团队；仍需大量招聘各类智能制造技术人才
4	专利权数	1项	80项；不断在更新迭代中
5	员工薪酬	平均50 000元/人/年	平均150 000元/人/年
		做令客户满意、员工自豪、行业敬重和社会尊敬的企业	

调查表明该公司从管理、科技、产业、市场、产品五个方面进行了大数据背景下的创新。

3.3.1 管理创新

（1）决策制度创新：大数据技术帮助企业收集和分析大量数据，从而更好地理解市场需求、业务流程和运营情况。通过数据分析和可视化，企业能够作出更科学、更准确的决策，提高管理效率和决策水平。

（2）客户体验优化创新：通过自主开发的数据库分析客户的行为和偏好，企业可以提供更加个性化的服务和产品，进而提高客户满意度。同时，利用大数据技术快速响应市场变化，提高客户体验的灵活性和实时性。

（3）供应链管理创新：大数据技术企业利用自行研发的平台进行采购，实现供应链的数字化和智能化。通过对供应链各个环节的数据进行实时监控和分析，企业可以优化库存管理、物流配送和采购计划，提高供应链的效率和性价比。

（4）人力资源管理创新：大数据技术可以帮助企业全面了解员工的工作表现、能力和潜力，实现更加科学、精准的人力资源管理。例如，通过对新员工岗位巡回锻炼的数据分析，企业可以更加客观地评估员工更适合从事的工作岗位，制定更加合理的职业发展规划，实现组织结构的数字化和智能化。通过数据分析和可视化，企业可以更加清晰地了解组织结构和运营情况，发现和解决潜在问题，优化组织结构和管理流程，使管理者可以将更多精力投入到企业的长远规划中。

3.3.2 科技创新

（1）智能化产品开发：大数据技术帮助企业利用大量数据和算法进行产品设计和功能优化。通过对用户行为、市场需求和产品反馈等数据进行分析，企业发现用户需求和产品改进点，提高产品的用户体验度和竞争力，比如该公司拥有的80项专利权就是企业在大数据背景下的科技创新成果。

（2）机器学习和人工智能应用：通过机器学习和人工智能应用进行训练和学习，机器和算法可以自主地进行数据处理、分析和预测，为企业提供智能化、自动化的解决方案。企业的加工图纸采用类似"滴滴打车"的平台模式进行订单加工，员工的生产加工不需要管理者现场分配管理,车间加工员工在平台上抢单加工,形成多劳多得的良性循环机制。

3.3.3 产业创新

(1)智能化生产与服务:大数据技术帮助企业实现智能化生产与服务。通过对生产过程和服务的各个环节进行数据采集、分析和优化,企业可以提高生产效率、降低成本、提高服务质量,从而获得竞争优势。公司能持续经营至今,靠的就是产业创新、模式创新。

(2)新兴业态培育:企业可以发现和培育新兴业态。通过对市场趋势、用户需求和竞争格局等数据进行分析,企业能够发现潜在的市场机会和商业模式,从而创新业务领域和盈利模式。通过数据共享和交换,企业可以与上下游企业、合作伙伴和科研机构等进行更加紧密的合作,共同开展技术创新和产业升级。

3.3.4 市场创新

(1)预测市场趋势:大数据帮助企业预测市场趋势,调整库存和定价策略,从而更灵活地满足消费者需求。通过分析市场活动和客户行为,企业能够更好地了解客户需求,开发新产品并抢占市场。

(2)精准定位:企业可以利用大数据分析,精准定位目标客户群体,制定更加精准的市场营销策略。例如,企业可以通过数据分析,发现用户消费习惯,从而制定更加有针对性的产品和方案活动。

(3)提供决策支持:企业通过分析历史销售数据、市场趋势和竞争对手情况,利用大数据技术进行预测,为公司的市场策略和产品研发提供决策支持。例如,通过预测未来市场需求,公司可以更好地安排生产和销售计划。

3.3.5 产品创新

(1)生产过程优化:公司通过收集和分析生产数据,实现了全自动化生产线的"一个流程"智能化精益生产,具体包括自动开料、拉伸、冲切、卷边、车边等工艺,以及金属抛光等工序。这些数据被用于优化生产流程,提高生产效率,减少浪费。

(2)机器人控制系统:公司利用大数据技术,开发了一套"傻瓜式"操作系统,使相应模块化的机器人能够完成对应的工艺和动作。这一系统通过对大量数据的处理和分析,实现了对机器人的精确控制,从而提高了产品的质量和生产的稳定性。

第4章 基于大数据探究高技术制造业的创新发展路径

高新制造企业要以国家战略为指引,扎实推进工业化和信息化深度融合,将制造生产与现代科技信息技术密切结合,从基础层、设备层、执行层和管理层进行系统性规划设计,通过逐步构建数据全过程自动采集平台、大数据分析应用平台、建立"4+2+3"创新发展模式和健全多层次人才保障机制,以"数字化"量化控制和"机器学习"促进装备制造行业创新发展,实现高新技术产业向数字化、自动化、智能化新模式升级,生产方式向标准化、精细化、柔性化转型,实现生产设备数字化、生产过程智能化、质量管理科学化,切实降低运营成本、提高生产效率、提高产品质量、提高能源资源利用率,提升企业核心竞争力,走出一条广东特色智能制造的高质量创新发展之路,在全国各领域中发挥引领作用。

4.1 智能制造整体统筹规划设计

随着互联网经济和大数据时代的到来,企业面临的环境更加复杂多样,高技术制造业的生成方式和发展模式的持续改进和完善,依赖于信息技术的持续更新迭代,因此高技术制造企业必须始终以研发技术为先导和中心,在智能产品、智能装备、智能管理、智能服务等方面持续输入创新元素,为企业带来高效的生产效率和新的核心竞争力。只有在满足用户需求的基础上,快速精准地向市场和用户提供高价值的产品和服务,满足市场和用户对于高效率、专业化服务的需求,高技术制造业才能获得长足的发展。广东高技术制造企业应紧紧抓住全球新制造技术迅猛发展的机会,利用互联网和物联网技术的新优势,推动产业业务和品牌向全国乃至全世界延伸。

高技术企业应以构建现代化生产运行体系为目标,以智能制造为方向,从基础层、设备层、执行层和管理层等四个层次进行系统性规划设计。如图4-1所示,基础层通过设备互联、物联网、网络安全、信息安全进行搭建,实现数据全过程自动采集;设备层统一配备自动化智能化设备,包含智能仪表、传感器、智能终端等生产设备,自动入库、自动传送、自动出库等物流设备,智能点巡检、计量检测、在线监测仪器等检测设备;执行层通过客户管理系统(CRM)、资源调度系统(ASP)、双向安全追溯系统(TTS)、仓储管理系统(WMS)、实验室管理系统(LIMS)、企业资源计划(ERP)等集成建立生产过程执行管理系统(MES),并同数据采集与监视控制系统(SCADA)自动化对接与监测;管理层则通过公司建立的大数据分析平台及数字化仿真模型进行智能决策和管理,从而形成四个层次的闭环良性循环,并同两化融合模式实现智能优化,以"大数据"数字化控制和"机器学习"促进高技术制造业创新发展,实现企业全生产流程的数字化、标准化、智能化制造新模式。

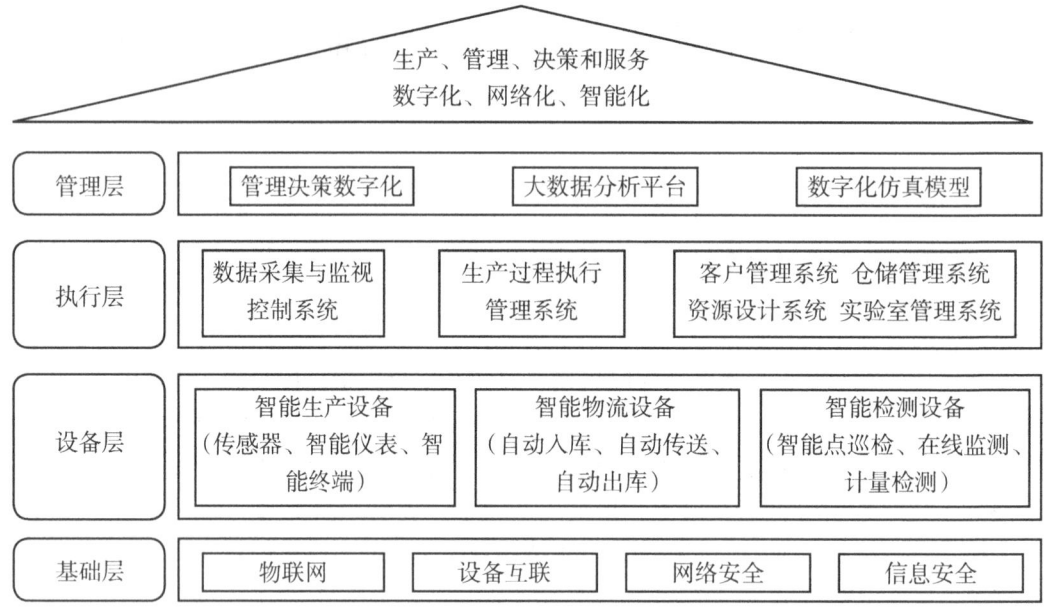

图4-1 智能制造整体统筹规划设计架构图

4.2 建立大数据共享平台

大数据技术的应用可以颠覆行业企业和产业经济的运行模式和规律，广东高技术制造企业也正为此不断深入探索和实践，通过加强企业、政府与研究机构的合作，加大资金和设备投入力度，共同对新的信息技术进行基础理论研究和实践应用研究，推进互联网技术、大数据技术等新技术的结合，促进智能制造模式的创新发展。高技术制造企业应大力推进大数据平台的构建和应用，从采集层、处理层、存储层、分析层和应用层五个层次进行体系化设计（见图4-2），企业需要收集各种类型的数据，包括来自企业信息系统的数据，如企业资源计划（ERP）、客户管理系统（CRM）、资源调度系统（ASP）、仓储管理系统（WMS）、产品数据管理系统（PDM）、产品生命周期管理（PLM）等数据；包括物联网数据，如传感器、射频识别技术（RFID）、条形码和二维码等数据；非结构化数据，如从电商平台等网站、APP等获取的声音、符号、图形、图像和视频数据。数据采集层通过企业内部数据库系统、ETL（抽取、转换、清洗、装载）过程收集企业各个信息系统中的数据，通过网络爬虫系统（Apache Nutch、Crawler4j、Scrapy）从网站和APP上收集非结构化和半结构化数据；通过大数据框架下的系统日志采集技术（Flume、Scribe）实时收集海量日志；通过第三方数据平台的采集技术获得客户和竞争对手的数据；通过数据接入技术实现多源异构监控数据的收集。数据处理层通过HADOOP、MPP应用于数据分析场景，通过流处理技术结合内存数据库对实时及准实时数据进行处理。数据存储层通过ETL工具将产品设计数据、制造资源数据、工程数据等加载到公共基础数据库中，将业务运营数据、事务数据加载到企业运营操作数据存储库中；将清洗和转换后的操作数据存储库中的数据，按照主题（生产管理、项目管理）加载到主题分析库中；将网络爬虫数据、系统日志、第三方数据、系统日志数据、话单数据、监控数据等加载到HADOOP中。数据分析层通过数据挖掘技术、文本和图像挖掘技术、统计分析技术、多媒体分析技术、高维可视化技术、交互式分析技术、机器学习和深度学习技术等对数据进行跨域整合、计算和建模，为应用提供跨域数据处理和分析能力。数据应用层则通过对企业大数据融合处理分析，为企业的运行分析与决策提供了明确的方向，实现产品工艺智能设计、精准营销、大规模个性化生产、备件预测、生产调度智能优化、设备故障有效分析、产品质量追溯等智能制造新模式。应用大数据分析可以转变传统的产品设计思维、市场营销策略、供产销流程和决策思路，基于全生命周期和全过程、全流程的数据信息采集分析挖掘，在复杂多变的市场环境下为企业形成了以个性化客户服务需求为核心的产品设计和营销方案，以及动态调整的生产、库存和销售决策方案的新型智能运营模式。

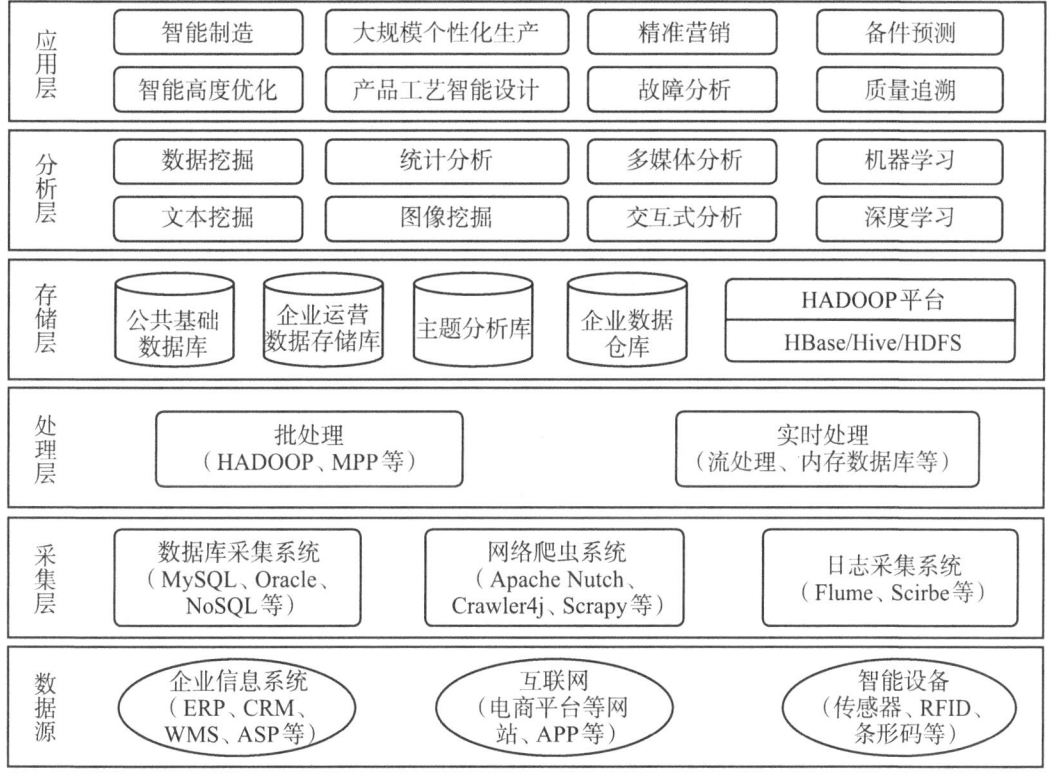

图4-2 大数据平台设计架构图

4.3 提升高技术制造企业大数据技术应用能力

传统的收集数据和分析数据的观念和方法在当前的市场经济发展中已出现不适应的现象，而大数据采集和分析技术驱动和促进企业持续创新发展已成为大势所趋，是提升企业生产力、竞争力和创新能力的关键，是驱动产品设计、制造过程、运营模式、管理及服务标准化和智能化的重要基础，体现在产品全生命周期中的各个阶段（见图4-3）。

在研发设计阶段，以"产品—数据—产品"和"数据—产品—数据"为驱动，通过对客户在使用企业产品过程中的数据进行采集分析，建立统一的设计开发环境和协同设计研发平台，将设计经验、制造信息、客户需求等纳入设计需求范畴，挖掘客户偏好和使用习惯，满足客户的个性化需求，实现定制产品设计和产品研制协同。

在生产过程阶段，将RFID等产品电子标识技术、传感器等物联网技术以及移动互联网技术引入制造业，通过探测温度、压力、热能、振动和噪声等进行设备诊断、用电量分析、能耗分析、产品故障实时诊断、质量事故分析、制程监控提前警报；根据生产和设备状态资料、零件资讯等信息精准预测零件生命周期；通过实时监测产品生产状态和质量状态优化生产资源调度安排和生产工艺技术；围绕采购、可追溯性和仓储三方面，提升企业仓储、配送、销售效率，缓解供应链风险，推进企业由传统制造向小批量、多样化的产品生产模式转变。

在市场营销阶段，利用历史数据挖掘分析产品区域性需求占比和变化、消费者的层次及对应的需求结构、产品种类的市场受欢迎程度、最常见的产品组合形式等，以此来调整产品策略、销售策略、渠道策略和铺货策略；通过对各渠道产品销售数据、产品库存情况的实时统计和分析，合理控制库存和生产，提高资金周转率和企业利润水平。

在售后服务阶段，将大数据应用在客户管理系统（CRM）中，能有效识别客户的偏好和诉求，增强售后服务的针对性，针对产品质量向上向下溯源，快速定位零部件批次、设计和工艺信息、制造过程信息等问题，提升质量响应速度和解决质量问题的能力；同时更新产品质量标准，及时监测和预警产品质量问题，在客户产品出现故障前就将零部件进行更换和维护，提升客户使用体验和满意度。

图4-3　大数据应用场景图

在经营管理方面，通过问题看板展示、业务实时报表可直观了解现行问题及项目进度等情况，追溯生产能力、销售水平、科研技术能力、绩效考核等相关方面的管理漏洞，及时予以干涉并从根源上解决问题，满足客户需求并实现企业价值。

在人工智能技术、传感器技术等新兴信息技术到来时，高技术制造业要转变原有的制造模式和管理思维，初期可以与国内外先进高技术企业和研究机构合作搭建智能车间和数字化管理系统，此后要增强自主研发和专利的投入，逐渐摆脱对他国产品技术的依赖，掌握智能制造的主动权，形成自主创新的新优势，以求高水平高质量的发展。

4.4 构建高技术制造业"4+2+3"创新发展模式

高技术制造业应根据企业战略定位和信息化战略目标来规划智能制造关键线路概念图，明确资产、设备、技术、人才等有形和无形资源的规划设计，以推进企业开展创新模式的变革。高技术制造业分为离散型、流程型和混合型制造业，其中离散型行业的加工工艺是离散的，通过各部件装配和总装配制成零件，并最终汇集装备成为成品；流程型行业的工艺过程是按连续且固定顺序进行的，按照工艺流程来布置生产设施，原料经过一系列设备和装置被加工成成品；混合型行业既包含离散型的元素，又有流程型的特征，在这类行业中，一些生产步骤可能是离散的，即通过部件装配和总装来制造零件，而另一些步骤可能是连续和固定的，原料经过一系列设备和装置被加工成成品。

具体来说，应加强构建高技术制造业"4+2+3"创新发展模式（见图4-4），其中，"4"是指搭建智能控制技术系统、智能工业互联网系统、智能制造装备系统和智能管理信息系统。智能控制技术系统是将模糊控制、混沌控制、专家控制系统、神经网络控制、群集智能控制、遗传算法、人工免疫系统等理论，与传感及测控技术、虚拟仪器技术、电气控制技术、单片机与接口技术、PLC应用技术、大数据等现代信息技术相结合并应用于实际智能制造，包括针对智能系统进行设计、仿真、运行、试验分析与管理、维护等。智能工业互联网系统是通过对企业数据的全面深度感知、实时传输交换、快速计算处理和高级建模分析，形成跨设备、跨系统、跨厂区、跨地区的互联互通，实现智能控制、运营优化、供应链协同、柔性制造、精准营销、智能服务和生产组织方式的创新变革。智能制造装备系统是具有自感知、自学习、自决策、自组织、自执行和自适应等功能且已实现智能集成和人机一体化的智能系统，是先进制造技术、信息技术和智能技术在装备上的融合和集成，形成以机械机构系统、驱动系统、感知系统、控制系统、机器人—环境交互系统、人机交互系统、人机动态交互系统为基础的高档数控机床、工业机器人、3D打印装备、智能生产线等。智能管理信息系统是利用计算机、物联网、RFID射频识别与无线通信技术、大数据技术等建立的智能数据采集和分析系统、智能产品设计研发系统、智能资源调度优化系统、智能监测与控制系统、智能市场营销系统、客户管理系统、智能仓储系统等。

"2"是指组建流程型智能工厂和离散型数字化车间。流程型智能工厂在生产制造、过程管理、供产销管理、监测维护、环保等方面都能够基于数据状态变化适时调整和优化，进而实现全过程、全方位的数字化、可视化、智能化。离散型数字化车间在车间总体设计布局和工艺流程上均已建立数字化模型和模拟仿真,通过智能传感设备、智能检测和诊断设备、智能仓储设备、高档数控机床与工业机器人互联互通,企业设计、工艺、制造、管理、物流等环节集成优化,实现全流程数字化管理。

"3"是指实现网络协同制造、大规模个性化定制和远程运维服务。网络协同制造通过工业云、大数据、互联网标识解析等技术构建工业互联网生产制造资源云平台,使企业内部生产和服务共享资源和集成能力,促进研发系统相互协同,实现生产制造与运维服务数据信息高度共享,增强资源和服务的动态分析与柔性配置水平。大规模个性化定制通过设计模块化和定制参数差异化,建立个性化产品数据库和定制服务平台,形成满足个性化用户和市场需求的企业数字化智能化生产制造和管理系统,能够快速低成本地输出个性化产品。远程运维服务通过工业互联网技术、大数据分析技术建立智能装备远程运维服务平台,根据远程指令调整设备运行参数,实现在线检测、预测性维护、运行优化、远程升级、故障预警、故障诊断与修复等服务。

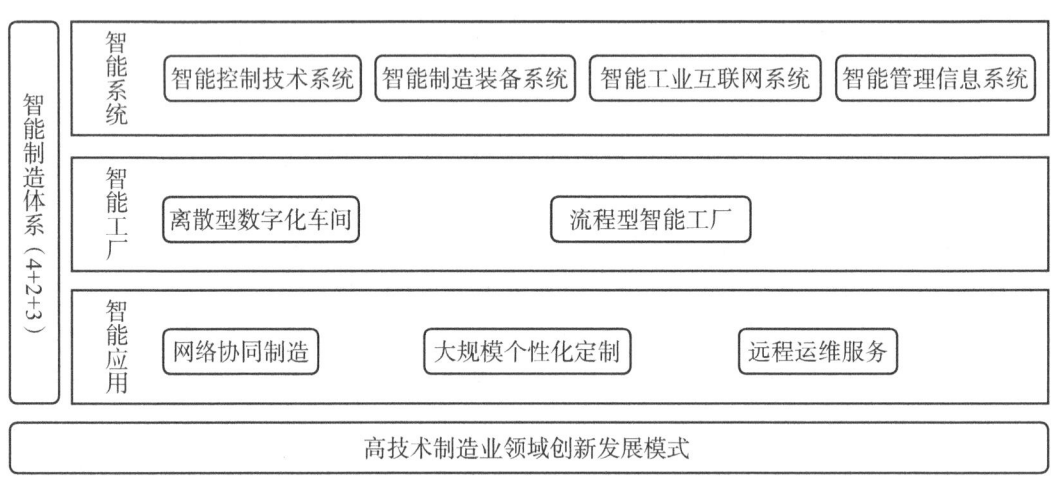

图4-4 高技术制造业"4+2+3"创新发展模式图

企业要想在生产设计、制造过程和监测维护等方面实现一体化、智能化,就需要在流程型和离散型智能制造、大规模个性化定制模式等应用上下功夫;通过建立大数据采集系统、大数据中心、个性化互联网定制服务平台、安全生产监控体系、信息技术防护系统、应急指挥联动系统和信息安全系统等实现企业智能化转型创新和突破;通过建立海量数据信息驱动的产品设计、生产调度、车间性能优化、设备故障诊断、市场精准营销、质量检测和产品追溯的运营模式来提升企业的经营效率和效益,保障企业在复杂多变的竞争环境中持续创新并屹立不倒。

4.5 加强多层次的人才保障

人力资源的充分盘活以及人才资源的充分发挥对一家企业来说至关重要,尤其是高技术制造业需要持续创新发展,专家引领和技术人才的支撑更是关键核心元素。因此,既掌握新一代信息技术又熟知行业和企业内部管理知识的专业人才是企业发展和创新源源不断的驱动力。当前高技术制造业正处在转型发展期，尤其要注重产业集群资源的优化配置和结构变化。广东省各区域制造业产业定位各异，发展路径也不尽相同，因此无论对于企业、学校还是政府，培养不同类型不同层次的技术人才是势在必行的，这将有利于形成有效推进整个产业生态创新的良好态势。

智能制造涉及多个学科、多个专业、多种知识领域交叉，包括品牌创意、产品研发、设计制造、监控维护、智联通信、仓储物流、经营管理等各个环节，政府、行业、企业、学校要围绕设计人才、应用人才和服务人才三方面发力，培养多层次的智能制造相关人才。自动化、智能化生产管理催生了大数据挖掘建模，边缘设备接入，智能系统开发与维护，智能装备编程、操作、运行、改造升级和维护，机器人安装、调试、检测、维修维护，数字化设计、智慧仓储管理等一系列新岗位。只有掌握新兴信息技术等复合能力，具有创意智造和运维智能并能提高效率的人才，才能适应数字化需求。新技术与新业态的深度融合对人才的能力和素质提出了更高规格的要求，包括需要具有良好的网络空间和网络安全素养、信息化素养、互联网思维素养和创新思维素养等。

各级政府要以优化创新创业人才生态为主线，聚焦提高区域人才创新创业的核心竞争力，根据制造业产业需求培养专业人才，推动专业人才创新带动制造业产业发展，建立专业人才动态数据库；根据预警机制提前拦截"高精尖缺"的人才流失，提前谋划"高精尖缺"专家和人才资源的储备工作，形成政府—产业—人才—高校四元有效联动机制；健全校企双主体育人机制，将人工智能工程技术人员、数字化管理师、大数据工程技术人员、云计算工程技术人员、物联网工程技术人员、工业机器人系统运维员等一批国家新职业，以及《智能制造单元集成应用》《数字化工厂产线装调与运维》等一批职业技能标准中的工作岗位职责和项目任务要求等融入专业群课程大纲和实践教学项目中，共同开发虚拟工厂搭建、MES系统管理、边缘计算层设计等项目，培养满足高技术制造业所需的数字语言编程、设备运行和操作、现场调度和管理、设备维护和保养等职业能力要求的复合型创新型人才；建立专业人才供需预测机制，深入开展政府、行业、企业、学校合作，为高技术制造企业搭建符合智能制造和高新技术发展需求的专业人才资源服务平台。同时，还要创新高端人才引进机制，多渠道、多样化、多形式畅通人才引进服务保障工作，设定激励机制，适当奖励人才引进绩效突出的机构和个人。

第5章 机械设计与制造专业群人才需求调研分析

5.1 调研背景

先进装备制造行业是高端装备制造业的重要组成部分,具有战略性地位,其发展对于提升国家的技术创新水平、实现产业结构升级和推动经济转型升级具有重要意义。随着技术的不断进步,传统制造产业的边界不断模糊,产业链的长度也不断增加,而产业集群正是一种有效的协同发展方式。现阶段,人工智能、云计算、大数据等技术的应用已经成为智能制造的基础,使传统制造业不断向数字化、网络化、智能化发展。因此,先进装备制造产业集群得以应运而生。

智能制造与我国"制造2025""互联网+"等国家战略高度契合,政府出台了一系列的相关政策和支持措施,从政策、资金、市场和技术等方面对先进装备制造产业集群进行引导和促进。同时,市场对于品质、效率和体验等的需求在不断提高,而智能制造能够更好地满足市场需求,因此具有更好的竞争优势,产业集群的协同发展模式也能够更好地满足市场个性化需求。产业集群的合作模式能更好地整合开发资源和技术,提升整体效益,通过技术进步实现产品的质量提升、生产效率提高、成本降低,从而适应市场对于高质量产品的需求。因此,支持先进装备制造产业集群发展,在供给侧结构性改革中具有重要意义。

了解先进装备制造行业人才需求情况,对于培养具有创新精神和实践能力的高素质人才具有重要意义。调研先进装备制造行业人才需求情况,可以了解到行业对于不同层次、不同专业人才的需求情况,也可以了解到行业未来的发展趋势和方向。同时,了解行业人才培养与用人需求的匹配度,可以为学校制定更符合市场需求的人才培养计划和设置课程提供参考,也能够指导企业的招聘和人才培养。

佛山职业技术学院立足佛山,面向粤港澳大湾区,对接广东省先进装备制造产业的发展和佛山市装备制造万亿产业的建设,以"共建共享共赢"为宗旨,构建了以机械设计与制造专业为核心,涵盖机械制造及自动化、模具设计与制造、数控技术和增材制造技术专业的机械设计与制造专业群。专业群面向先进装备智能制造集群产业,以"机械装备业校企合作共同体"建设为核心,深化校企合作,产教融合,紧紧围绕先进装备制造产业,培养发展型、复合型、创新型高素质技术技能人才,实现人才培养供给侧与先进装备制造业需求侧精准对接。本章通过集合文献分析、岗位招聘数据抓取分析、企业调研和同类院校调研等四类调研结果,对机械设计与制造专业群进行就业岗位分析,了解以佛山市为重点,面向粤港澳大湾区的智能装备制造行业发展及人才需求情况,结合学生就业现状，进一步分析专业群目标培养岗位及各专业对应目标培养岗位、各岗位胜任力（包括岗位职责、知识技能要求）等，经过对数据的整理汇总与分析，最终形成本调研报告。

5.2 调研目的

佛山职业技术学院机械设计与制造专业群面向佛山市本土各类智能装备制造、机器人集成应用、家电制造、模具制造、增材制造以及厨卫五金制造等人才缺口巨大的企业，对口培养学生，为办出具有地方特色的专业教学水平，需要对市场、企业的实际需求进行深入调研，明确市场提供的就业岗位与具体工作任务的要求，为更准确制定专业群人才培养方向，构建以工作过程为导向的课程体系提供科学依据。

本次调研的主要目的：

（1）行业现状：了解先进装备制造行业企业发展现状及发展趋势，进一步了解行业技术现状及发展需求、趋势等。

（2）人才需求：了解先进装备制造行业人才结构现状及人才需求，了解企业职业岗位设置情况、岗位职责及各岗位对专业人才在知识、技能、素质等方面的要求，从而为人才培养方案的调整、优化和课程设置提供数据支持。

（3）就业情况：了解先进装备制造行业学生的就业情况，包括就业行业、就业岗位、薪资水平、就业难度等，以便为学生提供就业指导和帮助。

（4）课程设置：分析专业群内各专业课程设置是否与市场需求和未来趋势相符合，是否能够满足学生的学习需求和就业需求，并了解实践教学情况，探索如何更好地将理论知识与实际应用相结合，提高学生的实践能力和创新能力。

（5）教学资源：分析同类高职人才培养关键要素，借鉴优秀培养方式，调查专业教学资源的情况，包括师资力量、实验设备、课程资料等方面，以便为学生提供更好的教学资源和服务。

5.3 调研组织与实施

5.3.1 调研方法

本次调研以问卷调查、访谈调研、大数据抓取和文献调查归纳的形式进行，其中以问卷调查、访谈调研和大数据抓取为主。

5.3.1.1 问卷调查法

对智能制造、先进装备或涵盖专业群内各专业毕业生对口就业的相关企业等进行问卷调查，了解企业岗位设置、人员配备、工作流程、适合毕业生的职业岗位，特别是企事业单位对基础岗位员工的职业素质与能力的要求；对广东省内外开设有同类专业的院校进行情况调查，了解各校招生办学情况、课程设置以及学生对专业课程的掌握程度、校企合作的形式与经验。

5.3.1.2 访谈调研法

通过企业走访，听取本土行业专家、企业领导等对行业发展情况的分析，了解企业岗位设置，对新员工的基本素质要求、基本专业技能要求，企业对员工职业成长、晋升路径的设置、校企合作意愿及方式等。

5.3.1.3 大数据抓取

通过 Python 等相关工具智能采集广东省及全国其他各省上千万家企业、上亿产业人才需求的数据，明晰人才需求数量、人才需求城市、人才经验要求、人才薪资水平、人才学历要求等人才需求特征，进行行业岗位数据抓取分析。

5.3.1.4 文献调查归纳法

通过文献资料、网络以及相关部门的统计数据等渠道进行文献检索，搜寻相关资料数据并整理，重点了解行业发展的现状、趋势及人才需求状况，国家职业资格标准和对岗位技能的要求。

5.3.2 调研形式

本次调研由佛山市顺德区职业教育发展促进会（以下简称"职促会"）联合佛山职业技术学院智能制造学院共同开展。线上调研由职促会联系装备制造相关企业负责人、人力资源负责人及具体岗位工作人员填写线上调研问卷。线下实地调研由职促会校企服务部统筹组织并全程参与。

5.3.3 调研对象

5.3.3.1 线上调研样本对象

（1）企业样本

采用线上问卷调研形式，以智能制造装备行业领域内大中型企业为主，覆盖小微企业的经营管理者、人力资源负责人，了解企业岗位设置及变化、岗位要求、技术现状及发展需求、人才需求现状及发展趋势、证书要求、对学校课程设置及人才培养的建议等情况，共收集367份企业有效问卷。

（2）同类院校样本

采用线上问卷调研形式，对广东省内外开设机械设计与制造专业、机械制造及自动化专业、数控技术专业、模具设计与制造专业以及增材制造技术专业的同类高职院校展开调研，调研内容包含课程设置、师资力量、教学实施、专业相关证书、人才培养状况及企业合作等，旨在了解同类专业基本情况，共收集到112份有效问卷。

5.3.3.2 实地走访调研样本对象

本次机械设计与制造专业群调研共实地走访40家装备制造相关企业，包括技术研发、机器人集成、装备制造及应用、家电制造及厨卫五金制造等企业，部分企业名单见表5-1。

表5-1 部分调研企业名单

企业名称	企业名称	企业名称
佛山磨可机械有限公司	佛山市顺德区联塑科技集团	佛山市模具行业协会
广东中海万泰技术有限公司（中南机械）	广东康宝电器股份有限公司	佛山市顺德区凯硕精密模具自动化科技有限公司
广东伊之密精密机械股份有限公司	小熊电器股份有限公司	佛山市南海区广工大数控装备协同创新研究院
佛山先拓三维科技有限公司	广东天键智能包装设备股份有限公司	广东科尔技术发展有限公司
广东三技克朗茨机械科技有限公司	广东银纳增材制造技术有限公司	佛山华数机器人有限公司
震德塑料机械有限公司	佛山犀灵机器人技术服务有限公司	佛山科勒有限公司
科达制造股份有限公司	佛山隆深机器人有限公司	广东圣特斯数控设备有限公司
广东省机械研究所有限公司	广东凯恒电机有限公司	广东新宝电器股份有限公司
东莞市盛菱精密机械有限公司	华南智能机器人创新研究院	广东德玛电子有限公司
咸阳丰宁机械有限公司	广东邦普循环科技有限公司	广州华鑫实业有限公司

5.3.3.3 招聘数据调研样本

针对机械设计与制造专业群，根据目标设置抓取关键词及组合条件，进行岗位需求的招聘数据抓取，共获取企业招聘信息约10.31万条，从专业岗位需求、学历层次结构、薪资区间、招聘条数以及从业年限要求等维度对抓取的数据展开分析。其中，学历层次可以看出相应岗位对人才类型的需求，从业年限可以看出对从业人员的稳定性和技术经验的要求，招聘条数可以看出社会对人才的需求程度等。

5.3.3.4 文献资料样本

收集了上百份先进装备制造行业的相关文献及行业政策，涵盖行业发展现状、发展趋势、企业现状、就业情况、人才需求、对接岗位、岗位具体要求等方面的分析研究。

5.4 先进装备制造产业背景研究

5.4.1 先进装备制造产业发展的政策支持

5.4.1.1 国家层面政策支持

近年来，我国重视先进装备制造产业发展，相关支持政策文件正密集出台，旨在强化资金、技术、支撑平台等，推进新一代信息技术和制造业融合发展，加快工业互联网发展，培育智能制造特色产业集群，进一步驱动产业变革，推动制造业转型升级。目前,我国装备制造业正处于转型升级的过程中,需大力推行自主创新,提高技术水平,发展高端装备制造业,并推动装备制造业向智能、高效、绿色、可持续的方向发展。随着国家经济发展的需求和技术的进步,先进装备制造产业已经成为我国制造业的重要组成部分。在这个背景下,国内政策在促进先进装备制造产业的发展方面发挥着重要作用。

国家政策对先进装备制造产业的发展给予了大力支持。《中国制造2025》《"十四五"智能制造发展规划》《中国制造2025发展规划》等政策文件中,都强调了先进装备制造产业的重要性。国家还出台了一系列政策措施,如加强技术创新、优化产业布局、推动产业转型升级等,为先进装备制造产业提供了政策支持,具体内容见表5-2。

表5-2 国家层面的政策支持

时间	政策名称	主要内容
2015年5月	《中国制造2025》	着力发展安全区域、操作系统等领域的软件,突破制造物联与服务、工业大数据处理等工业软件核心技术,加快开发高端工业平台软件和重点领域应用软件,推进自主工业软件的体系化发展和产业化应用,到2025年,制造业重点领域全面实现智能化
2016年5月	《关于深化制造业与互联网融合发展的指导意见》	加强计算机辅助设计仿真、制造执行系统、产品全生命周期管理等工业软件的产业化进程,提升软件支持在制造业中的核心作用,并明确其在制造业发展中的基础地位。构建信息物理系统参考模型和综合技术标准体系,加强制造业自动化、智能化基础技术和产业支撑能力
2016年12月	《智能制造发展规划(2016—2020年)》	推进智能制造发展"两步走"战略:第一步,到2020年,智能制造发展基础和支撑能力明显增强,传统制造业重点领域基本实现数字化制造,有条件、有基础的重点产业智能转型取得明显进展;第二步,到2025年,智能制造支撑体系基本建立,重点产业初步实现智能转型
2018年8月	《国家智能制造标准体系建设指南(2018年版)》	国家智能制造标准体系按照"三步走"建设:第一步,构建智能制造系统架构,明确智能制造对象和边界,识别现有和缺失的标准;第二步,形成智能装备、工业互联网、智能工程等五类关键技术标准,与基础共性标准和行业应用标准共同构成智能制造标准体系结构;第三步,建立智能制造标准体系框架
2019年11月	《关于推动先进制造业和现代服务业深度融合发展的实施意见》	到2025年,形成一批创新活跃、效益显著、质量卓越、带动效应突出的深度融合发展企业、平台和示范区,企业生产性服务投入逐步提高,产业生态不断完善,两业融合成为推动制造业高质量发展的重要支撑

(续表)

时间	政策名称	主要内容
2020年8月	《新时期促进集成电路产业和软件产业高质量发展的若干政策》	强调集成电路产业和软件产业的核心地位，从多个角度为中国集成电路产业和软件产业的未来发展设定了明确的政策导向和扶持措施
2021年3月	《中华人民共和国国民经济和社会发展第十四个五年规划和2035年远景目标纲要》	坚持把发展经济着力点放在实体经济上，加快推进制造强国、质量强国建设，促进先进制造业和现代服务业深度融合，强化基础设施支撑引领作用，构建实体经济、科技创新、现代金融、人力资源协同发展的现代产业体系；坚持自主可控、安全高效，推进产业基础高级化、产业链现代化，保持制造业比重基本稳定，增强制造业竞争优势，推动制造业高质量发展
2021年11月	《"十四五"信息化和工业化深度融合发展规划》	紧扣"十四五"时期制造业高质量发展要求，以供给侧结构性改革为主线，以智能制造为主攻方向，以数字化转型为主要抓手，推动工业互联网创新发展，围绕融合发展的重点领域设置了5项主要任务、5大重点工程以及5个方面的保障措施
2021年12月	《"十四五"智能制造发展规划》	到2025年，规模以上制造业企业基本普及数字化，重点行业骨干企业初步实现智能转型；到2035年，规模以上制造业企业全面普及数字化，骨干企业基本实现智能转型
2021年12月	《"十四五"数字经济发展规划》	到2025年，数字经济迈向全面扩展期，数字经济核心产业增加值占GDP比重达到10%，数字化创新引领发展能力大幅提升，智能化水平明显增强，数字技术与实体经济融合取得显著成效，数字经济治理体系更加完善，我国数字经济竞争力和影响力稳步提升
2022年6月	《工业能效提升行动计划》	加强全链条、全维度、全过程用能管理，强化标准引领和节能服务，协同提升大中小企业、工业园区能效水平；统筹优化工业用能结构、数字赋能等对节能提效的促进作用
2022年6月	《关于推动轻工业高质量发展的指导意见》	强化科技创新战略支撑，加快关键技术的突破，针对制造行业的薄弱环节，研究制定和发布一批重点领域技术创新路线图，试行"揭榜挂帅"等举措
2022年10月	《关于以制造业为重点促进外资扩增量稳存量提质量的若干政策措施》	统筹组织"跨国公司地方行"等活动，重点推动邀请制造业领域跨国公司优先到产业发展基础较好的中西部和东北地区发展；持续支持中西部和东北地区国家级新区和开发区，以及承接产业转移示范区、加工贸易梯度转移重点承接地、国家加工贸易产业园，更好发挥制造业引资带动作用，承接国际国内产业转移

（续表）

时间	政策名称	主要内容
2023年1月	《国家标准化管理委员会工业和信息化部关于下达2022年度智能制造标准应用试点项目的通知》	为贯彻落实《国家标准化发展纲要》《"十四五"智能制造发展规划》等相关部署，发挥标准支撑引领作用，推动制造业企业运用标准化方式组织生产、经营、管理和服务，国家标准化管理委员会、工业和信息化部联合开展了2022年度智能制造标准应用试点工作

5.4.1.2 地方层面政策支持

近年来，广东省政府和佛山市政府相继推出先进装备制造产业方面的支持政策，鼓励企业要加强智能装备制造技术研发，提升自主创新能力，同时，支持智能装备制造企业加强与高校、科研机构合作，加快科技成果转化。政府也加大对智能装备制造企业的财税支持力度，提供税收优惠政策和财政补贴。此外，各级政府也在鼓励智能装备制造企业开拓国际市场，提供出口退税和金融支持等政策支持。产业的发展离不开人才，政府为推动智能装备制造企业加强人才培养，提升人才队伍素质，也出台了相关人才引进和特殊工种技能补贴政策，以促进产业的持续发展。

如广东省政府出台的《数字化经济20条》，旨在推动广东省数字化经济的发展，其中包括加快智能制造、移动互联网等领域的发展。具体支持措施包括：加快构建数字经济发展支撑体系、提高云计算和大数据基础设施能力、推动工业互联网和智能制造等。佛山市政府出台的《"质造佛山"行动计划》，旨在构建以优质产品为先导、以高端制造为支撑、以智能制造为引领的产业体系。具体支持措施包括：推进智能制造及工业互联网发展、培育产业链优势企业、加强人才支撑、推进产业技术创新等。佛山市出台的《"智造佛山"行动计划》，旨在进一步推动佛山市智能制造产业的发展，具体支持措施包括：加速产业转型升级、提升制造企业数字化水平、强化产品设计和供应链管理能力、推进示范应用、打造人才高地和科技创新平台等。

此外，广东省和佛山市政府还推出了一系列针对制造业企业的扶持政策，包括减税降费、科技创新奖励、企业转型升级补贴等。这些政策力度十分明显，为先进装备制造产业的健康发展提供了有力支持，部分政策内容见表5-3。

表5-3 省市层面的政策支持

时间	政策名称	重点内容
2017年4月	《深化供给侧结构性改革》	扶持新型研发机构优化发展，推动佛山广工大数控装备协同创新研究院、智能装备技术研究院等研发机构提高研发、孵化和服务能力，实现市场化运作。深入推进大中型企业研发机构全覆盖行动，建立工业企业研发机构建设重点制度，开展中小企业研发机构登记备案工作

(续表)

时间	政策名称	重点内容
2019年2月	《粤港澳大湾区发展规划纲要》	优化制造业布局，提升国家新型工业化产业示范基地发展水平，以珠海、佛山为龙头建设珠江西岸先进装备制造产业带，以深圳、东莞为核心在珠江东岸打造具有全球影响力和竞争力的电子信息等世界级先进制造业产业集群，将建设珠江西岸先进装备制造产业带作为国家战略的重点内容之一，支持佛山深入开展制造业转型升级综合改革试点
2020年6月	《关于培育发展战略性支柱产业集群和战略性新兴产业集群的意见》	要重点发展十大战略性新兴产业集群，高端装备制造产业集群便是其中之一。促进以广州、深圳为核心，珠海、佛山等各具特色的产业集聚区，在航空航天、电子信息、模具等领域实现产业创新应用与融合
2020年9月	《广东省培育前沿新材料战略性新兴产业集群行动计划（2021—2025年）》	突破一批原创性、高性能、低成本的金属非金属、生物医用等增材制造材料的设计、制备及成形关键技术，发展复杂精密模具，流道，航空及能源领域复杂结构件、汽车零部件，牙齿，医疗植入体等制品
2020年9月	《广东省发展现代轻工纺织战略性支柱产业集群行动计划（2021—2025年）》	长寿命复合石膏模具、新型微孔材料及树脂模具被列为重点行业关键技术及材料
2020年11月	《佛山高新技术产业开发区践行新发展理念促进高质量发展三年行动方案（2021—2023年）》	依托顺德机器人谷、广工大数控装备协同创新研究院、佛山智能装备技术研究院等，重点发展传感器、控制器、伺服系统等关键零部件，培育发展工业机器人、检测机器人、AGV、协作机器人、建筑机器人、服务机器人等本体制造，强化面向汽车、机械、家具家电等领域的机器人系统集成应用
2020年12月	《培育发展"2+2+4"产业集群》	大力发展装备制造行业，重点发展高档数控机床及系统、机器人本体和集成应用系统、工业自动化控制系统等智能装备，开发家电智能化生产线技术和设备，提升金属加工机械、陶瓷机械、塑料机械、印刷包装机械、木工机械等专用装备的智能化、集成化水平
2021年4月	《广东省国民经济和社会发展第十四个五年规划和2035年远景目标纲要》	深化新一代信息技术与制造业融合发展，积极发展智能制造，支持建设区域性智能制造产业科技创新平台，建设智能制造基地，强化智能化基础制造与成套装备、智能制造服务等高端供给，打造智能工厂和灯塔工厂，成为全国智能制造发展示范引领区

(续表)

时间	政策名称	重点内容
2021年4月	《佛山市国民经济和社会发展第十四个五年规划和2035年远景目标纲要》	实施制造业高质量发展以"六大工程"为抓手，打造"2+2+4"产业集群为重点，巩固提升战略性支柱产业和培育壮大战略性新兴产业为要务，推进现代服务业壮大提质，提升金融服务实体经济水平，加快数字经济发展步伐，加快构建更具竞争力的现代制造业集群产业体系
2021年4月	《佛山市推动制造业高质量发展实施"六大工程"行动方案》	实施"立柱工程"，围绕工业"四基"筑牢产业基础，培育壮大根植性和竞争力强的制造企业群，着力打造百亿级、千亿级、万亿级梯次发展的先进制造业集群
2021年6月	《广东省制造业数字化转型实施方案及若干政策措施》	促进激光与增材制造产业同汽车、模具、核电、船舶等产业深度结合
2021年7月	《广东省制造业高质量发展"十四五"规划》	坚持制造业立省不动摇，强调"两个立足"，立足于全面贯彻落实党和国家的重大战略部署以及省委、省政府的重点工作要求；立足于着力解决制约广东制造业发展的痛点难点问题。突出"三新要求"，科学把握新发展阶段，坚决贯彻新发展理念，服务构建新发展格局
2021年8月	《佛山市制造业数字化智能化转型发展实施方案》	围绕先进制造业产业集群建设，以工业互联网为抓手，深化新一代信息技术与制造业融合发展，加速制造业数字化、网络化、智能化转型和智能化改造，推动产业集群整体数字化智能化转型升级
2022年2月	《佛山市服务业发展五年规划（2021—2025年）》	完善创新创业服务体系，打造"众创空间—创业苗圃—孵化器—加速器—产业园"全孵化链条。支持广工大数控装备协同创新研究院、南海力合星空孵化器、728创域、中峪智能机械智能装备孵化中心、顺德创客中心等国家级省级孵化器和众创空间继续推进技术成果转化和产业化应用
2022年4月	《佛山市科学技术发展"十四五"规划》	瞄准数字经济，重点发展工业操作系统、核心工业软件系统、智能化数控系统技术、生产过程智能化改造技术、工业互联网应用技术、生产过程绿色化技术、先进（含在线）测量和检测技术、数字化协同设计及3D/4D全制造流程仿真技术、虚拟工厂创建和应用技术
2022年7月	《广东省数字经济发展指引1.0》	聚焦"网络、平台、安全"三大基础支撑体系建设，以企业、产业园和产业集聚区、产业链供应链、特色产业集群的数字化转型为切入点，推动实现产业综合实力显著增强，加快工业企业数字化转型

(续表)

时间	政策名称	重点内容
2022年8月	《广佛全域同城化"十四五"发展规划》	强强联合,深入推动先进装备制造、汽车、新一代信息技术、数控机床与健康产业4个万亿级产业集群发展,切实引导支持相关龙头企业加强合作
2022年8月	《关于支持佛山新时代加快高质量发展建设制造业创新高地的意见》	要加快建设具有国际竞争力的现代产业体系,打造具有国际影响力的技术创新高地,深化重点领域改革,打造服务国内国际双循环的重要节点,建设宜居宜业宜游的高品质现代化人文都市,提升区域协调发展水平。《意见》还特别明确了培育壮大先进制造业集群、加快建设重大科技创新载体和平台、完善现代立体交通体系、提升城市功能品质、推动广佛全域同城化等具体举措
2022年12月	《佛山市人民政府关于高质量推进制造业当家的行动方案》	支持企业发展工业设计服务、供应链管理、总集成总承包等服务型制造重点领域。持续开展服务制造示范遴选活动,打造一批服务能力强、行业影响大的示范企业、示范项目和示范平台。着力发展数字经济、创新经济、平台经济、共享经济。建设现代物流体系,改造提升老旧专业市场,打造一批"高标仓+智能化"现代物流产业园,提升河海联运能力,扶持发展工业供应链企业,为制造业发展贯通生产、流通、消费三大环节。推进会展业与制造业高效联动,把潭洲国际会展打造成工业会展知名品牌
2023年5月	《关于高质量建设制造强省的意见》	"制造业当家22条"是全省坚持制造业当家、加快制造强省建设工作的总"路线图"和"施工图"。文件明晰了广东省制造业高质量发展的指导思想,确定了2027年制造强省建设迈上重要台阶、2035年全面建成制造强省的战略目标,紧紧围绕"大产业""大平台""大项目""大企业""大环境",聚焦重点产业和领域持续发力,着力实施制造业当家"大产业"立柱架梁行动、"大平台"提级赋能行动、"大项目"扩容增量行动、"大企业"培优增效行动、"大环境"生态优化行动等五大提升行动,统筹推进坚持制造业当家、建设制造强省各项工作
2023年5月	《广东省工业和信息化厅关于开展2024年省级促进经济高质量发展专项资金(产业创新能力建设)项目入库的通知》	重点围绕消费电子、高端装备、生物医药、新型储能、先进材料、食品工业等领域及20个战略性产业集群,对企业在提升自主创新能力和核心竞争力过程中,依托省级企业技术中心在试验、检验检测、成果转化、产业应用等方面开展的项目给予支持。鼓励企业围绕技术创新的薄弱环节,加大创新研发投入,完善创新基础设施,实施创新能力建设项目

(续表)

时间	政策名称	重点内容
2023年6月	《广东省市场监督管理局办公室关于征集标准化助力制造业高质量发展重点项目+"揭榜挂帅"的通知》	推动全省高质量发展的战略部署，坚持实体经济为本，"制造业当家"，进一步推动我省标准化工作创新发展，更好发挥标准在助力高技术创新、促进高水平开放、引领高质量发展的基础性、战略性作用。聚焦制造业难点堵点痛点，着重产业应用和企业急需，积极发挥标准化助力实体经济发展作用，开展标准化前沿研究与标准化场景应用示范建设

总之，政府出台产业相关扶持政策对产业发展和国家经济发展具有重要指导意义，可以引导企业和市场的行为，鼓励企业加大投资和创新，提高产品和服务的质量及竞争力，推动先进装备制造产业的升级和转型，提高国家的经济实力和国际地位。

5.4.2 先进装备制造产业发展现状及发展趋势

5.4.2.1 先进装备制造产业发展现状

装备制造业是一个重要的制造业领域，它与国防、航空、电子、机械等各个领域密切相关，也是一个国家经济竞争力的重要标志。

（1）先进装备智能制造集群产业飞速发展

目前，我国先进装备制造产业集群正在快速发展。一方面，政府加大了对产业的投入，实施了《中国制造2025》《智能制造示范项目》等一系列政策，推动企业加快转型升级。另一方面，先进技术的应用也取得了实质性的进展，特别是5G、云计算、物联网等新技术的广泛应用，促进了先进装备智能制造集群产业的数字化、网络化和智能化发展。产业链是不同企业之间的相互关联，实现供给与需求的对接。我国智能制造装备产业链分为上游、中游和下游：上游为"核心零部件"，其中包括机械零部件、电子元器件、金属制品等；中游为"装备制造"，包括数控机床、工业机器人、3D打印设备、智能仪表仪器等；下游为"系统集成及应用"，包括设备集成及应用、设备管理维护、生产规划等，如图5-1所示。

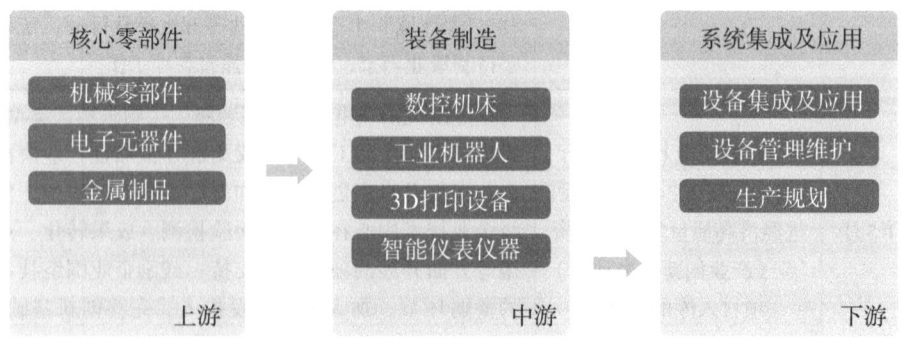

图5-1 智能制造产业链总体情况

智能装备是高端装备的核心，是制造装备的前沿和制造业的基础，已成为当今工业先进国家的竞争目标。作为高端装备制造业的重点发展方向和信息化与工业化深度融合的重要体现，发展智能装备产业对于加快制造业转型升级，提升生产效率、技术水平和产品质量，降低能源资源消耗，实现制造过程的智能化和绿色化发展具有重要意义。

我国先进装备制造产业集群已经形成了一些具有一定规模和较高水平的产业园区和集群，如苏州高新区、东莞高村工业园、成都新都生态工业园等。根据中国先进装备制造产业发展报告，截至2022年底，中国先进装备制造产业规模达到4.6万亿元人民币，占整个装备制造业的比重超过30%。其中，智能机器人、智能工厂、智能制造装备等领域成为产业发展的重点。2022年，中国先进装备制造产业新增值达到1.5万亿元人民币，同比增长9.6%。其中，智能机器人制造业增加值同比增长14.1%，智能工厂建设业增加值同比增长13.7%。同时，中国先进装备制造产业还在不断发展壮大。预计2025年，我国智能制造装备市场规模将超过1万亿元人民币；我国先进装备制造产业规模将达到15万亿元人民币，成为全球智能制造的重要力量。

（2）省市先进装备制造产业不断转型升级

广东省先进装备制造产业是近年来快速发展的产业之一，主要涉及机器人、数控设备、智能制造设备等领域，是制造业转型升级的重要方向之一。现阶段，产业规模不断扩大，2022年产值1.5万亿元，同比增长11.3%。广东省先进装备制造产业在机器人、数控设备、智能制造设备等领域拥有一批具有核心竞争力的技术和产品，并形成了一批重点研发机构和实验室。根据广东省经济和信息化委员会发布的数据，截至2022年底，广东省智能装备制造企业已经达到1.2万家，其中高新技术企业达到了2800家，占比23.3%；智能装备制造业年产值已经超过2.2万亿元，占广东省规模以上工业总产值的27.3%。同时，广东省智能制造应用场景也在不断拓展，涉及多个领域，如智能机器人、智能制造、智能物流等。

佛山市经济发展坚持以工业、制造业为主，是全国乃至全球重要的制造业基地，工业增加值近年来一直占地区生产总值60%左右。佛山是我国制造业门类最为齐全、民营经济最为发达、中小企业聚集度最高的地区之一，有34个制造业门类，近70万家民营经营市场主体，其中民营企业28.28万家，90%为中小企业，地区生产总值达12 157亿元，GDP排名全国第16位。佛山作为全国乃至全球的重要制造业基地，已构建了较完整的制造业产业体系，涵盖了几乎所有制造业行业，其中家电、家具、陶瓷、机械装备、金属加工等传统行业优势突出，光电、新材料、生物制药、机器人、新能源汽车等新兴产业蓬勃发展。当中不乏知名企业，如中南机械、科达制造及广东航天机电集团等，并且在应用领域上取得了一定的成果。目前，佛山市为推进制造业数字化智能化转型发展推出30条举措，以空前力度、百亿补贴规模，推动制造业数字化、网络化、智能化转型升级。2022年底，40.7%的规模以上工业企业实现数智化转型，其生产效率提升16.5%，人均产值提升15.2%，生产成本降低17.3%，产品交付周期缩短20.2%，产品不良率降低8.4%。除了政策支持，佛山市区各级政府、主管部门和行业协会还不断搭平台、造生态，搭建协同转型的"朋友圈"。2023年2月，佛山市工业和信息化局公示了2022年佛山市产业链协同数字化转型、中小企业抱团数字化转型试点项目在库名单，包括食品加工产业链、先进材料、厨电行业、智能家电、陶瓷产业、纺织服装等在列，从而促进数实融合，推动"链式"转型。

此外，佛山市先进装备制造产业已经形成了一支高素质的人才队伍。据统计，佛山市拥有一大批高级工程师和技术人才，其中硕士、博士人才数量占比较高，产业创新能力较强，不断有新产品、新技术、新工艺的研发和应用。总体来说，佛山市先进装备制造产业发展现状良好，已经成为佛山市重要的支柱产业之一。未来，随着数字化、网络化和智能化技术的不断升级，佛山市先进装备制造产业将会迎来更广阔的发展空间，但也存在一些挑战，如核心技术缺失、产业链不完善等问题。因此，需要进一步加强技术研发和产业链建设，提升产业的整体水平和竞争力。

5.4.2.2 先进装备制造产业未来发展趋势

（1）绿色高端数字智能化装备制造成为产业发展必然之选

我国先进装备制造产业是国家制造业的重要组成部分，也是当前国家产业升级的重要方向之一。随着互联网、大数据等先进技术的不断应用，先进装备制造产业正在迎来新的发展机遇。未来，我国先进装备制造产业将呈现以下几个方面的发展趋势：

①智能化水平不断提升

未来，智能装备将更加智能化、自动化、高效化和低成本化，具备更强的易用性、可靠性和安全性，能够帮助企业提高效率和质量。此外，先进装备制造产业将与新兴技术紧密结合，如人工智能技术和机器人技术，为未来的智能制造提供强有力的技术支持。

②数字化生产成为主流

随着工业互联网的快速普及，数字化生产将成为未来智能制造的主流。数字化生产通过将制造过程数字化，实现生产流程自动化，将有效提高生产效率、节省成本、升级服务质量，为先进装备制造产业的发展提供更加坚实的基础。

③大型化、高端化、智能化制造逐步成为趋势

随着制造业的发展，需要完成的生产任务越来越多，供应链的管理也越来越复杂，因此大型化制造、高端化制造和智能化制造逐渐成为趋势。未来，生产线和设备将变得更加智能化和自动化，将会出现更加先进的生产工艺和制造技术。

④人工智能逐步应用于先进装备制造产业

人工智能技术在各个领域都有广泛的应用，未来，在先进装备制造产业也将得到进一步发展。将会有更多的人工智能技术被应用于先进装备制造产业，从而帮助企业更好地进行质量监测、预防性维护等方面的工作。

⑤绿色制造成为必然之选

随着环保意识的提升，绿色制造也成为先进装备制造产业的必然之选。未来智能装备将会更加注重绿色制造，推广工艺清洁和谷物流优化等方式，减少生产过程中对环境的污染，实现智慧环保。

（2）省市先进装备制造产业的未来集聚与新的持续发展效应

广东作为全国经济最为发达的地区之一，是中国经济和制造业的重要支撑。随着近年来先进装备制造产业的快速发展，广东省的先进装备制造产业也呈现出一些新的趋势

和特色。首先，智能化是广东省先进装备制造产业未来发展的主要趋势。随着人工智能、机器人技术、大数据等新一代信息技术的快速应用，未来的智能装备将会成为一种集智能化、自动化、高效化、低成本化于一体的全新设备。未来的智能装备将更加智能、自主，更加适应信息化、灵活化、多元化的生产环境，具备更强的易用性、可靠性和安全性，能够帮助企业提高效率和质量。其次，一体化将成为广东省先进装备制造产业的新趋势。一体化是指不同类型的装备之间可以无缝连接并协作，形成一个无缝的生产基础设施。未来的一体化智能装备将从物理连接和传输数据两个层面上，实现设备之间的互联互通，打破设备之间的界限，形成更加全面、高效的生产方式，并为智能制造业提供更好的技术支持。再次，人才是广东省先进装备制造产业的重要支撑。未来，广东省的先进装备制造产业将不断引进高素质、高水平的人才，着力打造一批以技术创新和研发为核心的创新团队。同时，为了推动广东省先进装备制造产业的发展，广东省政府也出台了一系列政策措施，鼓励企业加大人才培养力度，在人才引进、培养、留用、管理等方面提供全方位的支持。最后，智能制造与节能环保将成为未来广东省先进装备制造产业的重要方向。

在过去的几十年里，佛山市的制造业一直都是中国制造业的代表之一，随着数字化、网络化和智能化技术的迅速发展，先进装备制造产业已经成为佛山市工业升级的重要发展方向。未来几年，佛山市先进装备制造产业的发展将会呈现以下趋势：第一，智能化水平将会不断提升。智能装备将会更加智能化、自动化，形成可靠的智能控制系统，提高工作效率和生产效率，降低生产成本。第二，产业集聚效应将会不断增强。佛山市将会继续引进国内外高素质人才和高端技术，加强产业对创新创业企业的扶持和引导，构建完整的产业链和供应链，提高产业综合竞争力。第三，产业融合发展将会日趋明显。未来，佛山市先进装备制造产业将通过与其他行业的深度融合，促进跨界合作、资源共享，形成多元化的产业发展。第四，绿色制造升级将成为发展的主要方向。佛山市将会更加重视绿色制造，大力推广清洁生产工艺，开展谷物流优化，减少环境污染，实现智慧环保。第五，转型升级将会成为发展的助推器。佛山市将会加大政策引导和创新支持力度，促进智能制造转型升级，加快数字化生产、工业互联网和智能制造等新型产业发展。

未来，佛山市先进装备制造产业将进入一个蓬勃发展的新时期，将发挥越来越重要的基础性和支撑性作用，为佛山市乃至整个广东地区的工业发展注入新的活力。总之，未来的装备制造业将更加以技术为导向，以更加智能化、更加绿色可持续为发展方向。

5.4.2.3 先进装备制造产业集群人才需求情况

（1）智能装备制造行业人才缺口持续扩大

人才是实现民族振兴、赢得国际竞争主动权的战略资源。长期以来，我国制造业技能人才队伍以低技能人员为主，高技能人才占比较低。据中华人民共和国人力资源和社会保障部统计，技能劳动者数量占我国就业人员总量约19%，高技能人才仅占5%，这与西方发达国家存在着较大差距。据统计，在我国整个产业工人队伍中，日本籍高级技工占比为40%，德国籍高级技工则高达50%。我国制造业向全球价值链中高端攀升，对高技能劳动力的需求将不断上升。只有加大多层次人才培养力度，才能有效解决劳动力市场供给与需求不匹配的问题，助力我国制造业向全球价值链中高端攀升。这主要包括培养与研发、核心零部件设计生产相关的创新型和技能型人才，以及与品牌培育、专业服务相关的管理型和服务型人才等。

随着先进制造技术和智能化制造的不断发展和升级，先进装备制造产业集群迎来了蓬勃发展的新机遇。然而，产业的快速发展也引发了对人才需求的危机，先进装备智能制造行业对于高素质人才的需求越来越迫切，尤其是在增强智能化程度、降低制造成本、提高制造速度等方面。为深入实施《中国制造2025》，教育部、人力资源和社会保障部、工业和信息化部等部门共同编制了《制造业人才发展规划指南》，规划预测2022年，高档数控机床和智能制造人才总量达到900万人，人才缺口达到450万人。广东作为我国制造业发展的排头兵，在一系列强有力政策的支持下得到了快速发展，因此在装备制造业庞大的用工需求下，智能制造装备行业人才需求也越来越大，如图5-2所示。

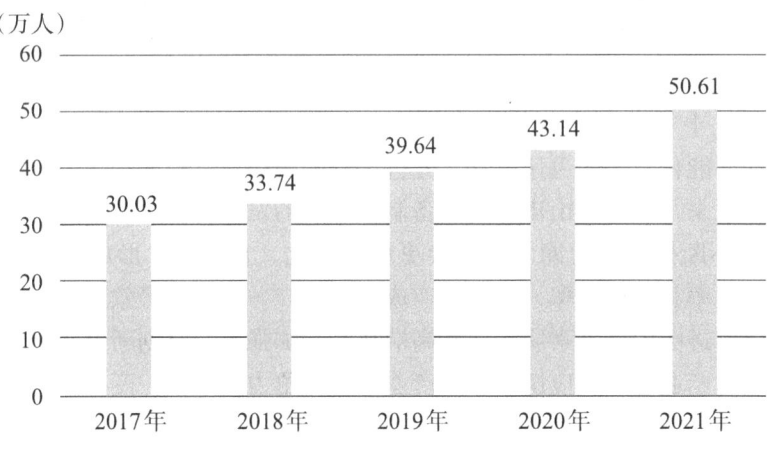

图5-2 广东省智能制造装备行业就业人员年平均人数

（2）智能装备制造行业急缺不同类型技术人才

首先，关键技术人才短缺。先进装备制造产业需要掌握先进的制造技术和关键技术的人才，但这些专业人才供应不足，导致企业在技术领域面临巨大挑战。其次，高端人才稀缺。这些人才需要掌握较为丰富的科技知识以及较高的管理技能，能够胜任项目管理、技术研发和市场拓展等高端职位，在智能制造领域起到关键作用。再次，创新型人才短缺。先进装备制造产业需要有一批开拓创新、敢于试错的员工，能够提出符合市场需求的创新解决方案，以促进企业的可持续发展并创造更为丰富的市场份额，但此类人才也相对稀缺。此外，基础技能人才也十分缺乏，制造业在基础技能人才方面的需求十分集中，这些人才需要具备一定的操作技能和实践经验，但由于智能装备生产需要现代化培训体系，此类人才相对不足。

以上这些人才缺口表明，先进装备制造产业必须要有更多的专业人才加入，以推动产业持续发展，加速技术创新和创新模式，激发产业创新精神和市场适应能力。

（3）智能装备制造行业对产业从业人员的能力要求

智能制造行业要求人才具有全面的知识结构、熟悉相关领域的前沿技术和应用，并且具备较强的团队协作精神和创新意识。随着科技的进步和行业的竞争加剧，装备制造领域对人才的要求也越来越高。除了基本的机械设计和制造知识外，还需要具备CAD/CAM/CAE等相关软件的应用能力以及一定的英语听说读写能力。制造涵盖的领域非常广泛，包括传统的机械设计、制造工艺、材料科学等方向，也包括新兴的机器人技术、增材制造等领域。因此，未来装备制造专业的人才需求会更加细分化，企业对不同领域的专业人才的需求也会更加明确。

随着产业升级和转型，装备制造产业对高端、复合型、创新型人才的需求越来越大。未来，装备制造产业需要具备较强的综合素质和创新能力，能够快速适应企业发展变化的人才。

5.5 机械设计与制造专业群市场岗位需求分析

机械装备制造产业是一个快速发展的行业，需要大量优秀的市场岗位人才支持产业的逐步发展，随着行业的快速发展，市场岗位需求也将逐步增加。根据现行主流招聘网站的统计数据，装备制造产业中的岗位种类繁多，包括设计研发、生产制造、市场营销、售后服务等，但其总体的分布情况主要集中在以下四个方面：

（1）技术研发岗位：是装备制造产业中最重要的岗位之一，主要包括机械设计、电气设计、软件开发等。研发人员需要具备较高的专业技能和创新能力，为公司的技术创新和产品创新提供支持。这类岗位的分布范围主要集中在研发中心、设计院和高新技术企业。

（2）生产制造岗位：主要包括装备制造、装配和调试等。这类职位需要人才具备熟练技能、认真负责的工作态度，可以在制造企业、装备制造车间、生产线等地方工作。

（3）市场营销岗位：主要包括销售管理、市场调研、市场营销策划等领域。市场营销人员需要具备营销技巧、人际关系处理能力、市场分析和调查能力等多方面能力，这类岗位的分布范围主要在市场部门和销售渠道公司。

（4）售后服务岗位：主要包括维修、保养、售后服务等领域。售后服务人员需要具备良好的沟通技巧和技术技能，以确保客户的机械设备正常运作，从而保持客户对企业的信任。这类岗位的分布范围主要在服务部门和售后服务中心。

机械装备制造产业涵盖从机械工业到航空制造等广泛的领域，对于各类市场岗位的需求也相对比较广泛。随着技术创新的不断推进和市场需求的扩大，岗位需求会受到市场变动的影响，产业的岗位需求将会继续增加。

机械设计与制造专业群内各专业的市场岗位需求调研，聚焦于智能装备产业，通过线上企业问卷调研、线下深度走访调研以及招聘数据分析整理得出以下结论：智能装备制造行业相关招聘岗位涉及智能制造装备产品全生命周期阶段，岗位需求主要集中于设计研发、操作、装配、调试编程、运维、质检等方向，其中机械制图、设备操作和装配调试岗位在企业反馈数据中占较大比重，群内各专业学生毕业后可就业的岗位占比情况详见表5-4。

表5-4 机械设计与制造专业群内各专业就业岗位情况

序号	专业	岗位名称	企业反馈的数据
1	机械设计与制造	机械制图员	60.00%
2		数控机床操作员	70.91%
3		产品装配员	69.09%
4		产品调试员	49.09%
5		安装工艺员	56.36%
6		产品质检员	43.64%
7		设备维保员	54.55%
8		产品售前工程师	32.73%
9		产品售后工程师	
10	机械制造及自动化	绘图员	67.09%
11		数控编程员	64.56%
12		车工	67.09%
13		铣工	
14		加工中心操作员	
15		加工工艺员	75.95%
16		数控设备维护员	54.43%
17		零部件质检员	55.70%
18		生产计划员	36.71%
19	模具设计与制造	3D绘图员	75.31%
20		CNC编程员	81.48%
21		装配钳工	61.73%
22		飞模钳工	
23		机加工操作员	
24		工艺工程师	37.04%
25		零部件检测员	49.38%
26		试模检验工程师	44.44%
27		生产计划员	28.40%
28	数控技术	绘图员	56.34%
29		加工中心操作员	63.38%
30		机械装调员	61.97%

(续表)

序号	专业	岗位名称	企业反馈的数据
31	数控技术	工艺员	60.56%
32		设备维保员	60.56%
33		产品质检员	54.93%
34		售前工程师	39.44%
35		售后工程师	46.48%
36	增材制造技术	三维造型设计师	65.80%
37		增材设备操作员	40.80%
38		增材设备装配调试员	42.10%
39		增材制造工艺员	44.70%
40		增材设备维护与售后工程师	47.40%
41		后处理员	21.10%
42		增材技术服务工程师	39.50%
43		结构优化工程师	43.40%
44		质检员	18.40%

5.6 机械设计与制造专业群目标培养岗位与胜任力分析

5.6.1 机械设计与制造专业群目标培养岗位及发展路径

5.6.1.1 机械设计与制造专业群目标培养定位

在制造强国及制造强省的战略背景下，佛山职业技术学院及时跟踪市场需求的变化，主动适应区域、行业经济和社会发展的需要，有针对性地调整和设置专业，建立以机械设计与制造专业为龙头，以机械制造及自动化专业、模具设计与制造专业、数控技术专业和增材制造技术专业为支撑的高水平专业群。机械设计与制造专业群在"服务产业、深度对接、跨界合作"的建设原则指导下，聚焦智能制造装备产业重点发展领域，定位于先进装备制造产业链，立足佛山，面向粤港澳大湾区，以机械设计与制造技术为核心，培养具备智能装备设计、加工制造、安装调试、质量检测、系统编程集成、研发和技术服务等核心岗位能力的技术技能型人才。

从就业岗位上看，通过企业调研、同类院校调研、招聘数据分析及文献分析，对专业群毕业生就业面向的智能装备制造行业进行分析，当下专业群毕业生就业需求岗位主要集中于设计、编程、装调、操作、运维岗位。在技术服务上，装备制造企业开展的服务类型仍是以设计、操作、故障维修、安装、调试、技术支持等必要的基础性服务为主。因而机械设计与制造专业群毕业生就业面向岗位以设计、装调、操作、运维等岗位为主，以质检、品管和销售等岗位为辅（表5-5）。

表5-5 机械设计与制造专业群岗位技术服务岗位需求排序

岗位类别/序位	1	2	3	4
调研企业需求岗位	设备操作岗	设计编程岗	装配调试岗	工艺编制岗
同类院校毕业就业岗位	生产加工岗	设计编程岗	装配调试岗	设备运维岗
招聘平台需求岗位	售前售后岗	装调运维岗	生产加工岗	设计编程岗

机械设计与制造专业群毕业生在就业过程中，如果向技术类岗位发展，一般需要从助理工程师做起（包括设计编程、装调、测试、运维和研发类岗位等），积累2~3年的实操经验，再根据个人能力及兴趣向设计编程、装调、测试、应用和研发类岗位等职业领域工程师发展。

5.6.1.2 分专业目标培养岗位及岗位发展路径

（1）机械设计与制造专业

机械设计与制造专业对应智能装备设计制造产业，与制造产业的龙头地位相对应，是专业群的龙头专业，属于重点示范专业。通过调研珠三角地区制造企业招聘高职学历的机械设计与制造专业毕业生就业情况、同类院校同专业毕业生就业岗位以及招聘数据等，分析得出与机械设计与制造专业较为匹配的目标培养岗位主要有设计岗、生产制造岗、维修岗和品质管控岗等四大岗位群，细分岗位包括绘图员、设计师、装配调试员、编程工程师、数控机床操作员、工艺工程师、维保技师和品质工程师等，具体岗位职责分布如下：

①设计岗：负责产品设计方案的实施，图纸设计及相关技术文件的编制，图纸及设计文档的管理，解决产品或生产中的设计问题。按研发计划完成技术文件编制及图纸设计工作，及时记录各种工作要素，编制齐全的产品文件，因此对员工技能的专业度要求最高。

②生产制造岗：主要分为生产车间CNC操作、数控机床编程、机械装配与电气装配、调试、工艺编制、工艺工装的设计制造，具体加工任务中的机械操作、设备现场装调等工作，并提供售后技术咨询、客户的示教培训工作。

③维修岗：设备技术状态劣化或发生故障后，为恢复其功能而进行的技术活动，各类计划修理和计划外的故障修理及事故修理，包括设备维护保养、设备检查和设备修理。

④品质管控岗：内部制程的质量控制方法的制定，产品运行状态信息的收集及整理，收集产线上发生、发现的不良品信息（料号、批号、不良现象、原因、描述）并测试，工装夹具设计与检查，生产进度的落实，突发事件处理，新产品、新工艺试制计划，质量管理如生产过程监控、工艺纪律检查、产品质量监控、生产安全、设备管理、体系建设、班组管理等工作。

高职机械设计与制造专业目标培养岗位职业生涯一般发展路径如表5-6所示。

表5-6 高职机械设计与制造专业目标培养岗位职业生涯一般发展路径

发展阶段	设计岗	生产制造岗				维修岗	品质管控岗	发展年限
Ⅴ	机械结构设计总监	车间主任				维修经理	质检经理	10年以上
Ⅳ	机械结构设计经理	机械/电气调试工程师	编程工程师	主管	工艺工程师	维修主管	质检主管	5~10年
Ⅲ	机械结构设计师	机械/电气调试技术员	助理编程工程师	技术员	工艺助理工程师	维修工程师	品质工程师	2~5年
Ⅱ	机械绘图员	机械/电气装配技术员	编程技术员	数控机床操作员	安装工艺员	维保员	质检员	6个月~2年
Ⅰ	机械绘图学徒	机械/电气装配技工/普通机械加工操作学徒						0~6个月

（2）机械制造及自动化专业

机械制造及自动化专业是机械设计与制造专业群的骨干专业，服务于智能装备制造及自动化设备行业。通过调研珠三角地区自动化装备企业招聘高职学历的机械制造及自动化专业毕业生就业情况、同类院校毕业生就业岗位以及招聘数据等，分析得出与机械制造及自动化专业较为匹配的目标培养岗位主要有机械/电气设计岗、生产制造岗、维修岗和品质管控岗等四大岗位群，细分岗位包括绘图员、设计师、数控车铣工、机械/电气装配调试员、编程技术员、机械加工学徒、工艺编制员、维保员和质检员等，具体岗位职责及要求分布如下：

①机械/电气设计岗：分为机械设计、电气设计，具体工作内容包括了结构图、安装图、接线图等绘图制图，产品二次开发设计、产品技术改造设计等；需要对自动化设备的结构设计、装配顺序、程序编写等非常熟悉，是自动化设备制造、安装调试的总设计师。

②生产制造岗：包括接线操作、安装调试、系统编程以及工艺编制等，需要正确使用和维护生产设备和工具，主要进行非标设备设计，非标装备系统接线、组装、调试，控制产品组装质量，设备点检，使用培训，工艺标准执行；需要精通电气接线工艺以及机械结构制作规范，准确诊断并排除一般性故障，实现标准化生产等。

③维修岗：主要负责车间内各类数控机床以及各类自动化设备或加工生产装备的维修和保养，设备故障处理，也包括按相关要求负责公共设备设施的正常运行、巡查、维护及年/月度维保计划的落实工作。

④品质管控岗：主要负责任务分解、安排与协调，物料工艺和品质异常处理，工厂和产线设备功能调试与验收，生产现场技术支持工作，设备维护方案的推动落实，对设备的零部件以及整体结构的质量把控。

高职机械制造及自动化专业目标培养岗位职业生涯一般发展路径如表5-7所示。

表5-7 高职机械制造及自动化专业目标培养岗位职业生涯一般发展路径

发展阶段	机械/电气设计岗	生产制造岗				维修岗	品质管控岗	发展年限
Ⅴ	设计经理	车间主任					质检经理	10年以上
Ⅳ	设计主管	制造工程师	设备调试工程师	编程工程师	工艺工程师	维修工程师	质检主管	5~10年
Ⅲ	高级设计工程师	制造技术员	设备调试技术员	助理编程工程师	助理工艺工程师	维修技师	品质工程师	3~5年
Ⅱ	设计师	数控车铣工	设备安装技术员	编程技术员	工艺编制员	维保员	质检员	6个月~3年
Ⅰ	绘图员	机械/电气装配技工/机械加工学徒						0~6个月

（3）模具设计与制造专业

模具设计与制造专业是机械设计与制造专业群的骨干专业，为各类精密模具设计与制造、产品数字化设计与生产提供支撑。通过调研珠三角地区模具制造相关企业招聘高职学历的模具设计与制造专业毕业生就业情况、同类院校毕业生就业岗位以及招聘数据等，分析得出与模具设计与制造专业较为匹配的目标培养岗位主要有设计岗、生产制造岗、试模岗、项目跟进岗和品质管控岗等五大岗位群，细分岗位包括绘图员、设计师、模具加工技师、模具制造技师、模具调试员、项目工程师、质检员等，具体岗位职责分布如下：

①设计岗：根据产品模型与设计意图，建立相关的模具三维实体模型，并将三维产品及模具模型转换为常规加工中使用的二维工程图；根据产品成形工艺条件，进行模具零件的结构分析、热分析、疲劳分析和模具的运动分析；定制适合公司模具设计标准件及标准设计过程。

②生产制造岗：参与模具设计结构评审；负责模具的加工制造及修模，独立操作机械加工设备，进行分模、配模；维护模具的日常运行，定时对模具维护及保养。

③试模岗：负责模具工件的加工和模具的装配、调试，自检零件；负责对设备的点检、维护、保养。

④项目跟进岗：主要负责任务分解、安排与协调，设备故障处理，物料工艺和品质异常处理，模具加工生产设备以及模具件功能调试与验收，生产现场技术支持工作，设备维护方案及推动落实等。

⑤品质管控岗：检测模具零配件和辅助工具配件的尺寸和品质，加工配件安全和品质；组模时要按图纸要求配模，对组模后的产品进行尺寸检测；定期给所负责的设备做好保养，做好6S（即整理、整顿、清扫、清洁、素养、安全）工作。

高职模具设计与制造专业目标培养岗位职业生涯一般发展路径如表5-8所示。

表5-8 高职模具设计与制造专业目标培养岗位职业生涯一般发展路径

发展阶段	设计岗	生产制造岗		试模岗	项目跟进岗	品质管控岗	发展年限
V	设计总监	车间主任			项目总监	质检经理（总监）	5～10年
IV	主任	主管	主管	模具调试工程师	项目主管	组长	3～5年
III	组长	模具加工技师	模具制造技师	模具调试员	项目工程师	质检员	2～3年
II	设计师	模具加工助理	模具制造助理	模具调试助理	项目助理	质检助理	6个月～2年
I	绘图员	钳工学徒					0～6个月

（4）数控技术专业

数控技术专业是机械设计与制造专业群的骨干专业，为各类精密模具制造、智能制造装备集成应用行业提供支撑。通过调研珠三角地区数控技术相关企业招聘高职学历的数控技术专业毕业生就业情况、同类院校毕业生就业岗位以及招聘数据等，分析得出与数控技术专业较为匹配的目标培养岗位主要有生产操作岗、数控工艺岗和生产辅助岗三大岗位群，细分岗位包括数控车铣工、加工中心操作员、数控编程员、工艺员、绘图员、数控设备维护员、零部件质检员、生产计划员和刀具管理员等，具体岗位职责分布如下：

①生产操作岗：能独立编程操作设备，能根据图纸进行工件的车床加工和铣床加工，对不合理的地方提出改进方案，并负责刀具排位，根据程序操作，选择刀具、夹具、量具，并负责工装和设计。

②数控工艺岗：主要加工机械零件，会看图纸，会编程，会用量具装夹操作，可以编制加工工艺标准和要求，绘制相应设计图并对加工件的结构进行设计，能对数控机床进行维修、保养，并可以对加工的零部件进行质量检测，提出整改意见。

③生产辅助岗：主要根据客户订单安排生产计划，及时跟踪生产物料情况、生产车间的情况以及客户订单情况，并要及时发现问题、处理问题，还要负责现场刀具管理，刀具盘点分类、盘点管理以及及时制定更新刀具收发台账。

高职数控技术专业目标培养岗位职业生涯一般发展路径如表5-9所示。

表5-9 高职数控技术专业目标培养岗位职业生涯一般发展路径

发展阶段	生产操作岗	数控工艺岗位					生产辅助岗位		发展年限
V	车间主任（生产经理）	技术总监	工艺经理	设计经理	设备经理	质检经理	/		10年以上
IV	生产主管	技术经理	工艺主管	设计主管	设备维护主管	质检组长	计划主管	刀具主管	5~10年
III	生产班组长	数控编程工程师	工艺工程师	设计工程师	设备维护组长	质检工程师	计划组长	刀具工程师	3~5年
II	车工 铣工	加工中心操作员	数控编程员	工艺员	绘图员	数控设备维护员	零部件质检员	计划员	刀具管理员	1~3年
I	学徒（车工、铣工、加工中心操作工）						助理计划员	助理管理员	0~1年

（5）增材制造技术专业

增材制造技术专业是机械设计与制造专业群的骨干专业，服务于机械制造及增材制造行业。通过调研珠三角地区增材制造相关企业招聘高职学历的增材制造技术专业毕业生就业情况、同类院校毕业生就业岗位以及招聘数据等，分析得出与增材制造技术专业较为匹配的目标培养岗位主要有设计岗、设备操作岗、设备运维岗和品质管控岗四大岗位群，细分岗位包括设计师、设备操作员、维修技师和质检员等，具体岗位职责分布如下：

①设计岗：包括增材制造装备常用机械零部件的三维建模、性能分析、工程图纸绘制以及增材制造装备设计标准或规范，完成装备机械零部件的试制及试验验证。

②设备操作岗：通过成型原理和目标装备的需求进行增材制造装备核心功能部件的选型，并能按照装备的装配图纸及装配要求进行增材制造装备部件的安装操作。

③设备运维岗：包括建立增材制造装备故障状态指标，进行关键参数阈值研究与配置，以及制定针对增材制造装备设计与应用需求的装备运维规范，日常对设备的维护保养等。

④品质管控岗：对物料及检测治具的检验，确保质量；对品种异常或质量存在问题的产品进行分析和记录，并及时跟踪处理结果。

高职增材制造技术专业目标培养岗位职业生涯一般发展路径如表5-10所示。

表5-10 高职增材制造技术专业目标培养岗位职业生涯一般发展路径

发展阶段	设计岗	设备操作岗	设备运维岗	品质管控岗	发展年限
V	设计总监	生产经理	维保经理	质检经理	5~10年
IV	主管	主管	主管	主管	3~5年

(续表)

发展阶段	设计岗	设备操作岗	设备运维岗	品质管控岗	发展年限
Ⅲ	组长	技术员	维修工程师	质量控制工程师	2～3年
Ⅱ	设计师	设备操作员	维修技师	质检员	6个月～2年
Ⅰ	设计助理	设备操作工	维保员	质检助理	0～6个月

5.6.2 机械设计与制造专业群目标培养岗位胜任力分析

优化课程体系、优化资源配置作为高水平专业群建设的重要目标，应该作为衡量专业群建设水平的重要因素。因此，基于市场实际需求，设置基础知识、技能和职业素养的课程成为重中之重。根据企业调研及线下访谈、同类院校调研与招聘信息分析，机械设计与制造专业群内各专业间的目标培养岗位存在部分交叉互融，重叠的岗位集中在装备设计、装备装配调试、设备操作、运维保养、品质管控等岗位中。通过比对分析，这些目标培养岗位的知识与技能要求也有所交叉重叠，可作为专业群的共享专业基础课程与技能课程内容。

5.6.2.1 机械设计与制造专业群内各专业的知识要求

根据对机械设计与制造专业群内各专业毕业生目标就业岗位对专业知识的具体要求进行调研分析可知：机械设计与制造专业毕业生需具备机械工程材料和机械工程力学、机械制图及公差配合、数字化设计计算和数字化选型的方法、现代机械零部件加工制造、检测和机械产品装配原理等基础知识。机械制造及自动化专业毕业生必备的知识包括但不限于机械制图、AutoCAD绘图、机械设计、公差配合与测量、机械加工工艺与工装夹具、机械产品数字化设计、机械制造及自动化相关国家标准等。模具设计与制造专业毕业生需具备机械制造和工程材料的基本理论、机械制图绘图和识读能力、模具设计、制造与装配的知识、模具CAD/CAM的相关知识等。数控技术专业毕业生则需具备机械制图及公差配合、金属材料性能及应用知识、数控机床电气控制原理知识、数控设备维护保养等。增材制造技术专业毕业生需掌握三维绘图、产品后处理等知识。从专业群内各专业毕业生需掌握知识的共性来看，机械设计及制图、装备装调维护等理论知识都是需要侧重安排的课程。

根据机械设计与制造专业群内各专业对基础知识的具体要求，按重要性进行评分，比重达到了60%以上的知识点要求详见表5-11，其中结合专业群组群资源共享的特点，机械设计与制造专业群在构建共享课程时，可整合机械制图和AutoCAD绘图、机械制造和工程材料、机械产品数字化设计、机械加工工艺与工装夹具以及数控机床编程加工制造等知识点，融入到专业群内底层共享的基础课程中。

表5-11 机械设计与制造专业群内各专业目标岗位需具备的基础知识重要性评分超六成比重明细表

序号	专业	知识	比重
1	模具设计与制造专业	机械制造和工程材料的基本理论	86.42%
2	模具设计与制造专业	机械制图和AutoCAD绘图	81.48%

(续表)

序号	专业	知识	比重
3	机械制造及自动化专业	机械制图和AutoCAD绘图	78.87%
4	数控技术专业	机械制图及公差配合	77.22%
5	数控技术专业	机械设计基础知识	73.42%
6	机械设计与制造专业	机械工程材料和机械工程力学	72.73%
7	数控技术专业	金属材料性能及应用知识	70.89%
8	模具设计与制造专业	模具设计、制造与装配的知识	70.37%
9	模具设计与制造专业	模具CAD/CAM的相关知识	70.37%
10	模具设计与制造专业	数控编程与加工的相关知识	69.14%
11	机械设计与制造专业	数字化设计计算和数字化选型的方法	69.09%
12	机械设计与制造专业	现代机械零部件加工制造、检测和机械产品装配原理	69.09%
13	数控技术专业	金属切削刀具、量具和夹具的基本原理知识	68.35%
14	数控技术专业	机械加工设备的工作原理、加工范围和结构知识	68.35%
15	模具设计与制造专业	机械设计的基本理论	67.90%
16	机械制造及自动化专业	机械设计	66.20%
17	机械制造及自动化专业	机械产品数字化设计	66.20%
18	模具设计与制造专业	冲压工艺、塑料成型工艺与模具设计	65.43%
19	数控技术专业	热加工基础知识	64.56%
20	机械制造及自动化专业	公差配合与测量	63.38%
21	机械制造及自动化专业	机械加工工艺与工装夹具	63.38%
22	模具设计与制造专业	三维造型与工程图	62.96%
23	数控技术专业	电工电子技术基础知识	60.76%
24	机械设计与制造专业	典型机械零部件结构特点	60%
25	机械设计与制造专业	普通机床和数控机床加工制造工艺	60%

5.6.2.2 胜任目标培养岗位专业技能的要求

根据对机械设计与制造专业群内各专业毕业生目标就业岗位对专业技能的掌握要求进行调研分析可知：机械设计与制造专业毕业生需具备机械识读图、数字化设计以及设备维修和工艺制造等专业技能；机械制造及自动化专业毕业生需具备机械加工基本操作、机械加工质量控制、测绘、设计、加工制造典型机械零件等专业技能；模具设计与制造专业毕业生需具备机械制图绘图和识读能力、确定热处理方法和选择金属材料的能力、使用机械设备及机械加工能力、识别塑料材料及合理选择能力等；数控技术专业毕业生则需具备识读、绘制各类机械零件图和装配图能力，掌握测绘、设计、加工制造典型机械零件等专业技能，如图5-3所示。

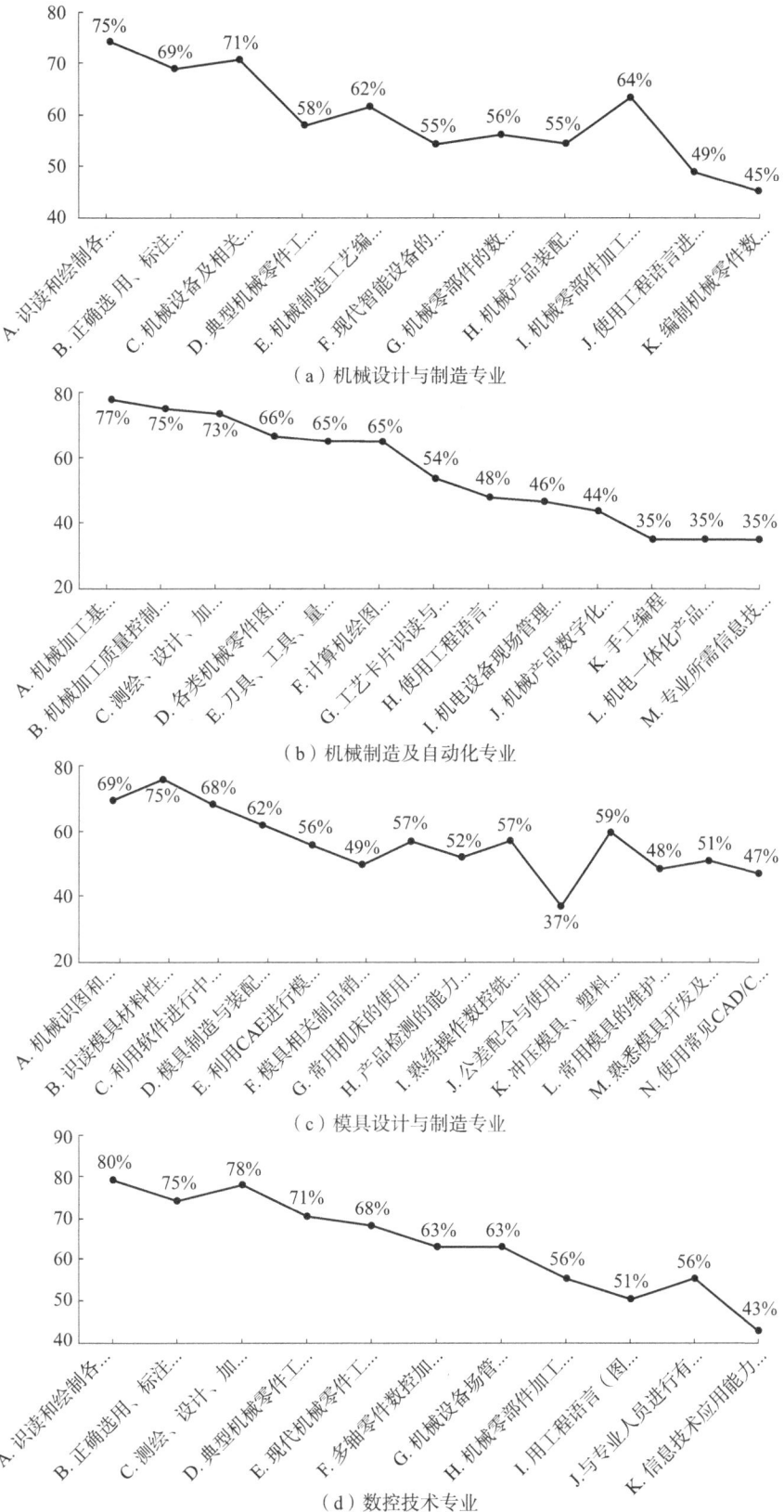

图5-3 机械设计与制造专业群内各专业毕业生需具备的专业技能情况

与专业知识一致，根据机械设计与制造专业群内各专业对专业技能的具体要求，按重要性进行评分，比重达到了60%以上的技能要求详见表5-12，其中结合专业群组群资源共享的特点，机械设计与制造专业群在构建共享课程时，可整合3D数字化设计、机械制图识图、数控设备操作、编程、加工及保养、刀具、工具、量具的识别与使用等专业技能点，融入到专业群内底层共享的专业技能课程中。

表5-12 机械设计与制造专业群内各专业目标岗位需具备的专业技能重要性评分超六成比重明细表

序号	专业	知识	比重
1	数控技术专业	识读和绘制各类机械零件图和装配图能力	79.75%
2	数控技术专业	测绘、设计、加工制造典型机械零件的能力	78.48%
3	机械制造及自动化专业	机械加工基本操作	77.46%
4	模具设计与制造专业	识读模具材料性能及产品结构的能力	75.31%
5	数控技术专业	正确选用、标注公差与配合能力	74.68%
6	机械制造及自动化专业	机械加工质量控制	74.65%
7	机械设计与制造专业	识读和绘制各类机械零件图和装配图	74.55%
8	机械制造及自动化专业	测绘、设计、加工制造典型机械零件	73.24%
9	机械设计与制造专业	机械设备及相关零件产品的数字化选型与设计	70.91%
10	数控技术专业	典型机械零件工装夹具设计、制造及维修能力	70.89%
11	模具设计与制造专业	机械识图和制图的能力	69.14%
12	机械设计与制造专业	正确选用、标注公差与配合	69.09%
13	数控技术专业	数控设备操作、编程、加工及保养能力	68.35%
14	模具设计与制造专业	利用软件进行中等复杂模具设计的能力	67.90%
15	机械制造及自动化专业	各类机械零件图和装配图识读	66.20%
16	机械制造及自动化专业	刀具、工具、量具的识别与使用	64.79%
17	机械制造及自动化专业	计算机绘图，CAD/CAM软件应用与自动编程	64.79%
18	机械设计与制造专业	机械零部件加工质量检测、处理和分析	63.64%
19	数控技术专业	多轴零件数控加工工艺的编制、实施能力	63.29%
20	数控技术专业	机械设备现场管理、前期管理、备件管理的能力	63.29%
21	机械设计与制造专业	机械制造工艺编制与工艺优化	61.82%
22	模具设计与制造专业	模具制造与装配调试的能力	61.73%

5.6.2.3 胜任目标培养岗位职业素养的要求

职业素养作为综合评价人才的要素之一，具有一定的决定权。根据对机械设计与制造专业群内各专业毕业生目标就业岗位对职业素养的要求进行调研分析可知：机械设计与制造专业毕业生需具备沟通协调能力、职业道德、团队意识和责任感等；机械制造及自动化专业毕业生需具备团队意识、创新能力、职业道德及沟通协调能力、责任感等素养；模具设计与制造专业毕业生需具备沟通协调能力、团队意识、职业道德、适应能力等；数控技术专业毕业生则需具备团队意识、职业道德、责任感、创新能力以及沟通协调能力等，如图5-4所示。

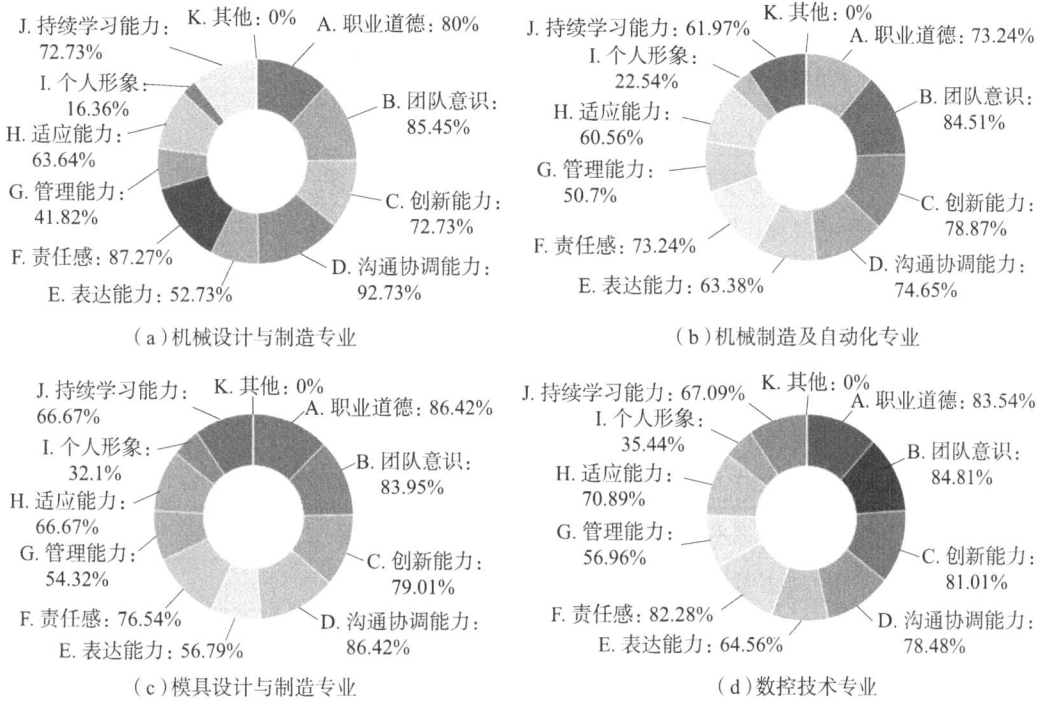

图5-4 机械设计与制造专业群内各专业毕业生需具备的职业素养情况

根据机械设计与制造专业群内各专业对职业素养的具体要求，按重要性进行评分，比重达到了60%以上的素养要求详见表5-13，其中结合专业群组群资源共享的特点，机械设计与制造专业群在构建共享课程时，可整合沟通协调能力、职业道德、团队意识等职业素养点，融入到专业群内底层共享的专业平台课程中，其中重要性排前五的职业素养具体如下：

（1）沟通协调能力：沟通能力包含表达能力、倾听能力和设计能力。沟通能力实际上是个人素质的重要体现，它关系着一个人的知识、能力和品德。

（2）团队意识：建立在团队的基础之上，发挥团队精神、互补互助以达到团队工作效率最大化。对于团队的成员来说，不仅要有个人能力，更需要有在不同的位置上各尽所能、与其他成员协调合作的能力。

（3）责任感：个人对自己和他人、对家庭和集体、对国家和社会所负责任的认识、情感和信念，以及与之相应的遵守规范、承担责任和履行义务的自觉态度，有敬业精神和职业操守。

（4）学习能力：掌握所从事工作需要的基础知识，专业基础扎实，善于向实践学习，善于向书本学习，善于吸收新知识，愿意并能够根据工作需要积极学习相关知识、不断提高个人业务能力。

（5）创新能力：技术和各种实践活动领域中不断提供具有经济价值、社会价值、生态价值的新思想、新理论、新方法和新发明的能力。

表5-13 机械设计与制造专业群内各专业目标岗位需具备的职业素养重要性评分超六成比重明细表

序号	专业	知识	比重
1	机械设计与制造专业	沟通协调能力	92.73%
2	机械设计与制造专业	责任感	87.27%
3	模具设计与制造专业	职业道德	86.42%
4	模具设计与制造专业	沟通协调能力	86.42%
5	机械设计与制造专业	团队意识	85.45%
6	数控技术专业	团队意识	84.81%
7	机械制造及自动化专业	团队意识	84.51%
8	模具设计与制造专业	团队意识	83.95%
9	数控技术专业	职业道德	83.54%
10	数控技术专业	责任感	82.28%
11	数控技术专业	创新能力	81.01%
12	机械设计与制造专业	职业道德	80%
13	模具设计与制造专业	创新能力	79.01%
14	机械制造及自动化专业	创新能力	78.87%
15	数控技术专业	沟通协调能力	78.48%
16	模具设计与制造专业	责任感	76.54%
17	机械制造及自动化专业	沟通协调能力	74.65%
18	机械制造及自动化专业	职业道德	73.24%
19	机械制造及自动化专业	责任感	73.24%
20	机械设计与制造专业	创新能力	72.73%
21	机械设计与制造专业	持续学习能力	72.73%
22	数控技术专业	适应能力	70.89%
23	数控技术专业	持续学习能力	67.09%
24	模具设计与制造专业	适应能力	66.67%
25	模具设计与制造专业	持续学习能力	66.67%
26	数控技术专业	表达能力	64.56%

（续表）

序号	专业	知识	比重
27	机械设计与制造专业	适应能力	63.64%
28	机械制造及自动化专业	表达能力	63.38%
29	机械制造及自动化专业	持续学习能力	61.97%
30	机械制造及自动化专业	适应能力	60.56%
31	增材制造技术专业	团队合作能力	60.50%

5.7 调研总结与建议

5.7.1 调研总结

5.7.1.1 产业政策利好提振智能制造发展

加快发展智能制造，是促进我国经济增长的新动能，也是抢占未来经济和科技发展制高点的战略选择，对于推动我国制造业供给侧结构性改革，打造我国制造业竞争新优势，实现制造强国具有重要战略意义。为了加速推动我国制造企业转型升级，政府出台了一系列的支持智能装备制造行业发展及推进智能制造与数字化转型的政策措施，包括《中国制造2025》《"十四五"智能制造发展规划》等，鼓励企业加大研发投入，提升技术水平和产品质量，推动行业向高端化、智能化方向发展。此外，国家及地方财政对智能装备制造企业进行资金扶持，鼓励企业加强研发投入。国家对于智能装备制造企业的所得税、增值税等税收方面给予了一定的优惠政策。随着全球经济的不断发展和变化，市场需求和消费习惯的不断变化，智能装备制造企业也需要不断改进和创新，满足市场需求。

总之，国家政策、财政扶持、税收优惠等方面的支持，以及外部环境的推动，都为智能装备制造行业的发展提供了有力的保障和支持，促进了企业在技术创新、市场拓展、产品升级等方面的进一步发展。

5.7.1.2 智能装备制造业高素质技能复合型人才紧缺

现阶段"中国制造"正向"中国智造"转型，机器逐渐取代人工，装备制造业生产的内涵正在发生变化，对技能型人才的要求不断提高，使得行业企业对高技能人才的需求日益凸显，智能装备产品的生产线设计、组装、调试、维护、保养、维修等环节需要大量专业技术人员与配套设备一起进入企业，行业人才缺口极大。调研数据显示，由于装备制造行业为劳动密集型行业，一线生产操作员工作时间长、工作强度大，因此吃苦耐劳的品质始终排在所有关注点的第一位；敬业爱岗与富有责任心作为最基本的职业道德规范，是做好本职工作的立足点和基本点。除了个人的道德品质，一线生产操作员工作为庞大的装备制造行业的一颗螺丝钉，需要进行团队协作、沟通交流才能更高效地完成工作，充分发挥团队的力量。团队协作不仅能让生产更顺畅，更能让个人与团队共同成长。

因此，培养具有扎实基础专业知识和过硬专业技能人才的同时，职业素养的培养也是重中之重，这就需要增加毕业生就业的适应面，并兼顾其职业生涯的发展，提升毕业生在社会上的就业竞争力。

5.7.1.3 机械设计制造类专业的毕业生发展前景广阔

作为国民经济战略性、基础性产业，以及国家经济技术水平和综合实力的集中体现，机械工业的发展水平是决定未来中国从制造大国走向制造强国和创造强国的重要因素，对国家工业化发展、技术进步、经济繁荣与国防安全等具有重要的战略意义。装备制造大类专业为各行各业制造并提供机械设备和电气装置，被誉为"国民经济的装备部"，因此具有非常突出的广泛性和实用性，就业面非常广。机械设计与制造专业群内的5个专业都属于机械设计制造大类，培养的毕业生可以从事动力机械、工程机械、医疗机械、港口机械、建筑机械、物流机械、纺织机械等制造类企业和汽车企业，从事数控生产线的操作、工艺实施、安装调试、维护管理、产品设计、项目管理等工作，也可以从事自动控制系统、电力电子技术的研制开发。除了技术类工作以外，他们也可以从事机械产品的采购和销售工作。只要有机械设备、生产线存在的地方，就有机械类人才的用武之地，如机场、食品企业、日用品企业、制药厂、家具家电企业都需要机械类专业人才进行设备的安装和维护。

所以，机械设计与制造专业群的毕业生在就业方面有着广阔的职业空间和发展前景，学生可以通过不断学习、积累经验和提升技能来实现岗位晋升和事业发展。

5.7.2 调研建议

5.7.2.1 精准定位，培养智能制造产业新技术人才

高职院校作为人才培养的重要阵地，应当结合国家发展趋势、产业需求以及学生特点等因素，制订适应时代需求的人才培养计划、教学计划及实习计划等，提升学生的综合素质和实用技能。机械设计与制造专业群培养适应智能制造产业的新技术人才，应当整合该专业课程和产学研资源，强化学生的智能制造产业技能培训，培养全方位的新技术人才。同时，应当建设具有实用性的实训基地，为学生提供体验式、大型化、系统化的实践环境，锻炼学生实际动手能力，鼓励学生主动深入研究并实际操作所学的智能制造技术与理论，在具体实践中不断总结案例，掌握解决问题的方法和技巧，提高产业认知与应用能力。此外，推动学生积极参与智能制造行业的交流会和实践活动，参与产学合作，提升学生的团队合作能力和独立思考能力。

总之，要培养适应智能制造产业的新技术人才，必须有效结合教育理论与实践，制定适宜生产的教育计划，搭建完善的实践环境，推广行业研究与学术知识，培养学生实用技能与创新能力，并激励学生主动参与企业合作，不断发掘新的技术路径，发掘出更好的智能化之路。

5.7.2.2 "岗课赛证"融通，构建可持续服务的人才培养体系

机械设计与制造专业群在构建人才培养体系时，可以利用就业岗位、课程、技能竞赛与证书融通，通过开发课程，获取技能认证证书或证明，或者配合具有不同技能或知

识背景的课程来打造更完整、更全面且更有效果的教育体系。首先,要制定符合产业标准及发展趋势的教育课程,通过基础专业、实践、实训及行业化等实践课程来培养学生,以应对机械制造类行业生产环境的挑战。其次,建立具有实用性的实践教学体系,通过合理安排既能够满足学生的学习需求,同时也能通过提供丰富实践经验的实习机会等方式,将所学知识运用到实际场景中,更贴近教材中的高要求。同时,与产业认可的认证机构合作,利用国际机构的认证体系获取专业证书,以充分展示受训者的技能与素质。另外,还可以积极跟进技术发展,不断调整课程,更新专业资格认证标准,使人才培养体系与行业前沿同步,并且建立企业、学校及科研机构之间分享资源的机制,优化各自资源,以协助更多人才尽快适应企业需要。

综上,在培养智能制造领域的专业人才时,专业课程必须紧跟行业发展和市场需求,强化实用性和专业技能的培训。同时鼓励学生积极参与社会实践,通过实习和项目工作,将理论知识应用于实际问题中,积累工作经验。此外,通过技能认证可以增强学生的就业竞争力,而人才培养的目标是不断为智能制造行业的发展注入新的活力和动力,推动产业的持续成长和创新。

5.7.2.3 产教映射,促进专业群和产业融合发展

机械设计与制造专业群培养智能制造领域的人才时,面向区域或行业重点产业,需要紧密对接产业链、创新链,实现人才培养供给侧和产业需求侧结构要点的全方位融合。机械制造产业具有不断变化、快速发展的特点,机械设计与制造专业群应及时沟通确认企业的需求,及时了解产业发展趋势和技术变化,为专业群开发培养计划提供参考与依据。同时,推动师资队伍与企业优秀人才分享经验,教授课程内容,提高教育质量和水平。学生可以参与到具有产业战略性和竞争力的产品研发和生产流程中,进行实习、实践,学习产业标准和规范实际效果。另外,可以根据产业发展状况和企业对于技术人才的需求,设置专业方向,制订学生定向培养计划,让学生在实践中快速适应新兴行业标准与需求,促进人才供给和需求的衔接,强化教育与产出之间的衔接,推进校企联合培训。教师们与企业负责人及技术人员实时交流,能够了解企业技术变革进展,及时调整教育教学模式,切实将教育和实际产业的需求紧密结合。

总之,通过实施产教融合、校企协同发展,能够为先进制造产业发展培养出大量技能复合型人才,同时也为机械设计与制造专业群的毕业生提供更多的就业机会,并能够全面有效提升专业群的教师教学水平和人才培养质量。

第6章 机械设计与制造专业群职业能力分析报告

6.1 职业能力分析的目的及意义

为了准确把握装备制造产业领域中企业对专业人才职业能力和素养的最新要求，在专业群建设过程中，职业院校只有深入分析研究职业能力的内涵和构成要素，才能针对人才培养做到有的放矢，才能提升毕业生的就业能力、工作能力、职业转换能力以及创新创业能力。在此背景之下，学校启动机械设计与制造专业群人才培养方案编制工作，为培养适应产业集群发展下，具备相应技术技能和素质的综合型人才提供标准支撑。

行业企业调研及职业能力分析能够推进产教结合、校企合作，实现专业与产业对接、课程内容与职业标准对接、教学过程与生产过程对接、学历证书与职业资格证书对接、职业教育与终身学习对接，促进人才培养模式创新，促进传统的"知识本位"教育教学观念向"能力本位"教育教学观念的转变。职业能力分析是专业人才培养方案编制的一项关键性工作，是构建工作过程系统化、课程体系化的前提，是职业教育课程的源头，也是人才培养方案研制的主要成果之一。

项目组邀请了21位行业实践专家，组织召开了职业能力分析会议，通过对学生毕业后3年左右可以从事的工作岗位进行职业活动和工作任务的分析，确定了对应工作岗位的具体职业能力，为编制机械设计与制造专业群人才培养方案奠定基础。

6.2 职业能力分析的方法与途径

项目组主要采用了"二维四步五解"的职业能力分析方法以及头脑风暴、文献研究和个案分析等方法进行机械设计与制造专业群对应岗位的职业能力分析。

6.2.1 "二维四步五解"分析法

"二维四步五解"职业能力分析是通过头脑风暴、文献查询、个案分析等多种途径，从专业能力和职业素养两个维度，通过专业对接职业岗位、职业岗位细化为工作项目、工作项目细化为工作任务、工作任务细化为职业能力四个步骤；再从完成工作任务需要具备的技能、工具、方法、要求、知识五个方面分解职业能力的一种分析方法。

6.2.2 头脑风暴

项目组邀请了机械设计与制造专业、机械制造与自动化专业、数控技术专业、模具设计与制造专业等领域的企业实践专家，组织召开了职业能力分析会议。会上，基于广东职教桥数据科技有限公司（以下简称"职教桥"）自主研发的"人才培养方案研制管理平台",在主持人的引导下,各企业实践专家通过自由联想、自由讨论、畅所欲言的头脑风暴模式发表个人见解。头脑风暴采用"二维四步五解"分析法,具体内容包括:讨论分析岗位对应的工作项目、工作任务,分小组完成工作任务下职业能力(技能、工具、方法、要求、知识)的填充。

6.2.3 文献研究

项目组在职业能力分析研讨会的基础上,通过文献研究法,利用职教桥的大数据技术收集、整理、分析相关数据信息,包括机械设计与制造专业群相关的职业能力框架及要求,对应职业资格证书的相关考试课程和考试大纲有关的职业知识、技能的要求,各人才招聘网站对应岗位人员的职责要求以及相关论文文献资料。

6.2.4 案例分析

项目组现场征询企业中对应工作岗位实践专家的意见,分析了对应岗位的一线实践专家在企业的职业成长轨迹,同时对典型企业岗位设置、岗位职责等材料进行了个案分析对比,为职业生涯的发展路径以及岗位能力分析提供参考佐证。

项目组通过职业能力分析会、文献研究、企业案例分析等方法,面向机械设计与制造专业群重点培养岗位群,获得了系统化、精细化的职业能力分析表。机械设计与制造专业群的职业能力分析表将成为课程体系构建、课程内容开发、组织教学、质量评价、师资培训的重要依据。

6.3 职业能力分析表整理原则

项目组以广东省教育研究院职业教育研究室统一制定的职业能力分析表为模板,结合前期专业供需调研确定的专业主要就业岗位,企业专家提出的岗位工作流程,梳理出每个岗位的工作项目,然后在每个项目下细分工作任务,每个工作任务再对应若干个职业能力并对每个工作项目进行系统自动编码,由此形成机械设计与制造专业群的职业能力分析表。为使职业能力描述的修订、合并删除、补充等工作规范有序,后期整理职业能力分析表时,应遵循以下三个原则。

6.3.1 修订的"两不"原则

除有录音录像证明外,"不"对专家意见进行修改;除语意非常明确外,"不"对专家意见进行修改。这样才能确保专家意见的"原始性",同时在能力还原和实岗培养时专家能更精确了解当时自己的原意。

6.3.2 合并删除的"两不"原则

跨任务的能力点"不"合并删除,跨项目的任务"不"合并删除。这样才能保证不同任务下的能力点的"独立行为能力"以及不同项目下的任务的"独立行为能力",若确实存在描述雷同的情况,加上情景条件以示区别即可。

6.3.3 补充的"两有"原则

在专家自己的分析中"有"同类型任务的,依据描述完整地进行能力点补充;在前期分析中"有"同类型任务的,依据描述完整地进行能力点补充;对于任务缺漏的依此处理。这样可以避免因专家思维惯性和精力下降造成的要素缺失。

6.4 职业生涯发展路径表

表6-1 机械设计与制造专业职业生涯发展路径表

发展阶段	设计类	生产类		质量管理类		发展年限
	机械设计工程技术人员	机械制造工程技术人员	设备工程技术人员	测量工程技术人员	质量管理工程技术人员	
V	机械设计总监	机械制造总监	装调技术总监	测量部总监	质量部总监	5~10年
IV	机械设计工程师/项目经理	机械制造工程师/项目经理	装调工程师/项目经理	测量工程师/项目经理	质量工程师/项目经理	3~5年
III	机械设计助理工程师	机械制造助理工程师	机械装调助理工程师	测量助理工程师	质量助理工程师	1~3年
II	机械制图员	机械制造技术员	机械装调技术员	测量技术员	质检技术员	6~12月
I	机械制图学徒/实习生	学徒(车工、铣工、加工中心操作工)	学徒(钳工、电工)	测量学徒	质检实习生	1~6月

表6-2 机械制造与自动化专业职业生涯发展路径表

发展阶段	设计类	生产类				质量管理类	发展年限
	机械设计工程技术人员	机械制造工程技术人员		自动控制工程技术人员		质量管理工程技术人员	
V	机械设计总监	机械制造总监/生产总监/专家				质量部总监	5~10年
IV	机械设计工程师/项目经理	机械制造工程师/项目经理	机械工艺工程师	自动化工程师/项目经理	数控编程工程师/项目经理	质量工程师/项目经理	3~5年
III	机械设计助理工程师	机械制造助理工程师	机械工艺助理工程师	PLC工程师	数控编程助理工程师	质量助理工程师	1~3年
II	机械制图员	机械制造技术员	机械工艺编制员	自动化设备装调员	数控编程工艺员	质检技术员	6~12月
I	机械制图学徒/实习生	学徒(车工、铣工、加工中心操作工)		自动化设备操作员	学徒(CNC加工中心操作工)	质检实习生	1~6月

表6-3 数控技术专业职业生涯发展路径表

发展阶段	生产类				质量管理类	发展年限
	机械制造工程技术人员		自动控制工程技术人员		质量管理工程技术人员	
V	机械制造总监/生产总监/专家				质量部总监	5~10年
IV	机械制造工程师/项目经理	机械工艺工程师	自动化工程师/项目经理	数控编程工程师/项目经理	质量工程师/项目经理	3~5年
III	机械制造助理工程师	机械工艺助理工程师	PLC工程师	数控编程助理工程师	质量助理工程师	1~3年
II	机械制造技术员	机械工艺编制员	自动化设备装调员	数控编程工艺员	质检技术员	6~12月
I	学徒（车工、铣工、加工中心操作工）		自动化设备操作员	学徒（CNC加工中心操作工）	质检实习生	1~6月

表6-4 模具设计与制造专业职业生涯发展路径表

发展阶段	设计类	生产类		质量管理类	发展年限
	模具设计工程技术人员	工装工具制造加工人员	设备工程技术人员	质量管理工程技术人员	
V	模具设计总监	模具制造总监	装调技术总监	质量部总监	5~10年
IV	模具设计工程师/项目经理	模具工程师/项目经理	模具装调工程师/项目经理	质量工程师/项目经理	3~5年
III	模具设计助理工程师	模具助理工程师	装调助理工程师	质量助理工程师	1~3年
II	模具制图员	模具工艺编制员	装调技术员	质检技术员	6~12月
I	制图学徒/实习生	学徒（模具钳工）		质检实习生	1~6月

6.5 职业能力分析表

机械设计与制造专业群职业能力分析表（表6-5）总计包括：67个工作项目（含职业素养）、227项工作任务、1015条职业能力。其中，序号为01~05的工作项目对应专业群的共性岗位，序号为06~25的工作项目对应机械设计与制造专业，序号为06~16、26~45的工作项目对应机械制造与自动化专业，序号为09~16、26~45的工作项目对应数控技术专业，序号为46~61的工作项目对应模具设计与制造专业，序号62~67为专业群职业素养。

表6-5 机械设计与制造专业群职业能力分析表

工作项目/职业素养	工作任务/职业素养分类		工作能力	
01 质检前准备（质量工程师）	01-01	检验计划执行	01-01-01	能读懂量产产品计划
			01-01-02	根据主管提供的培训方案，开展产品配套元器件检验培训
	01-02	物料准备	01-02-01	读懂待检机械产品的规格书以及对应的相关器件资料
			01-02-02	熟悉待检机械产品的包装要求，如防静电、防摔等特殊要求
			01-02-03	通过机械产品检验作业指导书，知道机械产品的要求和检验方法，如外观观察法、参数检验法等
			01-02-04	能够熟悉材料的检验工具、检测仪器的操作方法如：拉力计、高压机、放大镜、千分尺、万用表
			01-02-05	知道记录检验报告撰写方法
	01-03	资料准备	01-03-01	熟悉产品生产流程、工艺指标，能读懂设计图纸
			01-03-02	能够熟练操作常用Office办公软件，如WORD、EXCEL等
			01-03-03	熟悉公司的质检标准文件，并能结合产品生产流程、工艺指标进行个性化撰写
			01-03-04	能根据产品要求，确定产品测量清单、仪器，如气密性检测、尺寸、拉伸、盐雾、成分等
			01-03-05	了解质量标准的国家标准，如IEC\UL\ISO等
			01-03-06	熟悉ISO9001质量管理体系
02 供应商审核（质量工程师）	02-01	现场考察	02-01-01	能够检查判断供应商的产品质量体系是否健全
			02-01-02	能够检查确认生产现场记录与专业指导书是否一致
			02-01-03	能够检查供应商现场管理是否符合5S标准
	02-02	检验前置	02-02-01	能够判断供应商的生产产品是否合格，将来料检测前置到供应商环节
			02-02-02	能够判断非标准产品的尺寸、外观等是否符合产品技术标准/图纸
			02-02-03	熟悉常见的供应商产品生产问题，能够到场协助供应商判断生产问题

（续表）

工作项目/ 职业素养	工作任务/ 职业素养分类		工作能力	
03 机械产品质检（质量工程师）	03-01	来料检验	03-01-01	获取物料清单、产品检验标准、检验计划
			03-01-02	会正确使用检验相关工具
			03-01-03	能够自我判断产品质量
	03-02	过程检验	03-02-01	能进行首件确认，对生产加工的首件产品或过程中发生改变后加工的首件产品进行检验，防止批量性问题的出现，保证生产产品的质量
			03-02-02	了解首件确认的时间节点，如生产中更换操作者时、每个班次产品开始加工时、生产过程中设备重新调整后、产品换型或零件更换时、工装模具调整后
			03-02-03	熟悉首件确认的程序，能按照图纸及专业指导书技术标准进行检验
			03-02-04	能够在首件确认不合格后及时调整设备或工装
			03-02-05	会运用IPQC检验并确认首件检测质量，及时记录首件确认结果并贴好确认标签
			03-02-06	按照巡检作业指导书，如制程控制计划的时间、判断依据要求，完成产品质量的巡检，输出记录
			03-02-07	依据作业指导书/产品说明书，使用卡尺在误差允许情况下测量材料尺寸，如外形长/宽/高/定位孔距/孔径是否符合要求
			03-02-08	通过观察，检查零件的攻丝孔有无攻丝
			03-02-09	材料尺寸检验过程要认真仔细观察并做好记录
	03-03	产品外观检验（终检）	03-03-01	材料/产品检验过程要认真仔细观察并做好记录
			03-03-02	通过观察，检查零件表面是否出现脱落、锈蚀、氧化、划痕、毛刺、油污、脏污、螺丝扭力不足、利边、尖角等不良现象
			03-03-03	根据作业指导书，仔细观察并检查产品零件之间的配合间隙、零件间是否水平
			03-03-04	观察丝印标记是否有印记模糊、印反、印歪、配色错误等现象
			03-03-05	能够检查产品是否存在机内异物，尤其是金属异物

(续表)

工作项目/职业素养	工作任务/职业素养分类		工作能力
03 机械产品质检（质量工程师）	03-04 产品性能检验（终检）	03-04-01	依据作业指导书，使用万用表测量材料的参数（如阻值、容值、感值），功能（如常开、常闭）
		03-04-02	能操作检验设备完成产品的功率、转速、噪音、光明度等
		03-04-03	产品性能检验过程要认真仔细观察并做好记录
	03-05 产品安全检测（终检）	03-05-01	能够对产品的外形和设计做评估与测试，如产品的锐利边缘或尖角是否有可能对用户造成伤害；能够评估产品对手指、舌头或者身体其他部分造成的积压等其他潜在伤害
		03-05-02	能够评估产品在正常使用过程中整体的强度和耐用性，结构测试评估产品的属性，如承载能力等
		03-05-03	能够完成零部件安全测试，如最终产品中使用的螺丝和铰链等
	03-06 产品包装检验（终检）	03-06-01	能够检查配件清单是否完整，如物料配件、说明书等
		03-06-02	根据抽检方案，进行材料抽检
		03-06-03	根据待检物料作业指导书和检验特殊要求检验包装
		03-06-04	懂得穿戴防静电手表、手套的方法，并保证在检验过程中穿戴好
		03-06-05	观察并检查材料外包装，如是否完整无缺、是否美观、是否整洁、有无变形、有无碰撞
		03-06-06	在抽检过程中，拆卸包装要轻放，拆卸包装能还原
		03-06-07	检查物料是否附带合格证、说明书、分析报告/认证证书、规格标识等
04 出具质检报告（质量工程师）	04-01 撰写材料检测报告	04-01-01	来料检测
		04-01-02	能够熟练操作常用Office办公软件，如WORD、EXCEL等
		04-01-03	熟悉公司的质检标准文件，并能结合产品生产流程、工艺指标进行个性化撰写

(续表)

工作项目/ 职业素养		工作任务/ 职业素养分类	工作能力	
04	出具质检报告（质量工程师）	04-02 撰写制程检测报告	04-02-01	首检报告、巡检报告
			04-02-02	能够熟练操作常用Office办公软件，如WORD、EXCEL等
			04-02-03	熟悉公司的质检标准文件，并能结合产品生产流程、工艺指标进行个性化撰写
		04-03 撰写成品检测报告	04-03-01	总检报告
			04-03-02	能够熟练操作常用Office办公软件，如WORD、EXCEL等
			04-03-03	熟悉公司的质检标准文件，并能结合产品生产流程、工艺指标进行个性化撰写
		04-04 撰写质量分析报告	04-04-01	质量月报、质量年报
			04-04-02	熟悉报告的常用质量管理工具，如8D报告等
			04-04-03	会使用五大质量管理工具，如：MSA\PPAP\SPC\PDCA等
			04-04-04	能够熟练操作常用Office办公软件，如WORD、EXCEL等
			04-04-05	熟悉公司的质检标准文件，并能结合产品生产流程、工艺指标进行个性化撰写
05	产品检验资料归档（质量工程师）	05-01 归档产品检验资料	05-01-01	整理相关检验资料并移交资料给领导审核，审核后归档
			05-01-02	会根据质量体系文件中的要求将报告进行编号、归类
06	前期评估（机械设计工程师）	06-01 客户需求分析	06-01-01	能分析和提取客户使用产品时的应用场景、需求
			06-01-02	能够看懂产品技术文件
			06-01-03	能够掌握工艺流程
			06-01-04	能够进行市场调研分析
		06-02 需求与立项分析	06-02-01	能够制定项目进度表
			06-02-02	能够对前期成本进行预估
			06-02-03	熟悉产品的加工成本和加工可行性
			06-02-04	能根据客户需求确定产品的初步设计方案，如是否符合生产要求、安全要求等
			06-02-05	能根据客户的需求进行可行性的确认

(续表)

工作项目/ 职业素养	工作任务/ 职业素养分类		工作能力	
07 产品设计（机械设计工程师）	07-01	逆向设计	07-01-01	能够熟练掌握办公软件
			07-01-02	能掌握杰魔等逆向设计软件
			07-01-03	能熟练使用卡尺测绘规则产品，生成产品数据图
			07-01-04	能使用三维扫描仪扫描不规则产品，生成产品数据
			07-01-05	能够根据测绘数据如2D、3D数据与实物的关键特征、尺寸进行校准
			07-01-06	能根据产品样板结合客户需求做产品功能、外观改进
			07-01-07	能够根据创意灵感结合市场需求因素，对产品及其结构创新
	07-02	正向设计	07-02-01	熟练运用CAD、Croe、UG、Solidworks等绘图软件
			07-02-02	熟练使用Keyshot、Photoshop等渲染软件完成产品外观平面设计
			07-02-03	了解产品的属性、性能与要求
			07-02-04	熟知产品材料、标准件的选型，如具备性价比
			07-02-05	了解机械加工工艺、表面处理工艺、热处理工艺等
			07-02-06	熟悉机械设计的基本结构
			07-02-07	能进行外观设计、结构设计并具备生产可行性
	07-03	工程图绘制	07-03-01	熟悉国家机械工程制图标准
			07-03-02	能够手绘产品的零件二维图，便于表达
			07-03-03	能够使用绘图软件绘制产品的零件图、装配图、爆炸图等工程图
			07-03-04	熟悉产品材料性能、生产工艺流程等
			07-03-05	能够编写技术要求，如包含材料的需求、尺寸、重量、表面处理、热处理等
	07-04	样机制作	07-04-01	能够跟进和监督生产制作方制作样机
	07-05	产品设计评审	07-05-01	能依据产品设计图纸或样机进行生产可行性的评估

（续表）

工作项目/ 职业素养		工作任务/ 职业素养分类		工作能力	
07	产品设计（机械设计工程师）	07-06	产品生产跟进	07-06-01	能根据产品组装出现的问题，提出相应的解决方案并修改产品设计图纸
		07-07	产品持续改进	07-07-01	收集生产或销售反馈的可优化方案、不良问题，并进行分析改正
08	团队管理（机械设计工程师）	08-01	协调人员之间的工作	08-01-01	根据工作量，合理分配成员工作
				08-01-02	熟悉每个人的工作情况
				08-01-03	熟悉团队人员的能力差异
				08-01-04	根据每个人的能力细化工作
		08-02	协调小组之间的工作	08-02-01	根据工作性质，总结工作内容并能进行公司的开会研讨
				08-02-02	能制定出工作计划表
				08-02-03	能够根据部门工作安排协调各小组成员的工作
				08-02-04	实时根据计划表跟进小组工作进度
		08-03	协调不同部门之间的工作	08-03-01	根据工作性质，总结工作内容并能进行公司的开会研讨
				08-03-02	制定出工作计划表
				08-03-03	实时根据计划表跟踪部门工作进度
09	熟悉企业环境（机械制造工程师）	09-01	熟悉企业安全管理	09-01-01	熟悉安全手册，遵守企业安全管理制度
				09-01-02	能够辨识环境的安全性，如地面防滑、碰撞、高空坠物
				09-01-03	熟知企业场地、设备操作、刀具管理相关规则
				09-01-04	正确使用安全防护用品，如防毒灭火器、防毒面罩、消防栓、安全警铃等
		09-02	熟悉工作环境	09-02-01	能自觉遵守企业管理制度
				09-02-02	熟悉企业整体布局，如工位、安全通道、消防应急场所、物品摆放归类等
				09-02-03	能识别岗位不同设备的原理、构造、作用和适用范围
				09-02-04	熟悉企业常见设备类型和数控系统

(续表)

工作项目/ 职业素养		工作任务/ 职业素养分类		工作能力
09	熟悉企业环境（机械制造工程师）	09-03	熟悉设备及刀夹具	
				09-03-01　熟知公司设备的基本操作流程、系统及功能模块、设备精度等级
				09-03-02　辨别常用工具并能正确使用，如刀具、装夹、测量、防护等工具
				09-03-03　熟知刀夹具的安装流程和要求，常见刀夹具的特点及使用方法、使用情况、使用状态，能正确调校
				09-03-04　了解手工修磨钻头、镗刀、铣刀、雕刻刀的方法
				09-03-05　熟知设备及刀夹具的保养流程
10	识图与绘图（机械制造工程师）	10-01	能识别零件图	10-01-01　能识读零件图纸，含尺寸、公差、基准、技术要求等表达含义
				10-01-02　熟知国内外图纸的标识方法
		10-02	能识别装配图	10-02-01　能识读模具装配图，理解模具中的技术要求、标注含义
				10-02-02　能识读机械装配图，理解机械设备中的技术要求、标注含义
		10-03	绘制零件图纸	10-03-01　熟练使用直尺、三角板、圆规等工具绘制零件图、装配图
				10-03-02　能使用通用二维或者三维绘制零件图纸和装配图纸
				10-03-03　熟悉图纸中如零件图、装配图的形位公差及技术要求等
				10-03-04　能采用国家标准，如机械制图绘制零件图纸、装配图纸
11	工艺路线编制（机械制造工程师）	11-01	工艺技术选择	11-01-01　熟悉各种加工技术，能根据零件图、装配图选择正确的加工方案
				11-01-02　了解设备精度和功能，能确定各种加工技术可达到的质量效果
		11-02	毛坯成型选择	11-02-01　在保证图纸技术要求的情况下，选用加工量少、成本低的毛坯成型，选择标准件或模具成型件，如棒料、板料、型材等或锻件、铸件等

(续表)

工作项目/职业素养		工作任务/职业素养分类		工作能力	
11	工艺路线编制（机械制造工程师）	11-03	工艺路线编制	11-03-01	熟练掌握机床、刀具和工装夹具、量具等生产设备的性能和参数
				11-03-02	能根据零件图、装配图编制合适的工艺路线，确保加工质量
				11-03-03	能根据订单交期需求，优化工艺路线，确保加工效率
		11-04	工艺分析审查	11-04-01	能对工艺路线设计方案进行评审和改进，并最终定案
12	加工前准备（机械制造工程师）	12-01	装夹工具选用	12-01-01	熟练使用码铁、台钳、三爪盘等装夹方法
				12-01-02	能通过分析图纸的技术要求，判断工件加工状况，选择虎钳、码铁、液压吸盘等装夹方法
				12-01-03	熟练使用辅助夹紧工具
		12-02	刀具的准备	12-02-01	能根据工艺卡选择安装调整刀具，能安装使用刀柄
				12-02-02	能了解不同刀具的特性，根据机床特性、零件材料、加工精度、加工效率等因素，选择刀具
				12-02-03	能够使用对刀仪进行刀具预调
				12-02-04	能够对刀具进行研磨修正
		12-03	物料确认	12-03-01	能够根据工艺清单确认材料，大小、名称、规格、型号等
		12-04	量具的选用	12-04-01	熟悉常用量具使用方法，能够根据加工的工件特性，正确选择量具工具，如内外卡尺、标准塞规、块规等
				12-04-02	能使用游标卡尺测量工件内径、外径、长度、深度、高度，能使用内径百分表、千分表测量工件内径、工件外径
				12-04-03	能使用万能角度尺检验工件的角度
				12-04-04	能使用螺纹环规、塞规测量螺纹
				12-04-05	能使用R规和样版检测异形面
		12-05	设备准备	12-05-01	能根据工艺卡正确选择加工设备，设置正确的加工参数
				12-05-02	能处理设备常见故障，如机床急停、限位等报警

(续表)

工作项目/ 职业素养	工作任务/ 职业素养分类		工作能力
13 工件调试（机械制造工程师）	13-01 毛坯料的处理	13-01-01	熟知不同钢材型号的硬度、塑性、疲劳强度等特性
		13-01-02	熟知不同材料的性能，如材料型号S50C、718、P20；铝料、铜料、不锈钢、碳钢等，能正确识别不同材料
		13-01-03	判断工件表面是否清洁平整
		13-01-04	会使用消磁器对坯料消磁
		13-01-05	会使用常用的去毛刺方法，如油石打磨、锉刀等
	13-02 选用装夹刀具及校正刀具	13-02-01	熟知车削和铣削刀具的类型与材料
		13-02-02	能描述工件的高度、外形、内槽等不同特征
		13-02-03	能根据工件的形状等，选择铣刀、车刀、镗刀等不同刀具
		13-02-04	会采用不同方法装夹刀具
		13-02-05	能正确使用校刀仪，保证刀具不偏摆
		13-02-06	会将刀具中的相关参数输入到机床中
		13-02-07	会使用量具（如直尺、卡尺等）测量刀具长度和尺寸
		13-02-08	采用正确的刀具保养、归位方法
	13-03 装夹工件	13-03-01	能判断装夹工件直角度
		13-03-02	能正确选用数控加工夹具
		13-03-03	能根据工件加工特性选用合适的加工设备
		13-03-04	熟练使用数控铣床通用夹具，如虎钳、码铁、磁盘，完成工件的安装与夹紧
		13-03-05	熟悉标准夹具，如气动、手动的装置
		13-03-06	能对比工件的校正方法，达到快速有效校正工件
		13-03-07	能选择合适的工件基准取数方法，并确定基准坐标
	13-04 工件校正	13-04-01	能使用校表，如百分表、千分表等；能使用偏心量、同轴度、水平仪测量夹具的水平和垂直度。
		13-04-02	能够运用数学知识完成必要数值计算，如三角函数等
		13-04-03	能按照图纸要求使用百分表、杠杆表、测数棒等工具校正工件

（续表）

工作项目/ 职业素养	工作任务/ 职业素养分类	工作能力	
13 工件调试（机械制造工程师）	13-05 对刀及设置工件基准	13-05-01	正确选用切削加工件数控加工刀具
		13-05-02	正确使用校刀仪安装与调整刀具
		13-05-03	能参照程序单设定对刀位置
		13-05-04	能清晰描述图纸的基准位置的标注、并设置基准坐标
		13-05-05	能正确使用手工对刀
	13-06 调用CNC程序输入机床系统	13-06-01	能使用传输软件调用CNC程序
		13-06-02	能通过产品加工中异响、断刀、刀具破损等情况，修改切削参数，含转速、切削深度、进给量
		13-06-03	熟悉机台系统的传输方式，将CNC程序从电脑传输到机床
14 工件加工（机械制造工程师）	14-01 操作机床	14-01-01	能识读机床操作说明书
		14-01-02	熟练使用数控机床电气开关启动、停止数控机床
		14-01-03	能在异常情况下，正确使用紧急停止开关，并恢复到正常状态
		14-01-04	熟练使用数控铣床操作面板，完成工作模式切换、进给倍率设置、主轴转速调整等基本操作
		14-01-05	熟练使用面板输入或程序传输的方法，完成数控加工程序的输入与编辑
		14-01-06	能正确运用机床系统的指令，操作机床
		14-01-07	能判断机床润滑油、气压不足等故障，能判断故障来源并解除故障警报
	14-02 多轴操作（4/5轴）	14-02-01	熟悉工件的加工工艺书，能按照加工工艺书正确操作
		14-02-02	了解主轴在工件不同位置的具体角度，能确定加工的起始点
		14-02-03	熟悉旋转中心点的校正，保证加工质量，能正确装夹工件
		14-02-04	能在加工过程中，进行微调插补，能够处理干涉情况

(续表)

工作项目/ 职业素养		工作任务/ 职业素养分类		工作能力
15	执行工序（机械制造工程师）	15-01	理解程序工艺单	15-01-01	熟悉刀具的型号、长度、材质、适合加工的材料等信息
				15-01-02	熟知数控常用代码的含义
				15-01-03	能正确识读加工件的形状特征、零件加工精度、技术要求等信息
				15-01-04	能正确识读零件机械加工工艺过程卡与工序卡内的信息
		15-02	确定加工顺序	15-02-01	熟知切削加工、公差、配合、装配组立等要求及规范
				15-02-02	熟知机床、刀具的加工性能，工件的加工时间，熟练使用不同刀具加工产品
				15-02-03	能通过对比工件的形状以及加工要求，确定加工顺序
		15-03	机台管理	15-03-01	熟悉多轴机台的保养项目，定期保养机床
				15-03-02	能制定机台年保养、月保养、天保养的保养计划
				15-03-03	能通过检测出来的报警信息呈交给相关部门检修
				15-03-04	能安排每日流动管理，现场巡视机台
				15-03-05	能清理铁屑、油污并简单擦洗机床
				15-03-06	熟知机床坐标轴安全摆放位置
				15-03-07	熟知数控机床交接班记录填写的要求
16	新技术应用（机械制造工程师）	16-01	刀具智能管理	16-01-01	熟知数控系统中各智能刀具管理功能，如利用智能管理系统
				16-01-02	能综合评估刀具的使用次数、切削里程、切削时间、能耗，如利用智能管理系统
		16-02	机床功能检测	16-02-01	能使用数控机床功能检测工作
				16-02-02	能使用数控机床动态性能检测工作
				16-02-03	能储备机床常用磨损件备品
				16-02-04	能对数控机床关键部件的磨损情况进行分析
				16-02-05	能对数控机床关键部件进行预测性维护工作

(续表)

工作项目/ 职业素养		工作任务/ 职业素养分类	工作能力	
16	新技术应用（机械制造工程师）	16-03 数控机床智能管理	16-03-01	熟练使用数控机床智能管理中的各种工具
			16-03-02	能调用数控机床并监控其数据运行状态
			16-03-03	能分析数控机床运行数据
			16-03-04	能分析、评估数控机床加工状态
			16-03-05	能优化数控机床关键控制参数
			16-03-06	熟悉MES、Skada等生产管理系统
17	装配准备（机械装调工程师）	17-01 安全规范与安全检查	17-01-01	能遵守安全管理制度、安全操作规程
			17-01-02	特殊岗位员工持证上岗，如是否有高空作业、明火作业、高压/低压作业、焊工等方面的证书
			17-01-03	能够准确识别安全警示标识，如高温标识、强酸标识、高压标识等
			17-01-04	能判断机器安全装置、防护设施的异常状态，及时进行维修或更换，避免因防护设施破损导致安全事故发生等
			17-01-05	熟知设备电源、指示灯、设备操作平台的安全要求
			17-01-06	熟知设备周边环境的安全要求，如地基牢固程度、钢结构牢固程度、送电设备安全要求等
		17-02 接收技术文件	17-02-01	掌握制图软件如CAD、SD软件的基础操作
			17-02-02	根据装配任务领取图纸，如机械装配图
			17-02-03	根据装配任务领取相关工艺、作业指导书、检验标准的纸质文件和电子文件
			17-02-04	能够正确接收BOM，如物料清单
		17-03 穿戴劳保用品	17-03-01	熟知劳保用品使用前后的注意事项，例如能够在穿戴前对劳保用品进行检查，在穿戴后处置劳保用品
			17-03-02	根据实际安全操作规程，如电气、机械、高压、低压、高温、高腐蚀等，正确穿戴劳保用品如劳保鞋、劳保服、防护手套、防护眼镜、安全帽、绝缘手套、绝缘靴等

（续表）

工作项目/ 职业素养	工作任务/ 职业素养分类		工作能力	
17	装配准备（机械装调工程师）	17-04	工具准备	17-04-01	熟知工具的使用安全准则，如电钻、切割机等
				17-04-02	能够正确使用扳手、螺丝刀、内六角、仪表、电笔、扭力扳手、卡尺等工具
				17-04-03	能正确使用吊装用具等辅助设备
				17-04-04	根据装配图纸及工艺指导文件，准备、检查装配所需的工具及零部件
		17-05	工单处理	17-05-01	能够正确解读工单任务要求，能正确选用量具、检具检验零部件的配合尺寸、安装步骤要求
				17-05-02	根据任务要求，合理安排相关工作的时间和计划
		17-06	图纸识读	17-06-01	正确识读机械零部件装配图
				17-06-02	能看懂机械装配图、油/气路图等工作原理
				17-06-03	能根据装配图和工艺指导文件准备所需元件
		17-07	物料准备	17-07-01	根据工单任务向相关部门领取物料
				17-07-02	能核对装配物料清单的物料编码、名称、描述、品牌等
				17-07-03	能解读装配物料清单，如BOM表，确认物料齐全
				17-07-04	熟练使用转运工具，如小推车、行车、小吊车、手动叉车等
18	装配工作（机械装调工程师）	18-01	工艺解读	18-01-01	熟悉相关装配工艺标准，如扭力大小、防松动要求等
				18-01-02	能识读机械装配工艺文件、作业指导书的要求，如螺丝规格、配件型号、标准件规格、密封件规格
				18-01-03	熟悉装配工艺的关键因素和质量管控要求
		18-02	机械零部件组装	18-02-01	正确识别机加工零件的外部缺陷，如存在焦焊、焊洞、焊接不到位；表面破损、划伤、裂纹、生锈；有毛刺，表面粗糙度不合格等
				18-02-02	正确识别铸造零件的外部缺陷，如磨损、划伤、砂眼、针孔、裂纹、缺损变形、硬度降低、损伤等
				18-02-03	熟练运用钳工知识进行装配
				18-02-04	能清洗并整理好所需的零部件
				18-02-05	根据图纸，能正确检测过盈配合和过紧配合的标准要求
				18-02-06	能使用水平尺调整机台水平，避免机台不平衡
				18-02-07	熟练使用检测工具检测尺寸和形位公差，如千分尺、百分尺、卡尺等

（续表）

工作项目/职业素养	工作任务/职业素养分类		工作能力
18 装配工作（机械装调工程师）	18-03 管路组装	18-03-01	熟知油/气动元件品牌和类型，如三联件、电磁阀、管接头、油/气压表、油/气缸等
		18-03-02	能够看懂油/气路原理图
		18-03-03	熟知油/气路安全操作及工艺作业规范，如横平竖直
		18-03-04	能正确选用安装工具，如剪刀、钳子、扳手、密封带等
		18-03-05	能按照油/气路安装图，能够正确连接油/气管及相关油/气动元件
		18-03-06	能在安装完成后，排查油/气路系统的安全隐患，如检查油/气路是否泄漏，是否正常运行
	18-04 部件调试与检查	18-04-01	根据装配图，排查零部件及装配错误如机械部件、油/气管路等
		18-04-02	能判断出异响如异物掉入、螺丝松动、连接槽无润滑油等，器件尺寸装配错误，如器件选择错误等常见装配故障的原因
19 装调完成（机械装调工程师）	19-01 结构检验	19-01-01	能够按照总装图要求，检查设备结构及外观
		19-01-02	能够按照总装图要求，检查设备紧固状态
		19-01-03	能根据安全注意事项如高温、通电、防夹手等，检查设备机械安全标识
		19-01-04	能够按照总装图要求，调整处理装配出现的尺寸偏差
	19-02 液压油路和气路检验	19-02-01	能选用合适的工具，如剪刀、钳子、扳手、密封带等，检查设备气路油路的通畅、泄漏程度
		19-02-02	能确认气管、油管正确连接
		19-02-03	根据油/气路安装图和油路安装图，检查确认气管、油管安装牢固
	19-03 综合检验	19-03-01	严格遵守整机检查安全操作规范
		19-03-02	熟悉整机验收标准，掌握检查方法
		19-03-03	能够正确使用检验仪器
		19-03-04	根据整机检查标准和方法，对整机进行检查，如检查精度参数

（续表）

工作项目/ 职业素养	工作任务/ 职业素养分类		工作能力	
19 装调完成（机械装调工程师）	19-04	填写装配记录	19-04-01	能正确填写装配记录表，如实记录装配过程中出现的问题以及解决方案
	19-05	公用工具整理和物料返仓	19-05-01	会正确分类管理安装工具
			19-05-02	能检查、确认、保养使用后的工具
			19-05-03	能够判断安装工具的损坏程度，并熟知安装工具损坏的处理流程
			19-05-04	能按照企业7S管理要求，整理分类安装完成后的剩余物料并做返仓处理
	19-06	产品入库	19-06-01	能办理入库手续，将产品按流程入库
20 方案设计（测量工程师）	20-01	识图读图	20-01-01	能清晰描述图纸检测要求
			20-01-02	熟悉机械精度设计、机械原理、工程材料、机械制图等机械设计知识
			20-01-03	熟悉零件及测量仪器相关的国际标准、国家标准、行业标准
			20-01-04	熟练操作CAD绘图软件如Solidworks、UG、PRO-E等绘图软件
	20-02	测量方案编制	20-02-01	熟悉不同零件测量仪器的应用范围和精度
			20-02-02	了解金属切削机床与刀具、机械加工工艺、刀具刀柄、工装夹具相关制造技术知识
			20-02-03	能根据图纸的尺寸、公差确定检测方法
			20-02-04	能根据测量特征确定工装、检具方案
			20-02-05	能整理完善并输出检验作业指导书
	20-03	方案确认	20-03-01	能核对检具图纸和客户图纸，确保检具的适用性
			20-03-02	能够编制量检具测量程序并对新增量检具进行验证验收
			20-03-03	能够在验收完成后及时归档量检具

（续表）

工作项目/ 职业素养		工作任务/ 职业素养分类		工作能力	
21	方案实施（测量工程师）	21-01	测量程序编制	21-01-01	能熟练使用测量软件
				21-01-02	能按照测量要求制作三坐标测量SOP、新建测量程序并对数模进行编程
				21-01-03	熟练使用电脑办公软件
				21-01-04	熟练使用组合数模和固定测量工装
				21-01-05	能按照图纸要求基准与数模拟合
				21-01-06	能优化编制好的测量程序的运行路径
				21-01-07	能运行模拟碰撞仿真测试，完成碰撞测试，并使用测量软件解决碰撞问题
		21-02	测量准备	21-02-01	能清晰描述测针参数和探针校准流程
				21-02-02	能评估零件所需测针长度并配置相应工作测针
				21-02-03	能准确识读探针校准结果
				21-02-04	能分析并解决校准测针数据异常
				21-02-05	能准确将零件放在测量室恒温静置2～8小时
				21-02-06	能对使用的测量仪器、检具进行标定
		21-03	测量执行	21-03-01	熟练操作开关机、面板操作、软件使用等测量仪器
				21-03-02	能够细心地保持零件及测量仪器的洁净
				21-03-03	能提前规避测量过程中的影响因素，避免中断测量或影响测量结果
				21-03-04	能正确装夹产品，对产品进行检测
				21-03-05	能按照测量要求输出检测数据
				21-03-06	能识读检测报告
22	数据处理（测量工程师）	22-01	数据输出	22-01-01	能按照公司要求制作特定报告模板
				22-01-02	能建立自动导出储存路径
				22-01-03	能根据三坐标导出数据建立公式自动导入全尺寸报告模板
				22-01-04	熟练操作EXCEL等办公软件
				22-01-05	能根据不同试验项目出具相对应的实验报告

(续表)

工作项目/职业素养		工作任务/职业素养分类		工作能力	
22	数据处理（测量工程师）	22-02	数据分析	22-02-01	能够分析测量数据，判断测量结果的准确性
				22-02-02	能根据测量结果的误差，及时调整测量方案
				22-02-03	能及时反馈结果给相关人员并提出合理的零件品质管控建议
				22-02-04	能根据数据异常情况进行分析解决
23	测量用具管理（测量工程师）	23-01	测量系统分析	23-01-01	能运用MSA进行测量系统的有效性分析
				23-01-02	能够根据"人、机、料、法、环、测"的不同情况，保证检测系统的可靠性
		23-02	设备校验	23-02-01	能定期对设备进行期间核查，能定期对设备进行基准校验
24	常规工作（测量工程师）	24-01	交接班	24-01-01	能够使用5w2h分析法进行交接
				24-01-02	能够详细记录工作进度及注意事项完成交接
				24-01-03	能及时了解工作进度并做好后续工作安排
		24-02	日常点检	24-02-01	熟知油雾过滤器、微雾过滤器、高分子膜式干燥器等过滤组件的运作原理
				24-02-02	能记录测量室每日的温湿度
				24-02-03	能对测量室进行5S检查并记录在点检表
				24-02-04	能定期检查气源过滤的完好使用性
				24-02-05	能够根据滤芯磨损程度及时更换过滤组件滤芯
				24-02-06	能够检查并记录测量仪器启动、运行的正常使用性
		24-03	维护保养	24-03-01	熟悉测量仪器的原理、结构等
				24-03-02	熟知测量仪器的使用条件，维持适用环境
				24-03-03	熟知仪器的操作和养护规程并正确执行
				24-03-04	熟知仪器的校验操作，定期校验仪器精度
				24-03-05	能定期检查并及时放掉空压机、过滤器、储气罐、管道中的水
				24-03-06	能使用擦拭纸或无水酒精擦拭测量机导轨、定期清洗过滤器滤芯等确保测量仪器的洁净度
				24-03-07	能定期检查探测系统的测头精度
				24-03-08	能定期提出申请，让供应商对精密仪器进行精细的维保

（续表）

工作项目/ 职业素养		工作任务/ 职业素养分类		工作能力	
24	常规工作（测量工程师）	24-04	技术资料整理归档	24-04-01	能按归档要求对检测方案、测量图纸等纸质进行整理分类归档并完成备份
				24-04-02	能按归档要求对测量程序、测量报告等电子档文件进行整理分类归档并完成备份
		24-05	物资管理	24-05-01	能登记量检具的使用量情况
				24-05-02	能根据酒精、无尘布、白大褂、鞋套等消耗品的库存量，及时申请购买
				24-05-03	能根据仪器配件缺失量，及时申请调拨或购买
		24-06	突发情况处理	24-06-01	能判断测量仪器的故障情况并及时联系供应商进行维护
				24-06-02	能分析并改正温湿度、气源等环境异常问题
				24-06-03	能评估分析和解决尺寸异常、坐标测量机撞针等设备异常问题
				24-06-04	能跟进并总结异常的发生原因、处理过程和处理结果
				24-06-05	能根据人员变动服从公司人员调配安排
25	团队管理（测量工程师）	25-01	协调人员之间的工作	25-01-01	根据工作量，合理分配成员工作
				25-01-02	熟悉每个人的工作情况
				25-01-03	熟悉团队人员的能力差异
				25-01-04	根据每个人的能力细化工作
		25-02	协调小组之间的工作	25-02-01	根据工作性质，总结工作内容并能进行公司的开会研讨
				25-02-02	制定出工作计划表
				25-02-03	能够根据部门工作安排协调各小组成员的工作
				25-02-04	实时根据计划表跟进小组工作进度
		25-03	协调不同部门之间的工作	25-03-01	根据工作性质，总结工作内容并能进行公司的开会研讨
				25-03-02	制定出工作计划表
				25-03-03	实时根据计划表跟踪部门工作进度

(续表)

工作项目/ 职业素养		工作任务/ 职业素养分类		工作能力	
26	工艺方案设计前期（机械工艺工程师）	26-01	图纸识读	26-01-01	能正确识读机械零件图纸，根据三维图的建立，了解零件的结构和尺寸是否欠缺
				26-01-02	能看懂机械装配图并进行拆解
				26-01-03	能根据零件图、装配图，判定和标注重点的基准、尺寸精度、形位公差和表面质量等要求
		26-02	掌握装配关系	26-02-01	掌握加工基准、设计基准、装配基准是否一致
				26-02-02	能从装配关系了解关键性尺寸
				26-02-03	能从制造的角度去优化设计
		26-03	工艺技术选择	26-03-01	能根据零件图、装配图选择正确的加工技术
				26-03-02	能确定各种加工技术能达到的质量效果
				26-03-03	能根据各种加工技术的成本因素选择正确的加工技术
		26-04	工艺路线设计	26-04-01	能根据零件图、装配图设计合适的工艺路线，确保加工质量
				26-04-02	能根据订单交期需求，制定合适的工艺路线，确保加工效率
		26-05	工艺分析审查	26-05-01	能对工艺路线设计方案进行评审、改进并最后定案
				26-05-02	了解公司所有加工设备的行程、加工精度，哪些自己做，哪些需外部协助
27	工艺路线编制（机械工艺工程师）	27-01	毛坯成型选择	27-01-01	确定零件毛坯的成型方法，是棒料、板料、型材等；是锻件、铸件等
				27-01-02	在保证图纸技术要求的情况下，选用加工量少、成本低的毛坯成型
				27-01-03	能细化工序、工步图，使操作员易懂
		27-02	零件结构切削加工工艺制定	27-02-01	能根据零件的特点，制定所需的切削加工工艺并制定方案
		27-03	车削加工规程制定	27-03-01	能根据加工内容，选择走刀路线，确定切削用量、工艺装备及定位夹紧的方式

(续表)

工作项目/ 职业素养		工作任务/ 职业素养分类		工作能力
27	工艺路线编制（机械工艺工程师）	27-04	铣削加工规程制定	27-04-01	能根据加工内容，选择铣刀类型、走刀路线、确定切削用量、工艺装备及定位夹紧的方式
		27-05	精密加工规程制定	27-05-01	能根据加工工艺确定各工序所用的机床、装夹方法、度量方法、加工余量、切削用量和工时定额等
		27-06	特种加工规程制定	27-06-01	能根据特种设备加工工艺特性，根据零件形状选取合适的加工参数，并严格按规定顺序操作
		27-07	工艺分析、校对、审核	27-07-01	核心关键件的工艺编制后，进行相关部门集中评审
				27-07-02	根据审核结果，对编制工艺进行校对
28	工艺实施推进（机械工艺工程师）	28-01	人员协调	28-01-01	能根据工艺路线设计选择相应的操作人员
				28-01-02	能了解操作人员技能水平
		28-02	特种加工	28-02-01	能熟悉各零件的特殊形状，选取相应的特种加工工艺
		28-03	螺纹加工	28-03-01	能根据螺纹的类型选取车削或CNC等不同的加工工艺
		28-04	齿轮加工	28-04-01	能根据齿轮的齿形选取不同的齿轮加工方式
		28-05	柔性自动化加工	28-05-01	能根据零件和订单需求，通过编程实现多品种、多批量地加工、制造、装配、检测
		28-06	工艺标准化管理	28-06-01	不断地优化改进工艺，做到效率高、成本低
				28-06-02	能在操作的过程中通过模拟来确认工艺的调整
				28-06-03	能运用标准化的手段把产品制造的工艺过程、操作方法及加工的工艺要求等进行统一和简化
				28-06-04	图纸版本升级的管理，工艺的更改、下发、回收等管理
29	工艺成果说明（机械工艺工程师）	29-01	会议召集	29-01-01	能根据零件的加工情况，适时召集相关人员
		29-02	全员说明	29-02-01	能根据零件加工情况，召集相关人员进行各工序检讨和制定改进方案

(续表)

工作项目/ 职业素养	工作任务/ 职业素养分类		工作能力	
30 任务解读 （PLC工程师）	30-01	技能要求解读	30-01-01	熟知产品的制造工艺
			30-01-02	熟知设备的参数调试流程和方法
			30-01-03	能根据产品要求确定相应参数
	30-02	任务沟通	30-02-01	能与客户沟通任务书解读情况是否与实际需求一致
			30-02-02	能根据客户要求，进行自动化配件选型及定型
			30-02-03	熟悉常见问题的有效沟通及处理方案
	30-03	安全要求解读	30-03-01	熟悉自动化设备安全操作规范，如安全门锁、光栅、急停等
			30-03-02	能够熟悉低压电工工作规范
			30-03-03	熟悉并遵守公司或客户相关的安全制度
			30-03-04	能够制定符合公司或客户需求，保证自动化设备安全生产的实施方案
	30-04	机械读图	30-04-01	掌握常用的机械设计应用软件二维软件CAD，并进行识图
			30-04-02	了解制图的基本规范
			30-04-03	能够看懂图纸的技术要求
	30-05	电气读图	30-05-01	熟悉电气布局图
			30-05-02	能正确使用工具进行图纸打印及整理
			30-05-03	能够了解电气原理图中涉及的电气元件的相关参数
			30-05-04	熟悉常规电气元件在电路图中的标识符号
			30-05-05	能够使用打码机、标签机进行标识的打印
31 自动化系统开发 （PLC工程师）	31-01	编程软件安装	31-01-01	能够了解软件的发展过程
			31-01-02	能够正确安装编程软件
			31-01-03	能够正确安装仿真软件
			31-01-04	能够对安装的软件进行授权
			31-01-05	能正确卸载软件

（续表）

工作项目/ 职业素养	工作任务/ 职业素养分类		工作能力	
31	自动化系统开发（PLC工程师）	31-02　编程的基础知识	31-02-01	了解PLC编程语言，如梯形图、STL
			31-02-02	熟悉PLC编程I/O地址与过程映像区
			31-02-03	熟悉PLC编程地址及寻址方式
			31-02-04	了解PLC I/O信号类型
			31-02-05	了解PLC输入输出电路
			31-02-06	能够熟练对PLC数据类型与转换关系
			31-02-07	熟悉PLC变量类型与命名规则
			31-02-08	可以新建PLC自定义数据类型
			31-02-09	了解PLC编程OB组织块功能和应用
			31-02-10	了解PLC编程FB/FC功能块和应用
			31-02-11	了解PLC编程DB数据块功能应用
			31-02-12	熟悉PLC编程常用基本指令
			31-02-13	了解主流PLC的通讯方式，如三菱、西门子、富士、欧姆龙、AB、汇川、禾川、信捷
		31-03　编程基础操作	31-03-01	可以创建PLC工程项目
			31-03-02	能够对PLC硬件组态
			31-03-03	可以进行PLC程序架构设计与规划
			31-03-04	熟悉PLC程序地址变量创建
			31-03-05	能够对PLC程序编译与下载
			31-03-06	熟悉PLC程序在线监控及修改操作
		31-04　人机界面编程	31-04-01	熟悉HMI人机界面工程创建
			31-04-02	可以对HMI硬件添加及版本修改
			31-04-03	可以对HMI工程属性参数配置
			31-04-04	熟悉HMI画面程序文件夹架构搭建
			31-04-05	熟悉HMI工程画面创建及配置
			31-04-06	能够对HMI工程画面进行仿真模拟操作
			31-04-07	能够进行HMI与PLC的通讯搭建

(续表)

工作项目/ 职业素养		工作任务/ 职业素养分类		工作能力	
32	自动化设备安装（PLC工程师）	32-01	上电确认	32-01-01	熟练使用常用机械安装工具，如扳手、螺丝刀、电钻、切割机、冲击钻
				32-01-02	能识读机械零部件图、安装图
				32-01-03	能识别机械图纸装配关系，使用正确的工具进行装配
				32-01-04	熟知机械安装安全操作规程
		32-02	电气安装	32-02-01	掌握电气常用工具如万用表、螺丝刀、电烙铁、电钻、钳子、线号机的使用
				32-02-02	能按照电气原理图选择对应的颜色、线径、型号配线
				32-02-03	能按照交流、直流、通讯线顺序进行布线
				32-02-04	能根据装配标准对现场进行布线，如高低压分流、交直流分流
				32-02-05	能根据布局图对电气元器件进行布局，如电柜布局图
				32-02-06	能够选择正确的工具进行安装固定
				32-02-07	能够根据电路原理图对电控元件进行实物的线路接驳
				32-02-08	能够使用万用表对接线进行检验
				32-02-09	能固定、安装配电盘放并入电箱
				32-02-10	能对电箱面板如散热风扇、仪表、指示灯接线
				32-02-11	能够将外围用电设备与电箱进行正确连接
				32-02-12	能使用仪表如万用表、兆欧表测线路通断、绝缘电阻，判断接线是否正确
33	自动化设备调试准备（PLC工程师）	33-01	资料准备	33-01-01	能收集并读懂公司或客户的技术要求或协议
				33-01-02	能收集工艺方案、电气原理图纸、仿真视频、施工进度表、IP地址分配表、工具安装说明
				33-01-03	能收集、整理客户标准，如程序规范、命名规则等
				33-01-04	能够收集电气说明书，如伺服驱动、变频器等
				33-01-05	能根据项目关键节点，制作调试进度表

（续表）

工作项目/ 职业素养		工作任务/ 职业素养分类		工作能力	
33	自动化设备调试准备（PLC工程师）	33-02	调试前准备	33-02-01	能根据客户需求进行系统选型的增配
				33-02-02	能识读调试工艺文件，设备功能部件的操作说明书
				33-02-03	能选用调试工具、仪器仪表、工装及调试软件
				33-02-04	能对自动化设备进行机械与电气安装完整度检查
				33-02-05	能根据原理图整定电器元件参数
				33-02-06	能对安装质量不合格项进行指导调整
				33-02-07	能对自动化设备运行前气路、液压等进行检查
		33-03	自动化设备参数设置	33-03-01	能根据工作任务要求用总控平台设定运行参数
				33-03-02	熟悉自动化设备附加组成模块参数设置，如运动模块、变位机等
				33-03-03	能根据操作手册设定语言界面、系统时间、用户权限等环境参数
				33-03-04	能根据工作任务要求选择和调用调试程序参数
				33-03-05	能准确安装通信板卡
				33-03-06	能完成伺服、变频器等参数设置
				33-03-07	能进行现场参数设置及通讯编程
				33-03-08	能够设置相关的安全防护报警程序参数
34	自动化设备调试（PLC工程师）	34-01	系统连接	34-01-01	能指导安装人员对自动化设备与控制柜之间互联电缆、触摸屏、控制器等进行连接
				34-01-02	能接通、切断主电源及伺服电源
				34-01-03	能安装连接自动化设备附加组成模块设备和电缆
				34-01-04	能安装连接夹具及视觉、接近开关、对射电眼等传感器设备
				34-01-05	能安装自动化设备外围设施，包括机械部件安装，电路、气路、液压连接及走线
				34-01-06	能进行远程控制连接，包括I/O接线和I/O校验及输出
				34-01-07	能检查外围设施安装是否符合要求，如气路、液压无堵塞无泄漏

(续表)

工作项目/ 职业素养	工作任务/ 职业素养分类		工作能力
34 自动化设备调试（PLC工程师）	34-02	电气调试	34-02-01 能进行通电前安全检查
			34-02-02 熟练检测传感器工作状态以及IO对应关系
			34-02-03 熟练检测传感器、操作开关以及IO对应关系
			34-02-04 能完成变频器、伺服、步进，按工艺要求进行参数设置
			34-02-05 能对自动化设备、PLC、触摸屏进行程序上传、下载
			34-02-06 熟悉电气作业安全标准与要求
	34-03	控制系统调试	34-03-01 能根据设备参数对自动化设备动作进行核对
			34-03-02 能对自动化设备安全进行防呆测试
			34-03-03 能熟练确认检测信号对接
			34-03-04 能根据不同的工程应用要求，在标准工程文件中增加附加组成模块控制功能，并验证功能的有效性
			34-03-05 能成功正确控制附加组成模块
			34-03-06 能分析自动化设备控制系统和各组成模块之间的通信方式，解决通信错误或者传感器信号错误故障
	34-04	性能调试	34-04-01 能对自动化设备功能部件试运行及调试结果进行调整
			34-04-02 能判断各组成模块调试结果和模型是否一致
			34-04-03 能通过调试运行自动化设备并判断各组成模块运动方向及范围与控制文件是否一致
			34-04-04 能通过控制系统观察自动化设备I/O信号
			34-04-05 能使用控制系统验证自动化设备应用功能
			34-04-06 能根据调试工艺指导文件，检测各组成模块运动范围等性能指标
			34-04-07 能使用自动化设备总规划各模块进行直线、圆弧等自动化设备常规路径
			34-04-08 能使用循环指令进行加载测试并能观察各组成模块过载率是否正常
			34-04-09 能根据自动化设备调试运行数据对自动化设备运行状态进行分析，判断噪音、振动、节拍等异常产生的原因
			34-04-10 能填写调试记录如故障记录、参数调整记录、控制变更记录等

（续表）

工作项目/职业素养		工作任务/职业素养分类		工作能力	
34	自动化设备调试（PLC工程师）	34-05	联动空载运行	34-05-01	熟悉自动化设备关联设备协同运行
				34-05-02	熟知自动化设备故障代码
				34-05-03	能根据仪表如气压表、液压表等判断运行状态是否正常
				34-05-04	能根据报警代码查看并处理故障
				34-05-05	能判断执行机构是否损坏，如形变、碰撞、螺丝松动等
				34-05-06	能检查气路、电路、油路系统运行是否正常
				34-05-07	能检查运行环境是否符合设备运行环境要求
		34-06	试运行调试	34-06-01	能判断生产过程中产品是否符合标准，如尺寸、工艺
				34-06-02	能分析不符合产品标准的原因并提出解决方案
				34-06-03	能分析生产过程中的安全隐患并提出对应的解决方案
				34-06-04	能判断生产节拍是否符合标准要求
				34-06-05	能对不符合要求的生产节拍进行优化
				34-06-06	能分析生产过程中耗材使用不合理的情况，并进行优化
				34-06-07	能判断产品的生产节拍是否达到客户需求速度
				34-06-08	能判断加工处理的产品是否符合验收标准
		34-07	故障判断	34-07-01	能使用万用表、电笔等工具检测电气故障
				34-07-02	能根据仪表显示参数判断气路、油路是否故障，如漏、堵
				34-07-03	能通过声音判断电器是否故障，如电机异常、过载、缺相等
				34-07-04	能根据动作轨迹判断开关元器件是否故障
				34-07-05	能够与机械工程师或电气工程师沟通故障处理方案
		34-08	说明书编写及培训	34-08-01	掌握常用办公软件如WPS、Office等
				34-08-02	能够准确描述说明自动化设备的用途和操作规程等
				34-08-03	能够按照说明书对操作人员进行培训

(续表)

工作项目/ 职业素养	工作任务/ 职业素养分类		工作能力
35 识读加工图纸（数控编程工程师）	35-01	能识别零件图	
		35-01-01	正确识别国家标准如技术制图的标注符号，如尺寸、公差、粗糙度、精度等符号或者特殊符号
		35-01-02	正确识别不同视图的表达方式
		35-01-03	正确识读简单的零件图
		35-01-04	能识读技术图纸的技术要求
	35-02	能识别装配图	
		35-02-01	正确识别国家标准如技术制图的标注符号，如尺寸、公差、粗糙度、精度等符号或者特殊符号
		35-02-02	正确识别不同视图的表达方式
		35-02-03	能识读模具装配图，如模具中的技术要求、标注含义
		35-02-04	能识读机械装配图，如机械设备中的技术要求、标注含义
		35-02-05	能通过图纸的材料、技术要求的企业设备等信息，判断产品的加工可行性
36 识读加工工艺（数控编程工程师）	36-01	编制加工工艺	
		36-01-01	正确理解零件加工工艺手册，如钻、铣、镗、车、磨、热处理等
		36-01-02	正确识别零件加工过程所需工装，如夹具、台钳、压板、磁铁盘
		36-01-03	正确识别零件加工过程所需检具，如游标卡尺、塞规、止规、通规、千分尺
		36-01-04	正确识别零件加工过程所需刀具，如铣刀、车刀、螺纹刀
		36-01-05	正确理解模具加工工艺及模具设计图
		36-01-06	正确拆解模具加工零部件，如模胚、型芯、镶件、铸件
		36-01-07	正确选用模具加工过程所需刀具，如铣刀、车刀、螺纹刀及加工设备如车床、铣床、钻床
		36-01-08	正确选用模具加工过程所需的加工参数设定，如转速，进给，背吃刀量，XY步距
		36-01-09	正确理解机加工安全操作规程，如冷却水、刀具负荷、机床负载跟行程

（续表）

工作项目/职业素养	工作任务/职业素养分类		工作能力	
37 编制手工程序（数控编程工程师）	37-01	编制车工程序	37-01-01	能够熟悉数控代码如M代码、G代码
			37-01-02	能正确识读2D工程图
			37-01-03	能正确识读加工工艺过程卡与工序卡内的信息
			37-01-04	能正确识别零件加工所需的夹具/刀具尺寸，如游标卡尺、塞规、止规、通规、千分尺
			37-01-05	能正确识别车床加工工件特性，如圆柱/圆弧/螺纹/阶梯等
			37-01-06	正确理解车工编程安全操作规程
			37-01-07	熟练使用车刀切削零件的多余材料
			37-01-08	熟练使用千分尺、游标卡尺、塞规、通规、止规等量具，检测零件尺寸是否符合图纸要求
			37-01-09	根据图纸的基准，能建立数控车床坐标系，计算数控车床坐标节点
			37-01-10	能够正确地确立车削零件基点坐标
			37-01-11	编写由直线、圆弧组成的二维轮廓数控车加工程序
			37-01-12	编写螺纹加工程序
			37-01-13	编写阶梯轴零件数控加工程序
			37-01-14	能正确记录编制车工程序精度记录表
	37-02	编制铣工程序	37-02-01	能够熟悉数控代码如M代码、G代码
			37-02-02	能正确识读2D工程图
			37-02-03	能正确识读加工工艺过程卡与工序卡内的信息
			37-02-04	能正确识别零件加工所需的夹具/刀具尺寸，如游标卡尺、塞规、止规、通规、对刀棒
			37-02-05	能正确识别铣床加工工件特性，如圆柱/圆弧/凸条/内槽/固定孔等
			37-02-06	正确理解铣工编程安全操作规程
			37-02-07	熟练使用铣刀切削零件的多余材料
			37-02-08	熟练使用对刀棒、游标卡尺、塞规等量具检测零件尺寸是否符合图纸要求
			37-02-09	能建立数控铣床坐标系，计算数控铣床坐标节点

（续表）

工作项目/ 职业素养	工作任务/ 职业素养分类		工作能力
37 编制手工程序（数控编程工程师）	37-02	编制铣工程序	37-02-10　能够正确地确立铣削基点坐标
			37-02-11　编写由直线、圆弧组成的二维轮廓数控铣加工程序
			37-02-12　编写固定循环指令，完成孔类加工固定循环程序
			37-02-13　运用子程序和宏程序的方法与技巧，编写数控铣分层加工程序
			37-02-14　编写具有凸台、内槽、固定孔等特征铣削加工件数控加工程序
			37-02-15　能正确记录编制铣工程序精度记录表
	37-03	编制镗铣工程序	37-03-01　熟悉镗床设备操作规范
			37-03-02　能识读复杂的零件加工图纸
			37-03-03　能正确识读加工工艺过程卡与工序卡内的信息
			37-03-04　熟悉特制工装及自制工装的使用及制作规范
			37-03-05　熟悉标准工装的使用规范
			37-03-06　熟悉精密检具的使用及调校，如游标卡尺、千分尺
			37-03-07　熟悉精密镗铣类刀具的安装及调校
			37-03-08　熟悉自动对刀设备的使用
			37-03-09　熟悉首件加工中试切工艺的规范及要求
			37-03-10　熟悉首检的工艺规范及要求
	37-04	编制电加工程序	37-04-01　能正确识读2D工程图
			37-04-02　熟练使用卡尺、游标卡尺、塞规等量具检测零件尺寸是否符合图纸要求
			37-04-03　能正确识别电加工工件特性如圆柱/圆弧/凸条/内槽/固定孔等
			37-04-04　正确理解电加工安全操作规程
			37-04-05　能针对电加工零件建立合理的坐标系，计算坐标节点
			37-04-06　能根据电极材料选用合理的加工参数
			37-04-07　根据零件的结构，确定电加工工艺
			37-04-08　手工输入由直线、圆弧组成的二维轮廓电加工程序

（续表）

工作项目/职业素养		工作任务/职业素养分类		工作能力	
37	编制手工程序（数控编程工程师）	37-04	编制电加工程序	37-04-09	手工输入固定循环指令，完成孔类电加工固定循环程序
				37-04-10	运用子程序的方法与技巧，手工输入电加工分层加工程序
				37-04-11	手工输入具有凸台、内槽、固定孔等特征电加工程序
				37-04-12	能正确记录编制铣工程序精度记录表
38	编制自动化程序（数控编程工程师）	38-01	3D图形输入及可加工检查	38-01-01	熟悉IGS，X_T，STEP等数据的转换
				38-01-02	能正确识读2D工程图
				38-01-03	使用CAD、SW、UG、Mastercam、PowerMill软件输入加工零件的3D图形
				38-01-04	能针对零件的3D图形检查是否有面的缺失和破损
				38-01-05	能针对零件建立合理的坐标系、计算坐标节点
				38-01-06	能够正确地建立零件基点坐标
				38-01-07	编写由直线、圆弧组成的零件加工程序
				38-01-08	编写固定循环指令，完成零件类加工固定循环程序
				38-01-09	运用子程序的方法与技巧，编写零件类分层加工程序
				38-01-10	能编写阶梯轴零件数控加工程序
				38-01-11	能够编写零件螺纹加工程序
				38-01-12	能够在加工前运用软件模拟加工数据
				38-01-13	能正确识别加工零件材质/运用刀具/夹具
		38-02	电极设计	38-02-01	能判断产品的电极设计位置
				38-02-02	能够确定电极的形状、材料、大小、数量、火花位
				38-02-03	能够根据电极性质，使用编程软件制作2D火花图纸

(续表)

工作项目/ 职业素养	工作任务/ 职业素养分类		工作能力	
38	编制自动化程序（数控编程工程师）	38-03	确定加工策略	38-03-01	能够根据工件特性选择合理的加工策略
				38-03-02	熟知数控系统中各智能刀具管理功能
				38-03-03	熟知加工设备的加工性能
				38-03-04	根据工件特性选择合理的加工刀具
				38-03-05	能通过编程软件准确输入正确的加工参数
				38-03-06	能够组合和优化多个加工策略
		38-04	精通CAD/CAM软件	38-04-01	具备快速建模和改图的能力
				38-04-02	能够熟悉软件的每个功能和命令
				38-04-03	熟练操作软件快捷键
				38-04-04	精通建模软件常用功能
				38-04-05	能够了解软件常见的问题点，避免踩坑
				38-04-06	能够制作宏命令或外挂
		38-05	制作程序工艺单	38-05-01	能够根据编制的加工程序，完成程序工艺单的编制
				38-05-02	检查工艺单的正确性
39	检查程序（数控编程工程师）	39-01	仿真检查	39-01-01	通过手工添加刀具到程序的加工位置，检查程序的合理性
				39-01-02	通过软件的仿真功能，检查程序的合理性
				39-01-03	通过第三方的仿真检查软件如斯沃、熊族，NCSpeed等，检查程序的合理性
		39-02	碰撞检查	39-02-01	通过手工添加刀具到程序的加工位置，检查程序的合理性
				39-02-02	通过软件的碰撞功能，检查程序的合理性
				39-02-03	通过第三方的碰撞检查软件如斯沃、NCSpeed等，检查程序的合理性
		39-03	过切检查	39-03-01	通过手工添加刀具到程序的加工位置，检查程序的合理性
				39-03-02	通过软件的过切功能，检查程序的合理性
				39-03-03	通过测试加工，检查程序的合理性
				39-03-04	通过第三方的过切检查软件如斯沃、NCSpeed等，检查程序的合理性

(续表)

工作项目/职业素养		工作任务/职业素养分类		工作能力	
40	后处理输出加工程序（数控编程工程师）	40-01	编制后处理程序格式	40-01-01	熟练使用机床的M代码和G代码
				40-01-02	熟悉不同品牌机床的系统，如西门子、三菱、法兰克、哈斯、海德汉、广数等
				40-01-03	熟悉不同品牌机床的构造，如快捷、大畏、大连机床等
				40-01-04	利用普通机床的通用模板，根据机床特性添加指令
				40-01-05	使用3D编程软件检查后处理格式是否正确
				40-01-06	能根据3D编程软件检查后处理格式的报错指示并修改程序
		40-02	输出程序单	40-02-01	能够进行NC代码通讯操作
				40-02-02	能利用3D的外挂模板输出自动化程序
		40-03	输出后处理格式	40-03-01	对应不同机床，选择合适后处理格式
				40-03-02	使用3D编程软件输出后处理格式
41	现场跟进加工情况（数控编程工程师）	41-01	加工情况跟进	41-01-01	观察工件的工装夹具是否合理
				41-01-02	观察使用的刀具合理性
				41-01-03	观察加工过程的稳定性
				41-01-04	熟知交接班记录填写的要求
				41-01-05	熟知零件加工后5S，再重新零件装夹加工
				41-01-06	能测量并记录加工后零件精度
		41-02	异常情况处理	41-02-01	分析工件过切、寸法不良、装夹可行性等异常情况并找出原因
				41-02-02	根据零件的局部原因提出改良举措
				41-02-03	能综合零件的加工问题，优化作业的标准，并制定作业标准书
				41-02-04	在异常情况下，能正确使用紧急停止开关，并恢复到正常状态，如断点恢复、接刀

(续表)

工作项目/ 职业素养	工作任务/ 职业素养分类		工作能力
42 检查加工质量（数控编程工程师）	42-01 解决塑件常见缺陷	42-01-01	能够分析毛边、寸法不良、顶印、缩痕等异常情况并找出原因
		42-01-02	能够结合材质特性，根据塑件的局部原因提出改良举措
		42-01-03	能综合塑件的加工问题，优化作业的标准，并制定作业标准书
		42-01-04	填写记录缺陷内容，并向上级报告
		42-01-05	根据塑件不良项目，联络各部门共同检讨方案/应急对策
	42-02 产品质量检测与分析	42-02-01	识读零件的2D图纸
		42-02-02	熟悉使用量具，如游标卡尺、千分尺、直尺、百分表等
		42-02-03	熟悉使用测量和检测设备，如三次元/超声波/蓝光扫描仪
		42-02-04	熟悉产品的寸法要求
		42-02-05	能判断和解决产品的常见问题点，如毛边、寸法不良、顶印、缩痕等
		42-02-06	能够撰写产品分析检测报告
		42-02-07	将产品质量结果/分析提案向各部门通报
		42-02-08	根据质量检测与分析不良项目与各部门共同检讨方案/应急对策
43 产品可行性分析（数控编程工程师）	43-01 产品可行性分析	43-01-01	熟知原材料的特性
		43-01-02	熟知零件图/装配图的设计原理/要求/标注含义
		43-01-03	熟知冷却系统、油路系统、顶出系统以及电气系统的构造
		43-01-04	熟知产品的寸法要求
		43-01-05	能根据产品的工艺要求判断公司的加工能力是否可行
		43-01-06	分析产品是否具备量产性
		43-01-07	能够撰写产品可行性分析报告

(续表)

工作项目/ 职业素养		工作任务/ 职业素养分类		工作能力	
44	产品打样及试产准备（数控编程工程师）	44-01	产品打样	44-01-01	熟悉产品打样流程
				44-01-02	熟悉数控加工设备操作功能和特性如车床、铣床等
				44-01-03	熟知原材料的特性如成分、硬度、塑性
				44-01-04	熟知冷却系统、油路系统、顶出系统以及电气系统的构造
				44-01-05	熟悉各种检测工具如卡尺、量具、检具
				44-01-06	能够做好打样前的准备工作
				44-01-07	根据产品外观、尺寸、公差、光洁度等，判断打样样品是否正常
				44-01-08	能够反馈打样样品的异常情况
				44-01-09	根据打样样品数据结果/参数，填写打样记录
		44-02	产品试产	44-02-01	熟悉产品试产流程
				44-02-02	熟悉数控加工设备操作功能和特性如车床、铣床等
				44-02-03	熟知原材料的特性如成分、硬度、塑性
				44-02-04	熟知冷却系统、油路系统、顶出系统以及电气系统的构造
				44-02-05	能根据设计产品的理论参数，设置机台参数
				44-02-06	能根据每件产品的特性，调整参数如刀补等
				44-02-07	根据不同产品类型，选择合适的设备试产
				44-02-08	熟悉各种检测工具如卡尺、量具、检具
				44-02-09	根据打样样品数据结果/参数，填写打样记录
45	车间生产协同管理（数控编程工程师）	45-01	基层人员协调	45-01-01	能依据生产任务合理分配每人工作量
				45-01-02	动态掌握每个人的工作情况
				45-01-03	根据每个人的能力，细化和调整任务
		45-02	部门内部工作协调	45-02-01	根据工作量，召开部门内部工作协调会
				45-02-02	能制定每日工作计划表
				45-02-03	利用每日计划表，跟进工作的完成情况

（续表）

工作项目/ 职业素养	工作任务/ 职业素养分类		工作能力
45 车间生产协同管理（数控编程工程师）	45-03 部门外部工作协调	45-03-01	根据工作量，与其他部门召开工作协调会
		45-03-02	能制定每周、每月工作计划表
		45-03-03	实时根据每周、每月工作计划表，跟进工作的完成情况
		45-03-04	产品不合格时，联络各部门紧急应对和分析对策
	45-04 协调不同部门之间的工作	45-04-01	结合不同部门的工作性质召开跨部门会议
		45-04-02	制定每周、每月工作计划表
		45-04-03	利用工作计划表跟踪小组工作进度
	45-05 协调小组之间的工作	45-05-01	结合同部门不同小组的工作性质召开跨小组会议
		45-05-02	制定每周、每月工作计划表
		45-05-03	利用工作计划表跟踪小组工作进度
46 零件分析（模具设计工程师）	46-01 接收模具设计任务书	46-01-01	能看懂模具设计任务书，了解产品用途，分析产品的工艺、尺寸精度等技术要求
		46-01-02	能根据工艺任务书初步提出产品的成型方法如注塑、冲压、成型设备型号，如吨位、材料规格、模具结构类型如三板模、二板模等
		46-01-03	能了解模具、零件的材料特性，如原料收缩率
		46-01-04	了解加工精度、尺寸、晒纹、余量要求
		46-01-05	能了解方案设计要求，如外观要求、产品最大尺寸、产品装配尺寸、模具腔数
		46-01-06	能了解模具与设备匹配要求，如注塑机哥林柱尺寸、锁模方式厚度
	46-02 参与制作产品开模可行性分析报告（DFM）（设计风险评估）	46-02-01	能熟练掌握三维软件如UG、CATIA、Pro-E、Solidworks的应用
		46-02-02	能应用三维软件如UG、CATIA、Pro-E、Solidworks对产品做排位分析如模穴数、进胶口位置分析
		46-02-03	能应用三维软件如UG、CATIA、Pro-E、Solidworks分析产品型芯型腔面，检查产品设计是否合理，如产品倒扣、拔模斜度、产品料厚等等
		46-02-04	能初步确定顶出方式、顶出位置

（续表）

工作项目/职业素养		工作任务/职业素养分类		工作能力	
46	零件分析（模具设计工程师）	46-03	模流分析	46-03-01	能确定产品模穴数，如一模几腔、产品进胶位置、进胶点数量
				46-03-02	能熟练使用仿真分析软件，如MOLDFLOW对产品进行模流分析，如填充、冷却、翘曲
				46-03-03	能使用PPT、WORD等办公软件输出模流分析报告，如注塑压力、锁模力、变形结果、缩水等
47	模具设计（模具设计工程师）	47-01	排样、排位布置	47-01-01	能熟练掌握三维软件，如UG、CATIA、PRO-E和二维软件CAD的应用
				47-01-02	能根据客户提供的产品，运用二维/三维软件进行简单地排位、排样布置
				47-01-03	确定浇注系统如冷流道/热流道
				47-01-04	能初步确定模架大小
		47-02	模架确定	47-02-01	能根据前面的排位确定模架大小，选择模架类型
				47-02-02	能制作模架以及型芯型腔主要型材采购清单表
				47-02-03	提交采购部门采购钢材，备料
		47-03	三维建模	47-03-01	能运用三维软件如UG、CATIA、Pro-E，根据客户提供的三维产品图、开模方向进行分模如分型线及分模面的设计，分出前后模仁
				47-03-02	能根据客户要求完成模仁部分的结构设计，如整体式、镶件式等
				47-03-03	能运用三维软件如UG、CATIA、Pro-E，完成侧向分型与抽芯机构设计，如行位、滑块、斜顶、油缸等
				47-03-04	能运用三维软件如UG、CATIA、Pro-E，完成浇注系统设计，如主流道、分流道、浇口、冷料井、唧嘴、定位圈等
				47-03-05	能运用三维软件如UG、CATIA、Pro-E，完成排气系统的设计，如分型面间隙、滑块及镶件等间隙
				47-03-06	能运用三维软件如UG、CATIA、Pro-E，完成冷却系统和顶出系统设计
		47-04	模具设计评审	47-04-01	参与三维图纸的内部初步评审
				47-04-02	能根据内部评审结果对三维图纸进行修改更新
				47-04-03	能根据客户对三维图纸的评审意见，修改更新三维设计图

(续表)

工作项目/ 职业素养		工作任务/ 职业素养分类		工作能力	
47	模具设计（模具设计工程师）	47-05	二维工程图制作	47-05-01	能运用二维软件CAD进行二维工程图如型芯型腔部分的工程图、零部件图、模具总装图绘制
				47-05-02	打印图纸，下发车间加工制造
		47-06	BOM表、采购清单表制作	47-06-01	能根据三维图/二维图制作BOM表如零部件明细表
				47-06-02	能根据三维图/二维图制作总的采购清单表
48	设计后优化（模具设计工程师）	48-01	模具结构设计优化	48-01-01	根据试模出现的问题点进行模具设计优化
				48-01-02	能制作试模问题点总结报告如包括问题点描述、原因分析、解决方案等
49	文件整理归档（模具设计工程师）	49-01	最终图纸归档	49-01-01	能对最新版的纸质版/电子版模具图档如二维图、三维图进行归档整理
		49-02	表格归档	49-02-01	能对BOM表、采购清单表、模架请购单等文件进行归档整理
		49-03	产品资料文件归档	49-03-01	能对产品的各种资料如产品分析报告、模流分析报告等所有文档进行归档整理
50	接受任务（模具工艺工程师）	50-01	了解设计意图	50-01-01	能识读零件图
				50-01-02	了解加工精度、尺寸、晒纹、余量要求
				50-01-03	能了解方案设计要求，如外观要求、产品最大尺寸、产品装配尺寸、模具腔数
				50-01-04	能了解模具与设备匹配要求，如注塑机哥林柱尺寸、锁模方式厚度
		50-02	了解模具、零件相关参数	50-02-01	熟悉模具、零件材料，能根据模具设计图去制订加工工艺
				50-02-02	熟悉模具和零件结构，能根据模具设计图去调用材料
				50-02-03	了解模具结构分类如上下模、镶件等
				50-02-04	了解加工的顺序和数量

(续表)

工作项目/职业素养		工作任务/职业素养分类		工作能力	
51	编制工艺（模具工艺工程师）	51-01	安排加工	51-01-01	了解模具配件功能，安排加工顺序
				51-01-02	评估加工时间、加工成本
				51-01-03	能熟练编制BOM表
		51-02	掌握编程软件（UG等）	51-02-01	能熟练使用CAD、PRO-E等二维绘图软件
				51-02-02	能熟练使用UG编程软件
				51-02-03	能根据实际需求，掌握基本机床操作技能
				51-02-04	能通过软件分拆电极、镶件，出电火花图、线切割图
				51-02-05	能通过软件加工数据如绘制最短刀路
52	现场管理（模具工艺工程师）	52-01	发现问题	52-01-01	日常执行巡检测量并登记
				52-01-02	能收集客户反馈意见并汇总
				52-01-03	能提出改进意见
				52-01-04	能进行前期错误整改
		52-02	跟进加工	52-02-01	能跟进项目整体进度
				52-02-02	能跟进加工质量
				52-02-03	跟进加紧加工需求，调整加工计划/顺序
53	试模参与（模具工艺工程师）	53-01	模具结构设计优化	53-01-01	了解试模情况并跟进
				53-01-02	了解试模问题点总结报告，如包括问题点描述、原因分析、解决方案等
54	总结复盘工序并反馈（模具工艺工程师）	54-01	方案优化	54-01-01	跟进优化改善成本和加工周期
				54-01-02	跟进配合优化设计方案
55	熟悉企业环境（模具装调工程师）	55-01	熟悉企业安全管理	55-01-01	熟悉企业安全管理制度，阅读安全手册
				55-01-02	能够辨识环境的安全性，如地面防滑、碰撞、高空坠物等
				55-01-03	能够辨识行为的安全性，如熟知企业场地、设备操作、刀具管理相关规则等
				55-01-04	正确穿戴劳保用品，如安全帽、手套、工作服、劳保鞋、耳塞、口罩等
				55-01-05	正确使用安全防护用品，如防毒灭火器、防毒面罩、消防栓、安全警铃等

(续表)

工作项目/ 职业素养	工作任务/ 职业素养分类		工作能力
55 熟悉企业环境（模具装调工程师）	55-02 熟悉工作环境	55-02-01	能自觉遵守企业管理制度
		55-02-02	熟悉企业整体布局如工位、安全通道、消防应急场所、物品摆放归类等
		55-02-03	识别岗位不同设备如冲压机、合模机、焊接机、淬火设备、叉车，测试设备等原理、构造、作用和适用范围
		55-02-04	辨别常用工具并能正确使用，如砂轮机、油石、基准块、砂纸、扳手、拔销器、吹气枪、螺丝机等
		55-02-05	掌握材料的识别方法；了解不同材料的性能，如材料型号：S50C、718、P20；铝料、铜料、不锈钢、碳钢等
56 装配准备（模具装调工程师）	56-01 劳保用品穿戴	56-01-01	熟知并陈述本岗位安全管理制度，并遵守相关规定
		56-01-02	按照本岗位劳保规程要求穿戴劳保用品如手套防静电衣服、防静电手环、头盔、胶鞋、护目镜，口罩等
		56-01-03	能够检查劳保用品穿戴是否符合要求
	56-02 工具/治具/量具准备	56-02-01	能清晰描述装配工具/治具/量具如机械、电气等的类别及使用标准
		56-02-02	按照实际需要选择合适的工具/治具/量具进行作业如螺丝刀、千分尺、百分尺、万用表、电笔、气压表等
		56-02-03	能陈述工具/治具/量具更换条件
		56-02-04	能检查并判断工具/治具/量具能否正常使用
		56-02-05	严格遵守工具的安全操作规范如电钻、切割机等
	56-03 工单准备	56-03-01	能够正确解读工单任务要求
		56-03-02	根据任务要求合理安排相关工作的时间和计划

(续表)

工作项目/ 职业素养		工作任务/ 职业素养分类		工作能力	
56	装配准备（模具装调工程师）	56-04	物料准备	56-04-01	能基于现实情况与相关部门有效沟通领料清单等
				56-04-02	能辨认装配物料清单的物料编码、名称、描述、类型、品牌等
				56-04-03	能解读装配物料清单如BOM表等并判断物料是否齐全
				56-04-04	根据物料清单需求的数量及类型，领用装配物料
				56-04-05	熟悉使用转运工具如手动叉车、手推车等
				56-04-06	根据物料用途、性能，整理归类领用的装配物料
				56-04-07	对物料的放置位置或区域做好安全标识
57	基本作业（模具装调工程师）	57-01	设备操作	57-01-01	能复述公司设备安全规章制度
				57-01-02	能复述公司设备的基本操作流程和要求
				57-01-03	能运用公司设备的各种系统及功能模块
				57-01-04	能运用模具设备模具装夹工具和装模定位标准
				57-01-05	能熟知设备点检内容和注意事项
				57-01-06	能熟知设备紧急停止操作和紧急故障联络体制
		57-02	常用工具运用	57-02-01	熟知打磨笔机作业操作手册
				57-02-02	能正确使用打磨笔作业进行打磨操作
				57-02-03	熟悉工具维护、保养的方法
		57-03	熟悉模具的成型工艺	57-03-01	识别模具各工序基本作用
				57-03-02	识别模具结构零件的作用
				57-03-03	掌握模具部品组装流程
				57-03-04	能识别图纸，并选择正确的模具零件
				57-03-05	模具零件组装时，能正确选择所需要备品，如导板运用螺栓大小长度等
				57-03-06	能正确选择模具零件组装所需工具，如拔销器、六角扳手等
				57-03-07	掌握模具零件组装基准要求
		57-04	识别零件图	57-04-01	能识读零件的零件图
				57-04-02	能够识读图纸中的尺寸、公差等符号和技术要求
				57-04-03	能够对组装时间进行估算

(续表)

工作项目/ 职业素养	工作任务/ 职业素养分类		工作能力	
57 基本作业（模具装调工程师）	57-05	识别装配图	57-05-01	能识读模具的装配图
			57-05-02	能够识读图纸中的尺寸、公差等符号和技术要求
			57-05-03	能够对组装时间进行估算
	57-06	模具打磨	57-06-01	倒角如C角/R角等
			57-06-02	一般组装面、PL面打磨研配，如耐磨板、镶件等
			57-06-03	模具组装干涉区域进行打磨避空，如镶件/滑块干涉等
	57-07	模具拆装	57-07-01	熟知模具拆装流程
			57-07-02	复述模具拆装顺序和注意事项
			57-07-03	熟知公差、配合、装配组立等要求及规范
			57-07-04	能正确选用模具拆装工具
			57-07-05	熟知模具导向的基准和要求
			57-07-06	能根据模具拆卸作业流程书并对模具拆卸位置再次确认，如是否遗物在模具内，造成起吊时破损等
			57-07-07	能根据模具组装作业流程书检验组装后是否有部品漏装或未组装完成，如防止人员安全、模具破损等
58 特殊作业（模具装调工程师）	58-01	焊接	58-01-01	持有国家认可焊接证件
			58-01-02	熟悉焊接设备点检内容和注意事项
			58-01-03	能正确进行设备操作
			58-01-04	能识别、区分模具材料并正确使用合适的焊条
			58-01-05	正确运用设备进行焊接前预处理，如倒角、挖槽、热处理等
			58-01-06	遵守焊接区域的安全条例并能正确使用消防器材，如消防栓、防护板等
			58-01-07	能对设备进行日常的点检维护
	58-02	热处理	58-02-01	持有国家认可的热切割证件
			58-02-02	熟悉设备点检内容和注意事项
			58-02-03	能正确操作热处理设备
			58-02-04	正确运用设备进行热处理，如刀口淬火：HRC50°以上等

(续表)

工作项目/ 职业素养		工作任务/ 职业素养分类		工作能力	
58	特殊作业（模具装调工程师）	58-02	热处理	58-02-05	能根据材料特性和要求选择正确的热处理工艺
				58-02-06	遵守热处理区域的安全条例并能正确使用消防器材，如消防栓、防护板等
				58-02-07	能对设备进行日常的点检维护
		58-03	天车作业	58-03-01	持有国家认可的天车证件
				58-03-02	熟知设备操作内容和模具起吊安装标准
				58-03-03	遵守天车安全操作守则和配合辅助人员指挥
				58-03-04	操作前，对周边环境进行安全确认和排查
				58-03-05	能对设备进行日常的点检维护
59	调试研配（模具装调工程师）	59-01	形状面抛光	59-01-01	识别模具各区域的功能
				59-01-02	熟知模具各功能面图纸设定要求
				59-01-03	正确选择运用油石对形状管理面进行抛光
		59-02	拉深模调试	59-02-01	熟知拉深模组装在合模机/冲压机上的安装标准
				59-02-02	掌握对拉深模导向调整
				59-02-03	掌握对拉深筋的间隙要求和调整
				59-02-04	掌握材料成型特性并进行调整
				59-02-05	掌握对拉深模形状研配
		59-03	裁剪	59-03-01	熟知修边需组装在合模机/冲压机上的安装标准
				59-03-02	掌握对修边序导向/导柱调整
				59-03-03	掌握对修边刀口的间隙要求
				59-03-04	掌握对修边刀口在合模机上研配要求
				59-03-05	掌握对修边模在冲压机管理面研配要求
		59-04	翻边/整形序调试	59-04-01	熟知翻边边需组装在合模机/冲压机上的研配要求
				59-04-02	掌握对翻边/整形序导向/导柱调整
				59-04-03	熟知对翻边/整形的间隙要求
				59-04-04	掌握对翻边/整形在合模机上研配要求
				59-04-05	掌握对翻边/整形在冲压机管理面研配要求

(续表)

工作项目/职业素养		工作任务/职业素养分类		工作能力
59	调试研配（模具装调工程师）	59-05	冲孔序	59-05-01 熟知冲孔需组装在合模机/冲压机上的安装标准
				59-05-02 掌握对冲孔序导向/导柱调整
				59-05-03 熟知对冲孔的间隙要求
				59-05-04 掌握对冲孔在合模机上研配要求
				59-05-05 掌握对冲孔模在冲压机管理面研配要求
		59-06	塑料模具	59-06-01 熟知塑料模组装在合模机上的安装标准
				59-06-02 掌握对塑料模研合调整
				59-06-03 根据图纸正确调整塑料模的间隙
				59-06-04 掌握材料成型特性并进行调整
				59-06-05 能正确研配顶出机构
				59-06-06 能根据图纸正确组装温度控制系统，如热流道、冷却系统等
				59-06-07 能根据图纸正确组装油缸机构
				59-06-08 根据材料特性对分模线进行调整
60	产品检证（模具装调工程师）	60-01	产品品质检证	60-01-01 熟练使用基本测量工具，如卡尺、直尺、三角尺等
				60-01-02 熟悉各阶段品质基准和安装标准
				60-01-03 熟知产品放置在检具上的定位基准
				60-01-04 熟知产品精度基准/要求
				60-01-05 能正确使用检具对零件进行基本测量
				60-01-06 能判断产品精度和外观是否合格
		60-02	产品不良检证	60-02-01 熟知产品不良发生原因
				60-02-02 能解析产品不良发生环节、原因和对策如模具/成形分析等
				60-02-03 能在检具上解析精度改修对策
				60-02-04 能针对解析内容在模具上进行改修、调试
				60-02-05 能对产品改修结果进行时间估算和制订日程计划

(续表)

工作项目/ 职业素养		工作任务/ 职业素养分类		工作能力	
61	现场管理（模具装调工程师）	61-01	模具计划	61-01-01	能对模具制作周期进行估算判断
				61-01-02	能对模具各阶段制作安装标准计划调整
				61-01-03	能对现场每月/每周设备进行管理
				61-01-04	能够对现场制作人员计划调配
				61-01-05	能够掌握现场模具制作状况进行作业调配
				61-01-06	能够对模具不良改修内容和时间进行估算判断
		61-02	管理	61-02-01	人员考勤管理
				61-02-02	根据模具制作不同，进行人员调配管理
				61-02-03	人员月度/年度考核
				61-02-04	人员工具匹配管理
				61-02-05	人员安全/劳保用品监督
				61-02-06	定期/定时现场5S管理和检查
				61-02-07	周次/月次进度报告
				61-02-08	现场改善推进管理
62	人际交往（职业素养）	62-01	沟通交流	62-01-01	注重商务礼仪
				62-01-02	具备良好的服务意识
				62-01-03	具备良好的倾听技巧
				62-01-04	会运用行业术语进行交流
				62-01-05	具备良好的沟通能力，善于发现问题，表达清晰
				62-01-06	能根据情境进行分析判断，及时将信息反馈给相关人员
				62-01-07	能清晰准确地汇报工作或明确地下达工作任务
				62-01-08	能通过询问和积极聆听取得、捕获有效信息
				62-01-09	遇到问题及时反馈
				62-01-10	能通过书面形式交流分享信息
				62-01-11	能运用现代多媒体技术演示自己的观点和思想
				62-01-12	具备良好的方案、设计、总结、汇报等材料的编写能力

(续表)

工作项目/ 职业素养		工作任务/ 职业素养分类		工作能力
62	人际交往 （职业素养）	62-02	团队合作	
				62-02-01　遵从团队要求，完成团队任务
				62-02-02　服从安排
				62-02-03　有大局观
				62-02-04　懂得聆听和理解
				62-02-05　能与上下级、同事和睦相处
				62-02-06　懂得履行作为团队成员的职责
				62-02-07　确定团队工作的统一目标
				62-02-08　能协调团队内部的工作进度
				62-02-09　具有合作精神和集体荣耀感
				62-02-10　尊重同行、尊重自己
63	思辨能力 （职业素养）	63-01	革新创新	
				63-01-01　关注行业新的发展动态
				63-01-02　改善原有的工作方式，如工具、方法等，提高效率
				63-01-03　具有评判性思维
				63-01-04　具有发散性的思维能力
				63-01-05　具备与时俱进多元价值观
				63-01-06　积极发表改进意见，解决问题思路清晰，有革新意识
				63-01-07　善于思考问题、发现问题、解决问题
		63-02	思维与判断	
				63-02-01　能针对问题进行思考并提出有效解决方案
				63-02-02　能根据某主题需要收集资料信息
				63-02-03　具有自我评价和自我反思的能力
				63-02-04　具有对事物发展趋势的明辨能力
				63-02-05　能针对意外事件和情况进行有效评估和调整工作计划
64	主动意识 （职业素养）	64-01	自主学习	
				64-01-01　主动参加专业知识学习与业务培训
				64-01-02　具备通过网络、书籍、会议、培训机构等途径自主学习能力
				64-01-03　学习新技术、新标准、新知识
				64-01-04　能通过模仿提升自我
				64-01-05　具备独立思考能力，进行工作反思
				64-01-06　创造合适的学习环境
				64-01-07　合理安排工作与学习

(续表)

工作项目/ 职业素养		工作任务/ 职业素养分类		工作能力	
64	主动意识（职业素养）	64-01	自主学习	64-01-08	主动积极学习的心态
				64-01-09	选择合适的学习方法
		64-02	问题解决	64-02-01	能主动发现问题
				64-02-02	能识别问题的影响程度
				64-02-03	有分析问题能力
				64-02-04	利用搜索引擎解决问题
				64-02-05	具有举一反三的能力
				64-02-06	能协调各方资源来解决问题
				64-02-07	具备突发事件的处理能力，能将处理的问题及时反馈问题
				64-02-08	形成解决问题的思路
65	通用常识应用（职业素养）	65-01	数学应用	65-01-01	具备良好的数字逻辑推理判断
				65-01-02	掌握常用公式如单位换算、加减乘除
				65-01-03	使用EXCEL进行数据统计如汇总、函数、透视表
		65-02	外语应用	65-02-01	读懂行业的专业英语术语及缩写
				65-02-02	要有基本的英语水平
		65-03	信息处理	65-03-01	对信息有敏锐的触觉，捕捉热点话题
				65-03-02	会使用电子通讯进行信息交流
				65-03-03	保密客户信息
				65-03-04	具备信息推理与分析的能力
				65-03-05	会使用常用办公软件进行信息处理
				65-03-06	能通过文本、图表、视听等不同渠道采集、解读、展示数据信息
				65-03-07	具备从海量数据中归纳总结有用信息的能力
				65-03-08	能快速对信息进行甄别和提取
				65-03-09	能使用办公软件进行文档、表单和演示文稿的制作与打印
				65-03-10	及时共享、反馈信息
66	个人规划（职业素养）	66-01	职业生涯规划与发展	66-01-01	有进取心
				66-01-02	了解自己的优势和劣势
				66-01-03	具有清晰的职业规划
				66-01-04	养成良好的学习习惯和方法

(续表)

工作项目/ 职业素养	工作任务/ 职业素养分类		工作能力	
66 个人规划 （职业素养）	66-01	职业生涯规划与发展	66-01-05	能根据岗位需要不断完善知识和能力结构
			66-01-06	展示出能履行岗位工作职责的能力和相应体能
			66-01-07	能根据企业或单位的发展趋势，适时地调整自己的角色与地位，并明确相应的权利、义务和责任
	66-02	心理素质	66-02-01	具有管理情绪的能力
			66-02-02	能适应快节奏的工作状态
			66-02-03	具有抗压能力
			66-02-04	掌握自我调适的方法与技巧
			66-02-05	具有奉献精神
			66-02-06	能沉着冷静地处理日常工作
	66-03	身体素质	66-03-01	能胜任工作，保持充沛精力
			66-03-02	合作安排时间，坚持锻炼身体
67 责任意识 （职业素养）	67-01	安全意识	67-01-01	遵守行业规则，保证公正性
			67-01-02	严格遵守公司的保密协议
			67-01-03	清晰领悟上级指令，及时按质完成任务
			67-01-04	制定应急处理预案，及时反馈、报告突发事件
			67-01-05	能主动提出合理化建议，解决工作中遇到的问题
			67-01-06	会运用法律来保护自己
			67-01-07	随时要有危机感，要有安全风险意识和应对措施
			67-01-08	能描述所在组织的安全和健康的要求和规定
			67-01-09	能识别工作场所的安全标志和危险源
			67-01-10	能描述发生意外情况时的应急方案
			67-01-11	能描述工作场所职业病危害和预防措施
			67-01-12	会使用防护工具
			67-01-13	注意消防安全
	67-02	时间管理	67-02-01	有时间观念、效率意识，能有效进行时间管理，做到日事日毕
			67-02-02	执行时间计划
			67-02-03	尊重他人时间
			67-02-04	能合理制定工作时间计划
	67-03	职场执行力	67-03-01	能准确、有效地进行任务分解
			67-03-02	能及时、高效地完成工作任务

第7章 技术技能人才供给典型案例

7.1 智能制造类国际化复合型人才培养

7.1.1 双元制校企合作方案

7.1.1.1 国家政策导向：双高建设，国际合作

（1）集中力量建设50所左右高水平高职学校和150个左右高水平专业群，引领新时代职业教育实现高质量发展。

（2）在借鉴"双元制"等办学模式、引进国外优质职业教育资源方面取得政策突破，鼓励有条件的国内职业院校与企业携手参与国际产能合作。

（3）鼓励引进国（境）外优质职业教育机构来华合作办学，促进国际经验的本土化、再创新；遴选300所左右省域高水平高职学校和600个左右高水平专业群。

（4）提升中外合作办学水平，办好一批示范性中外合作办学机构和项目；支持行业组织、龙头企业参与制定标准。

7.1.1.2 政策环境：产业发展对人才的需求

（1）到2025年，广东将打造总量超过1350万人的制造业人才队伍，初步构建起与广东制造业高质量发展相适应、具有国际竞争比较优势的人才发展制度体系。

（2）加强高校、职业院校、技工院校等制造业数字化领域相关学科和专业建设，推进产教融合、校企合作，培养制造业数字化专业人才。

（3）未来3年至5年内，粤港澳大湾区内地9市的企业对技能人才的需求最大，占需求总量的近五成，为47.32%，其次为专业技术人才，需求占比为33.4%。

（4）要持续优化产教融合人才培养机制，推进产教融合，支持校企合作，发动企业与高校共建产业学院、职业技术学院和实训基地，深度参与职业教育改革，完善产业人才培养机制，并进一步支持人才职业技能提升。

7.1.1.3 本项目主要目标与意义

（1）项目主要目标

根据国家有关职业教育提质培优及扩大新时代教育对外开放的意见，结合企业发展对人才培养的需求，佛山职业技术学院智能制造学院拟借鉴德国双元制高等教育的办学模式，将德国双元制高等教育课程设置经验与学校专业建设相融合，促进国际经验的本土化、再创新；打造中国特色的双元制高等教育课程模式，与企业携手打造中国职业教育的特色，并将其进行辐射和推广，继而产生国际影响。

（2）项目对学校的意义

创新高等职业教育人才培养模式，提质培优，服务双高建设；借鉴国内外经验，将学生到企业的实习内容模块化、体系化、一体化；建设双师型教师队伍及企业培训师队伍，服务校企深度合作，促进中外学生双向互动交流，服务粤港澳大湾区产能对外输出。

（3）项目对合作企业的帮助

①提前挑选优秀学生。理论与实践交替进行，学生可全程了解企业的运作过程，参与企业生产项目，与企业客户保持持续联络，并运用专业知识解决企业相关问题。

②精准培养人才。企业可挑选有学习动力、受过良好教育的青年才俊，并将其培养成为企业的一线生产技术人员及售后技术服务人员。

③降低招聘成本。学生毕业后留在合作企业的比例高，且从学校到企业正式上岗无缝对接，节省岗前适应性培训时间。

④校企联动培养储备干部，培养过程全程享受学校的指导与陪伴，通过学校平台构建区域合作平台，合作企业免费参加学校的学术与专业讲座。

（4）项目对学生的吸引力

明确的职业规划帮助其提升学习动力，在实习企业提前学习如何融入社会，学习期间获得工作经验，就业有保障。在正常学习年限内，实际投入与实际收获相比，有比较优势，学习期间有收入。

7.1.1.4　校企合作角色划分

（1）佛山职业技术学院

组建专家团队，指导专业课程设置，进行合作项目宣传；挑选优秀的学员组成双元制班，为双元制班制定专门教学与质量管理计划；为课程开发、师资培训、项目管理提供经费支持。

（2）合作企业

根据企业发展需要提出拟接受的学生人数及其专业，制定学生在企业阶段的实习指导性框架计划，并指定专人负责；面试挑选实验班学员，并送派实习指导负责人参加培训；按月支付实习学生一定的生活补助。

（3）德国赋优教育集团

提供德国双元制高等教育校企课程设置与管理经验模式咨询服务，参照德国标准为教师及企业实习指导负责人提供相关培训；配合开展相关项目的课题研究，为学校及企业的国际化发展提供培训与路径支持。

7.1.1.5　本项目预期目标

本项目在调研和论证的基础上，以高等职业教育的类型化发展及国家对职业教育提质培优的要求为指导，借鉴国内、国外校企合作课程建设的经验，以机电类专业群为依托，将该项目建设成为具有先进教育理念和教学观念，操作性强，具有示范性的高等职业教育的课程改革与实践。项目建成后，预期效益如下。

（1）创新高等职业教育人才培养模式，服务双高建设

高等职业教育类型化发展目前在人才培养模式方面还处于探索阶段。该项目可为模式建设创出一条新路，更好地调动学生的学习积极性，更好地将企业的实习培训规范化并将其有机融入高职的专业课程体系，从而提高高等职业教育的人才培养效率与质量。该模式一方面重视高等职业教育的"高"，强调专业理论知识与专业能力的深度与广度，保证教育中立性；另一方面重视职业教育的实践导向，强调专业经验，缩短学生适应社会所需的时间，为企业培养精准定位的人才，减轻社会整体人力资源投入压力。

（2）借鉴国内外经验，修订学校课程，开发企业课程

在加强对行业充分调研及对高职双高办学要求认识的基础上，对专业课程进行修订，重视符合高职层次专业知识与专业能力的传授与教学效果。联合企业专业人士，参照专业教学计划的进度安排，开发以企业工作过程为导向的实训课程，并将其纳入专业教学计划安排。依托地方产业优势，推进机电类专业课程的内涵建设，以点带面，打造学校理论课程与企业实训课程示范性结合模式，提升专业教学水平和社会服务能力，形成省内外同类课程改革的领先优势。

（3）打造企业实习实训基地

从规模性企业入手，打造专业学生实习实训基地，服务职业导向教育与双元制联合培养。借助企业实训课程的开发，让职业导向教育与双元制联合培养落到实处。以实习实训基地为基础，拓宽校企合作的内容。

（4）建设双师型教师队伍及企业培训师队伍

开展教师培训，帮助教师认识双元制高等教育的发展趋势与质量要求。通过建设双元制高等教育课程形成的稳定校企合作关系，安排教师赴企业交流、体验，提升教师对企业与行业发展现状的认识，从而提升其教学能力。开展企业工业大师（培训师）培训，帮助企业培养一批有专业能力、有教学指导能力的骨干。

（5）促进中外学生双向互动交流，服务粤港澳大湾区产能对外输出

双元制高等教育模式建立后，将对接国外提供同类型教育的高校，加强学生间的国际交流。通过学校间的国际合作网络或通过企业的国外合作网络，服务教育国际化与企业国际化战略。

7.1.2 企业人才需求、岗位晋升逻辑及实训模块计划

7.1.2.1 科达制造股份有限公司简介

科达制造股份有限公司创建于1992年，于2002年在上海证券交易所上市（股票代码：600499），主营业务为陶瓷机械、墙材机械、石材机械等建材机械和海外建筑陶瓷的生产及销售，战略投资以蓝科锂业为载体的锂电材料业务为主，同时设有节能环保设备、液压泵、智慧能源等培育业务。公司旗下有海内外60余家分公司，10余个生产基地，10 000余名员工，拥有科达（KEDA）、恒力泰（HLT）、德力泰（DLT）、唯高（Welko）、特福（Twyford）、新铭丰（SureMaker）等行业知名品牌，业务遍及印度、孟

加拉国、巴基斯坦、东南亚、非洲、欧洲、南北美洲等60多个国家和地区,并在印度、越南、马来西亚、印度尼西亚、孟加拉国、阿拉伯联合酋长国、土耳其、西班牙、意大利9个国家设立了销售和服务网点。2021年,实现销售收入97.97亿元。

科达建材机械领域主要涵盖陶瓷机械、墙材机械、石材机械等,并提供EPC工程总承包管理服务和融资租赁业务。陶瓷整厂整线工程主要为陶瓷企业"量身定制"整厂解决方案,提供的服务包括:整厂规划、产品设计、设备制造、安装调试、售后服务等,在中国各大陶瓷产区已占有较大市场份额,并出口东南亚、中东、南美洲、非洲等地区,赢得了国际陶瓷界的认可。海外建筑陶瓷业务是公司响应国家"一带一路"倡议,结合自身优势向下游建筑陶瓷行业的延伸,2015年底在非洲投资、建设、运营建筑陶瓷工厂。目前已经在非洲的肯尼亚、加纳、坦桑尼亚、塞内加尔、赞比亚5个国家建立建筑陶瓷生产基地,投产12条生产线,2021年实现销售收入23.45亿元。锂电材料领域主要是通过核心工艺装备创新,致力于研发及生产高性能、低成本的锂离子电池负极材料,推动"人造石墨—硅基负极材料—钛酸锂负极材料"核心三环,打造技术导向、成本占优、机制与平台吸引力突出的负极材料一线企业。

科达提出未来"四化"战略,即全球化,着眼国外市场,将传统制造业推出中国大门,推动资本、产能及服务的国际合作;年轻化,队伍心态年轻化,保持进取激情,培养梯队人才,保持组织活力;服务化,加强企业服务管理,由制造型向服务型快速转变;信息化,积极拥抱"互联网+",加强企业信息化建设,打造信息化企业。在战略规划上,划分以下市场重点:

(1)国内建材机械市场。把握陶机发展机遇,保持高质量发展,推进下游建筑陶瓷行业智能化、绿色化的转型升级,在压机、抛磨设备、窑炉市占率领先的同时,探索铝型材挤压机、锂电窑炉等跨行业应用,开拓建材机械业务全新增长点。

(2)欧美高端市场。一方面加强与意大利的资源整合,充分发挥双方协同效应,完善"中国制式""意大利制式""中意制式"的产品结构,另一方面将通过优势产品挺进、建立意大利样板工厂及高性价比的设备使用成本,提升在欧美市场的口碑及影响力。

(3)非洲市场。公司将继续推进非洲国家陶瓷厂的建设,保持海外建筑陶瓷业务的快速增长,通过样板工程带动公司建材机械的出口。针对海外成熟市场,公司将加强本土化营销网络、管理团队及供应链的整合,加速实现本土化运营。

7.1.2.2 科达的人才需求与人才晋升渠道

(1)人才需求(表7-1)

表7-1 科达人才需求表

所属公司	部门	培养岗位	需求专业
科达机电公司	生产部	发货主管储备	物流管理/机械
		智能设备操作储备	数控类
		机修储备	机械类
	项目实施一部	电气安装	电气类
	项目实施二部	电气安装	电气类
		三包管理储备	机械设计/机电一体化
科达液压公司	制造部	数控操作	数控类
深加工机械事业部	客户服务部	服务工程师	机电一体化（偏电气）
	生产部	钳工	机械类
		电工	电气类
石材机械事业部	生产物控部	钳工	机械类
配件服务事业部	项目服务部	服务工程师（偏电方向）	电气类
	销售支持部	销售支持	机械、机电一体化
	生产部	钳工	机械类
		电工	电气类
成型机械事业部	生产计划部	数控操作	数控类
		钳工	机械类
生产中心	大件车间	数控操作	数控类
		生产管理	机械类
包装机械事业部	生产部	电工/钳工/计划员	机电一体化
	客户服务部	服务工程师	电气类
智能仓储事业部	客户服务部	服务工程师	机电一体化（偏电气）
	生产部	钳工	机械类
		电工	电气类

（2）人才晋升渠道

①专业晋升通道（图7-1、图7-2）

职等	M类（管理通道）职级		P类（专业通道）职级		O类（操作通道）职级	
21	M7	A				
20		B				
19	M6	A				
18		B				
17	M5	A	P6	A		
		B		B		
16		C	P5	A		
		D		B		
15	M4	A		C		
		B		D		
14		C	P4	A		
		D		B		
13	M3	A		C		
		B		D		
12		C	P3	A		
		D		B		
11	M2	A		C		
		B		D		
10		C	P2	A	O5	A
		D		B		B
9	M1	A		C		C
		B		D		D
8		C	P1	A	O4	A
		D		B		B
7				C		C
				D		D
6					O3	A
						B
5						C
						D
4					O2	A
						B
3						C
						D
2					O1	A
1						B

图7-1 MPO职类职级表

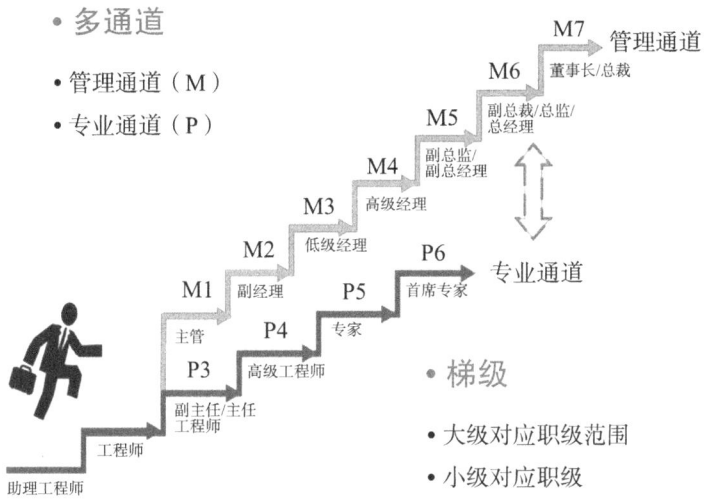

图7-2　专业晋升示意图

②岗位晋升通道（图7-3、图7-4）

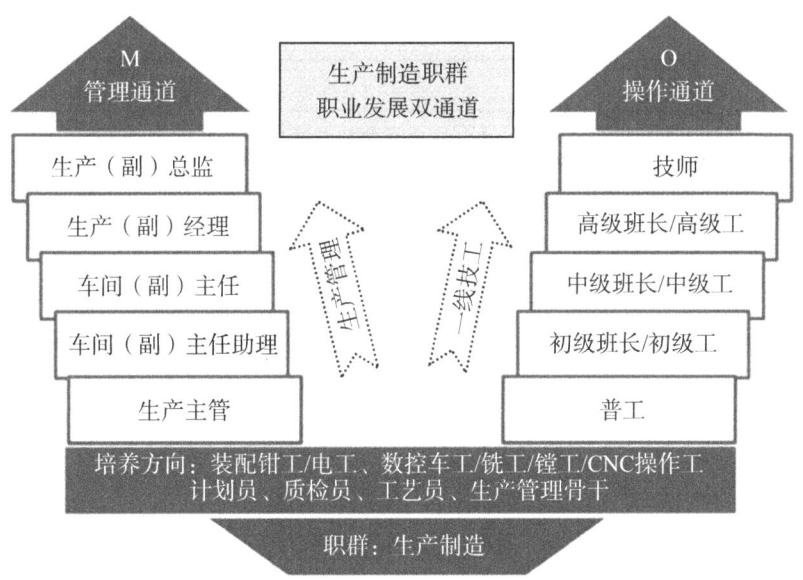

图7-3　生产制造职群职业发展双通道

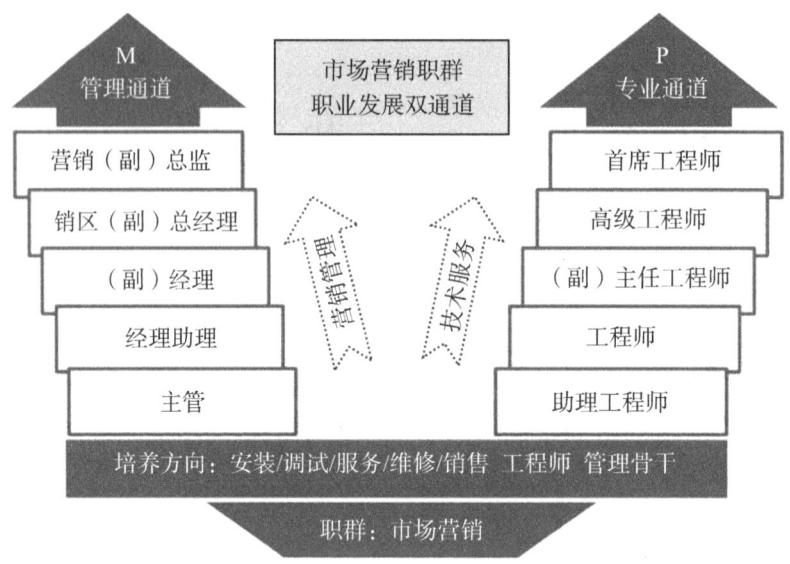

图7-4 市场营销职群职业发展双通道

7.1.2.3 实训模块

根据佛山职业技术学院人才培养方案、科达人才需求及员工专业与岗位晋升逻辑，确定佛职—科达班学员未来就业方向为生产管理与海外服务，为了更好进行人才培养，本文提供4个佛山职业技术学院科达国际工匠班实训课程模块的案例（详见附录1～附录4），并为学员制定如下实训计划。

（1）第一、二阶段（表7-2）

表7-2 实训计划表（第一、二阶段）

组别	实习部门	实习内容
1	深加工机械事业部（装配钳工）	● 安全教育与车间环境认知 ● 268磨头装配 ● 356磨头装配压梁装置 ● 齿轮箱装配 ● 沟通与演示技巧
2	石材机械事业部	● 安全教育与车间环境认知 ● 磨头下部部件装配 ● 磨头上部装配 ● 设计图纸观察 ● 沟通与演示技巧
3	成型机械事业部	● 安全教育与车间环境认知，认识物料、工具、部件 ● 打磨刮毛刺、部件清洗、吊运清洗 ● 装配同步器、增压缸、阀组、复合顶出、泵站 ● 总装装配磨钻头 ● 研磨充液阀 ● 沟通与演示技巧

(续表)

组别	实习部门	实习内容
4	质量检测	• 安全教育与车间环境认知 • 识材 • 认识及使用量具绘制图纸 • 检验报告 • 沟通与演示技巧
5	制造中心机加工	• 安全教育与车间环境认知 • 普车基本操作 • 定点、划线 • 钻床的基本操作 • 数控车床的基本操作及工件装夹方法 • 沟通与演示技巧

（2）第三阶段（表7-3）

表7-3 实训计划表（第三阶段）

组别	实习部门	实习内容
1	深加工机械事业部 （装配钳工）	• 安全教育与车间环境认知 • 产品的研发、采购、生产、销售 • 管理与计划工具 • 沟通与演示技巧
2	石材机械事业部	• 安全教育与车间环境认知 • 检验流程卡作业流程书现场调度数字化工具 • 沟通与演示技巧
3	成型机械事业部	• 安全教育与车间环境认知 • 工艺流程检验流程生产计划 • 数字化工具 • 沟通与演示技巧
4	质量检测	• 安全教育与车间环境认知 • 性能与测绘检验报告 • 质量检测与管控 • 沟通与演示技巧
5	制造中心机加工	• 安全教育与车间环境认知 • 操机 • 生产计划 • 质量管理

（3）第四阶段

学生与企业双向选择，学生进入生产管理及海外服务部门顶岗融入，作为生产管理与海外服务工程师，进入装备现场、客服现场、生产中心、供应商公司，参与实际项目工作。

7.1.2.4 联合培养地点

顺德基地：广隆（总部）、仙涌、大都、伦教厂区。三水基地：恒力泰厂区、德力泰厂区。

7.1.3 双元制人才培养一体化框架方案

从功能上来说，双元制是一种课程设置与教学模式，是课程目标的实现途径之一。或者说，双元制不改变基本的专业设置目标，而是为了更好地帮助实现课程目标。

7.1.3.1 佛职机械设计与制造专业"校企双元、工学结合"人才培养方案

（1）培养目标

培养思想政治坚定、德技并修、全面发展，适应地方经济社会发展需要，具有一定科学文化水平、良好的人文素养、职业道德和创新意识，精益求精的工匠精神，较强的就业能力和可持续发展的能力；掌握机械设计与制造专业知识和技术技能，面向装备制造行业的通用设备制造业、专用设备制造业等技术领域，能够从事机械产品设计与加工、数控编程、工艺和工装夹具设计、增材制造、机械产品质量检测及技术服务等工作领域的高素质劳动者和技术技能人才。

（2）培养规格

本专业毕业生应在知识、能力和素质等方面达到以下要求：

①知识：

a. 掌握必备的思想政治理论、科学文化基础知识和中华优秀传统文化知识；

b. 熟悉与本专业相关的法律法规以及文明生产、环境保护、消防安全等知识；

c. 掌握机械制图、公差配合基础理论和基本知识；

d. 掌握工程力学知识、典型机械零部件结构特点及其数字化设计计算知识和数字化选型的方法；

e. 掌握普通机床和数控机床加工制造工艺、工装夹具设计基本原理；

f. 掌握现代机械零部件加工制造、检测和机械产品装配基本方法和原理；

g. 掌握电工、液压气动、PLC控制的基本知识；

h. 掌握逆向工程与3D打印的基本知识；

i. 了解智能制造基本流程和原理；

j. 了解最新发布的机械设计与制造相关国家标准和国际标准。

②能力：

a. 能够识读和绘制各类机械零件图和装配图；

b. 能够熟练使用一种三维机械设计软件并进行机械设备及其有关零件产品的数字化选型与设计；

c. 能够进行典型机械零件工装夹具设计；

d. 能够进行机械制造工艺编制与工艺优化；

e. 能够依据操作规范，对现代智能设备（如：高端数控机床、工业机器人和自动化生产线）进行操作使用和系统维护；

f. 能够进行机械零部件的数控加工编程、加工制造和机械产品装配；

g. 能够对机械零部件加工质量进行检测、处理和分析；

h. 能够熟练进行口语和书面的表达与交流，能够使用工程语言（图纸）与专业人员进行有效的沟通交流；

i. 具有本专业需要的信息技术应用能力；

j. 具有探究学习和终身学习的能力。

③素质：

a. 具有正确的世界观、人生观、价值观。坚定拥护中国共产党领导，树立中国特色社会主义共同理想，践行社会主义核心价值观，具有深厚的爱国情感和中华民族自豪感；崇尚宪法、遵守法律、遵规守纪；具有社会责任感和社会参与意识。

b. 具有良好的职业道德和职业素养。遵守、履行道德准则和行为规范，崇德向善、诚实守信、尊重劳动、爱岗敬业、知行合一；具有精益求精的工匠精神，具有质量意识、环保意识、安全意识、创新意识和信息素养；具有较强的集体意识和团队合作精神，能够理解企业战略，适应企业文化，保守商业机密；具有职业生涯规划意识。

c. 具有良好的身心素质和人文素养。达到《国家学生体质健康标准》，具有健康的体魄、心理和健全的人格，养成良好的健身与卫生习惯；具有良好的行为习惯和自我管理能力；对工作、学习、生活中出现的挫折和压力，能够进行心理调适和情绪管理；具有一定的审美和人文素养。

d. 从课堂教育、实践教育以及环境教育三个方面开展立德树人教育。课堂教育包括思想政治课程、入党积极分子培训班、党建培训班等课程，邀请党员干部、教学名师对学生进行系统化、理论化的讲解。相关专业课融入立德树人的教学内容，教师和技能大师通过发挥示范作用、榜样作用引导学生树立正确的价值观。通过第二课堂，校、院团委组织开展一些与"正能量""社会主义核心价值观"等相关的思想道德教育实践活动，包括社会调查活动、志愿服务活动、社区帮扶活动等，让学生在实践活动中了解社会，在活动中获得自己的体会与感悟。良好的校园环境或人文氛围是影响学生思想道德素质发展的关键因素，需要从校园文化、学院文化建设的角度，培育良好的思想氛围，引导积极的价值观在校园传播。

（3）专业主要方向（表7-4）

表7-4 专业主要方向

所属专业大类（代码）	所属专业类（代码）	对应行业（代码）	主要岗位类别（或技术领域）	职业资格证书或技能等级证书举例
装备制造大类（46）	机械设计制造类（4601）	通用设备制造业（34）专用设备制造业（35）电气机械和器材制造业（38）金属制品、机械和设备修理业（43）	机械设计工程技术人员 机械制造工程技术人员 机械产品质量检测	三维应用工程师中级 车床、铣床操作工中级、高级 电工中级、高级

(4)教学与实习安排（表7-5）

表7-5 德国双元制模式课程设置与教学进程安排表（国际工匠班）

课程性质	课程名称	课程类型	考核学期	学分	计划学时			学期周学时及周数分配						考核评价方式	对应岗位群	备注
					总学时	理论	实践	第三学期（校）1~10周	第三学期（企）11~20周	第四学期（企）1~10周	第四学期（校）11~20周	第五学期（校）1~10周	第五学期（企）11~20周	第六学期（企）16周			
专业基础	机械设计基础	理论+实践	3	2	36	20	16	4*9周							考试	数控加工、生产管理、质量检测、服务工程师	
	CAD技术（NX）	理论+实践	3	3	54	26	28	6*9周							考查	数控加工、生产管理、质量检测、服务工程师	
	企业文化与安全教育	实践	3	1	24	0	24		1周						考查	数控加工、生产管理、质量检测、服务工程师	增加
	机械设计实训（钳工）	实践	3	2	48	0	48		1周						考查	数控加工、生产管理、质量检测、服务工程师	增加
	CAD技术（NX）制图实训	实践	3	2	48	0	48		2周						考查	数控加工、生产管理、质量检测、服务工程师	

(续表)

课程性质	课程名称	课程类型	考核学期	学分	计划学时			学期周学时及周数分配							考核评价方式	对应岗位群	备注
					总学时	理论	实践	第三学期（校）1~10周	第三学期（企）11~20周	第四学期（企）1~10周	第四学期（校）11~20周	第五学期（校）1~10周	第五学期（企）11~20周	第六学期（企）16周			
专业课	液压与气压传动	理论+实践	3	2	36	20	16	4*9周							考查	数控加工、生产管理、质量检测、服务工程师	
	数控加工工艺及编程	理论+实践	3	2	36	20	18	4*9周							考查	数控加工、生产管理、质量检测、服务工程师	
	数控机床操作实训	实践	3	6	144	0	144		6周（车铣）						考查	数控加工	增加
	数控机床操作实训	实践	3	2	48	0	48		4周（车铣）						考查	质量检测	增加
	电子线路CAD技术	实践	3	2	48	0	48		4周						考查	生产管理、服务工程师	增加
	陶瓷机械图识图1	实践	3	2	48	0	48		2周						考查	生产管理、质量检测、服务工程师	增加
	陶瓷机械图识图2	实践	4	3	72	0	72			3周					考查	数控加工、生产管理、质量检测、服务工程师	增加

（续表）

课程性质	课程名称	课程类型	考核学期	学分	计划学时			学期周学时及周数分配							考核评价方式	对应岗位群	备注
					总学时	理论	实践	第三学期（校）1~10周	第三学期（企）11~20周	第四学期（校）1~10周	第四学期（企）11~20周	第五学期（校）1~10周	第五学期（企）11~20周	第六学期（企）16周			
专业课	公差配合与测量技术实训	实践	4	2	48	0	48				2周				考查	数控加工、生产管理、服务工程师、质量检测	增加
	数控加工实训	实践	4	2	56	0	56				3周（刨磨）				考查	数控加工	增加
	装配钳工实训	实践	4	3	72	0	72				3周				考查	质量检测	增加
	陶瓷设备工装夹具安装与调试	实践	4	2	48	0	48				2周				考查	数控加工、生产管理、质量检测、服务工程师	增加
	陶瓷工程设备产品结构	实践	4	3	72	0	72				3周				考查	生产管理、服务工程师	增加
	NX自动编程与数控加工	理论+实践	4	3	54	30	24			6*9周					考查	数控加工、生产管理、质量检测、服务工程师	增加
	PLC应用技术	理论+实践	4	3	54	30	24			6*9周					考查	数控加工、生产管理、质量检测、服务工程师	增加

(续表)

课程性质	课程名称	课程类型	考核学期	学分	计划学时 总学时	计划学时 理论	计划学时 实践	第三学期(校) 1~10周	第三学期(企) 11~20周	第四学期(企) 1~10周	第四学期(校) 11~20周	第五学期(校) 1~10周	第五学期(企) 11~20周	第六学期(企) 16周	考核评价方式	对应岗位群	备注
专业课	精密检测技术	理论+实践	4	2	36	20	16				4*9周				考查	数控加工、生产管理、服务工程师	
	工装夹具设计	理论+实践	4	2	36	20	16				4*9周				考查	数控加工、生产管理、服务工程师	
	商务英语	理论+实践	4	2	36	20	16				4*9周				考试	数控加工、生产管理、服务工程师	增加
	机械产品数字化设计	理论+实践	5	3	54	30	24					11*4周			考查	数控加工、生产管理、服务工程师	
	管理沟通与技巧	理论+实践	5	2	36	32	4					7*4周			考试	数控加工、生产管理、服务工程师	增加
	毕业设计	实践	5	4	112	0	112					4周			考查	数控加工、生产管理、服务工程师	
	电工上岗证培训	实践	5	2	48	0	48					2周			考试	数控加工、生产管理、服务工程师	增加

(续表)

课程性质	课程名称	课程类型	考核学期	学分	总学时	理论	实践	第三学期(校) 1~10周	第三学期(企) 11~20周	第四学期(企) 1~10周	第四学期(校) 11~20周	第五学期(校) 1~10周	第五学期(企) 11~20周	第六学期(企) 16周	考核评价方式	对应岗位群	备注
专业课	数控设备调试与保养	实践	5	3	72	0	72						5周		考查	数控加工	增加
	产品检查技巧与检验报告	实践	5	3	72	0	72						5周		考查	质量检测	增加
	陶瓷工程设备安装与调试	实践	5	3	72	0	72						5周		考查	生产管理、服务工程师	增加
	企业精细化管理	实践	5	3	72	0	72						3周		考查	生产管理、服务工程师	增加
	企业6S管理与生产制度	实践	5	2	48	0	48						2周		考查	数控加工、生产管理、质量检测、服务工程师	
	加工工艺分析与编程制定	实践	5	3	72	0	72						3周		考查	数控加工、质量检测	
	顶岗实习	实践	6	16	448	0	448							16周		数控加工、生产管理、质量检测、服务工程师	

（5）佛山职业技术学院部分课程模块信息（表7-6）

表7-6 佛山职业技术学院部分课程模块信息表

课程	学时	课程内容	先修课程	后续课程
钳工实训	28	划线、锯割、锉削、钻孔、扩孔、锪孔、铰孔、攻丝、套丝、检测总结	机械制图	机械加工工艺、数控加工实训
金工实训	56	圆轴、锥度轴、平面铣削、检测总结	机械制图、制图测绘	机械加工工艺、数控加工工艺及编程、数控加工实训
精密检测技术	40	精密检测的基础；通用测量器具及使用方法；三坐标测量技术；极限与配合；几何公差；表面粗糙度及其检测	机械制图、机械CAD、公差配合与技术测量、机械制造基础	综合加工技能实训（多轴）、顶岗实习
企业生产现场管理	32	生产现场管理；生产计划体系的基础；原材料采购体系的基础；库存管理的基础；成本管理的基础；生产信息体系的基础；生产管理和其他部门之间的协作	钳工实训、金工实训	生产实习、顶岗实习
数控加工工艺及编程	52	数控车削加工工艺基础知识；数控车削加工刀具的选择；典型零件在数控车床上的装夹；典型零件数控车削加工工艺分析；数控车削加工编程基础知识；数控车削加工手工编程；数控铣削基础知识；数控铣削刀具的选择；典型零件在数控铣床上的装夹；典型零件数控铣床加工工艺分析；数控铣削加工编程基础知识；数控铣削加工手工编程；加工中心加工手工编程	机械制图、机械制造基础、公差配合与技术测量	数控加工工艺及编程实训、NX自动编程与数控加工、车铣复合加工编程技术
数控加工工艺与编程实训	56	铣床：安全操作及注意事项；图纸分析及工艺制定；零件背面加工；翻面对刀找正；零件正面加工；工件检测；实训总结。车床：安全操作及注意事项；图纸分析及工艺制定；螺栓外圆加工；螺栓零件半球加工；螺栓零件凹槽圆弧面加工；工件检测；实训总结	钳工实训、金工实训、数控加工工艺及编程	NX多轴数控编程与Vericut仿真加工、综合加工技能实训

7.1.3.2 双元制模式

(1) 本土化创新模式的几个考量

用大一的时间补齐学生的职业认同与职业预备教育。当下大学生大多缺少社会经验。另外,其就读的学校与专业大多由高考分数决定的,学生缺少一定的学习内驱力。因此,需设置一定时间段,用来加强学生的职业认同感,从而提升其学习主动性,并帮助他们做好进入社会的心理准备。

学生进入大学后有一年的时间通过课堂学习与社团活动展示学习能力与社会能力,方便企业挑选适合参加双元制的学生人选。

本模式参照德国双元制高等教育的理论基础,立足高等教育学校的学科逻辑、职业能力发展的内在逻辑、企业岗位能力要求与岗位晋升能力要求,在学校课程体系的基础上强调企业实习安排的模块化、系统化及与专业培养目标的关联性。

(2) 本土化双元制模式(见图7-5)

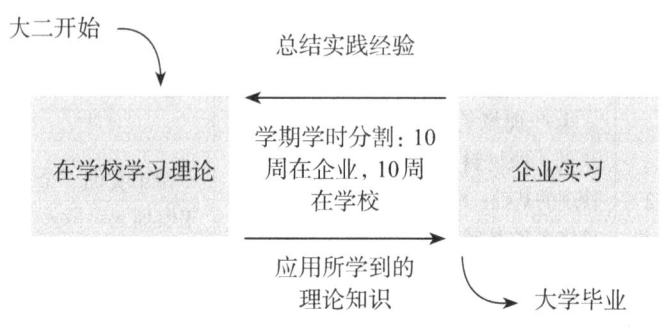

图7-5 本土化双元制模式示意图

7.1.3.3 前期工作计划(表7-7)

表7-7 前期工作计划

序号	任务	工作内容	备注
1	协议签署	签署三方合作协议	签署佛职、科达、赋优教育集团三方合作协议,明确各自权利与责任
2	班级组建	(1) 学生报名并提交报名资料 (2) 面试 (3) 开学仪式 (4) 过程评价	(1) 学校安排体检,科达支付体检费 (2) 学生、学校与企业签订三方合同 (3) 学校与企业确定仪式举办地点与时间、参加人员及媒体宣传方案 (4) 学生进入企业后,由熊博士团队跟进协调,并开展过程评价
3	协议签署	签署校企学生三方协议	明确学校、企业、学生在校企联合培养中的权利和义务

(续表)

序号	任务	工作内容	备注
4	模式建设	（1）细化已有方案，形成人才培养一体化框架 （2）梳理企业典型工作任务，确定企业实训课程模块名称 （3）组织校、企培训交流活动	（1）组织一次线下讨论，佛职及科达项目组主要成员、熊博士团队参加 （2）熊博士团队驻点科达，与科达部门负责人参照人才培养目标梳理有关典型工作任务，并确认实训课程名称
5	课程引进与开发	选取企业典型工作任务并进行活页式课程开发	（1）成立以熊博士为负责人的课程开发团体，成员由学校教师骨干、企业管理人员及校外中德专家组成 （2）剖析德国课程的架构 （3）开发若干个企业模块课程，并交由课程开发团队讨论确认
6	师资培训	举办一次骨干教师及企业实训教师培训，主题为工作过程导向的课程开发与教学法	线下举办，邀请有双元制实训指导经验的专家主讲

7.1.3.4 企业实训模块安排

（1）第一、二阶段轮岗实训模块（表7-8～表7-12）

表7-8 第一、二阶段轮岗实训模块（1）

编号：1	模块名称：钳工/金工 导师：谢斌		实训时间：4周
工作安全、健康保护及环境保护		10%	

- 判断工作岗位安全健康方面的潜在危险，掌握对应的防范措施
- 应用与岗位相关的劳工保护和事故预防规定
- 减轻企业的环境负担，尤其是运用有效的环境保护规定，尽量使用经济、环保的能源和材料，减少废料，用环保的方法处理材料

读图与测量	15%

- 读懂技术图纸要求，熟悉各技术参数的表述方式
- 检查工件的平整度和粗糙度
- 检查工件的尺寸精度
- 考虑工件材料属性和后续加工的基础上，划出工件的基准线、孔直线度和轮廓线

(续表)

编号：1	模块名称：钳工/金工 导师：谢斌	实训时间：4周
钳工实训		35%

- 读图
- 划线、钻孔、扩孔、锪孔、铰孔、攻丝、套丝
- 了解焊接、热处理工艺
- 项目：法兰加工

金工实训	40%

- 读图
- 粗车、半精车、精车
- 项目：轴类加工

表7-9 第一、二阶段轮岗实训模块（2）

编号：2	模块名称：装配组装-成型（钳工部分） 导师：吴济希	实训时间：4周
工作安全、健康保护及环境保护		10%

- 判断工作岗位安全健康方面的潜在危险，掌握对应的防范措施
- 遵照与岗位相关的劳工保护和事故预防规定
- 减轻企业的环境负担，尤其是尽量使用经济、环保的能源和材料，减少废料，用环保的方法处理材料

认识物料	20%

- 识图练习
- 读懂工艺要求（尺寸大小、间隙、扭矩大小）
- 对照图纸要求找出相应零件
- 认识常用密封件（种类、材料性质）
- 认识并使用常用测量工具
- 磨钻头练习

零件准备	20%

- 吊运（天车）
- 打磨、刮毛刺（角磨机、锉刀、旋转锉、砂布400、砂布800、粗砂布）
- 清洗（煤油池清洗，吹干后进入超声波清洗）
- 自我检测清洗过的零件（按装配要求，大面的用平尺、小面的用白杆条）
- 零件再修理（锉刀、砂纸）
- 用清洗剂与纸巾清洁干净
- 报检
- 零件直接装配或过油（用薄膜包好）放置到指定存放位置

（续表）

编号：2	模块名称：装配组装-成型（钳工部分） 导师：吴济希	实训时间：4周
部件装配		40%

- 看图
- 了解工艺步骤要求（工艺流程卡）
- 熟悉工装辅具（类型、规定摆放位置）
- 按工艺流程要求组装部件（如增压器、同步器、控制阀组、泵站、复合顶出、同步器、增压器、阀组、泵站、研磨充液阀、主油缸部件等）
- 泵站需现场试气（用洗衣液加水打成泡沫，涂抹街头衔接处，0.2兆帕气压通气），其他部件需总装，如出现问题，需现场更换或拆回重做
- 防尘、密封处理（薄膜、封板密封，未清洗过的需涂防锈油做防锈处理）

总装实训		10%

- 读图
- 了解工艺流程
- 参与总线装配

表7-10 第一、二阶段轮岗实训模块（3）

编号：3	模块名称：装配组装（钳工部分） 导师：陈建全	实训时间：4周
工作安全、健康保护及环境保护		10%

- 判断工作岗位安全健康方面的潜在危险，掌握对应的防范措施
- 应用与岗位相关的劳工保护和事故预防规定
- 减轻企业的环境负担，尤其是运用有效的环境保护规定，尽量使用经济、环保的能源和材料，减少废料，用环保的方法处理材料

识图与测量		10%

- 熟悉图纸版本
- 识图练习
- 测量器具的基本知识及分类
- 测量手法练习

实训知识与技能		30%

- 装配工刃具基本知识及分类
- 熟悉产品结构与功能（对后续装配实训很关键）
- 熟悉检验流程卡（工艺流程卡）
- 了解工装辅具
- 了解采购标准件（包含紧固件）知识及分类
- 工具、刃具与紧固件的熟练使用练习

(续表)

编号：3	模块名称：装配组装（钳工部分） 导师：陈建全	实训时间：4周
装配实训		50%

- 读图
- 熟练使用工装辅具
- 按工艺流程装配不同产品的部件
- 按装配流程参与总线装配

表7-11　第一、二阶段轮岗实训模块（4）

编号：4	模块名称：质量检测 导师：满再赐	实训时间：4周
工作安全、健康保护及环境保护		10%

- 判断工作岗位安全健康方面的潜在危险，掌握对应的防范措施
- 应用与岗位相关的劳工保护和事故预防规定
- 减轻企业的环境负担，尤其是运用有效的环境保护规定，尽量使用经济、环保的能源和材料，减少废料，用环保的方法处理材料

认识量具	15%

- 测量器具的基本知识及分类
- 三坐标检测设备的分类、组成
- 极限与配合基本知识
- 公差与配合的选用
- 尺寸公差表查法
- 形位公差
- 表面粗糙度相关知识

量具使用	35%

- 选择测量工具
- 测量手法练习
- 检测速度与评估

检测实训	45%

- 读图
- 写检测方案
- 出检验报告
- 复核评估

表7-12 第一、二阶段轮岗实训模块（5）

编号：5	模块名称：装配组装（钳工部分） 导师：钟香葵	实训时间：4周
工作安全、健康保护及环境保护		10%

- 判断工作岗位安全健康方面的潜在危险，掌握对应的防范措施
- 应用与岗位相关的劳工保护和事故预防规定
- 减轻企业的环境负担，尤其是运用有效的环境保护规定，尽量使用经济、环保的能源和材料，减少废料，用环保的方法处理材料

识图与测量	10%

- 熟悉图纸版本
- 识图练习
- 测量器具的基本知识及分类
- 测量手法练习

实训知识与技能	30%

- 装配工刃具基本知识及分类
- 熟悉产品结构与功能
- 熟悉检验流程卡（工艺流程卡）
- 了解工装辅具
- 了解采购标准件（包含紧固件）知识及分类
- 工具、刃具与紧固件的熟练使用练习

装配实训	50%

- 读图
- 熟练使用工装辅具
- 按工艺流程装配不同产品的部件（268磨头、356磨头、压梁组件）
- 按装配流程参与总线装配

（2）第三阶段轮岗实训模块（表7-13～表7-17）

表7-13 第三阶段轮岗实训模块（1）

编号：6	模块名称：机加钳工/金工 导师：谢斌	实训时间：4周
工作安全、健康保护及环境保护		10%

- 判断工作岗位安全健康方面的潜在危险，掌握对应的防范措施
- 应用与岗位相关的劳工保护和事故预防规定
- 减轻企业的环境负担，尤其是运用有效的环境保护规定，尽量使用经济、环保的能源和材料，减少废料，用环保的方法处理材料

(续表)

编号：6	模块名称：机加钳工/金工 导师：谢斌	实训时间：4周
读图与测量（工件不同，图纸不同，熟悉、加深）		10%

- 读懂技术图纸要求，熟悉各技术参数的表述方式
- 检查工件的平整度和粗糙度
- 检查工件的尺寸精度
- 考虑工件材料属性和后续加工的基础上，划出工件的基准线、孔直线度和轮廓线

钳工实训（大件机架）手工+数控	20%

- 读图
- 划线、钻孔、扩孔、锪孔、铰孔、攻丝、套丝
- 了解焊接、热处理工艺
- 项目：机架钳（钳、钻）

金工实训（数控龙门加工）	35%

- 读图
- 粗铣、半精铣、精铣
- 项目：数控龙门加工

生产计划	25%

- 计划排产
- 生产调度

表7-14　第三阶段轮岗实训模块（2）

编号：7	模块名称：装配组装-成型（钳工部分） 导师：吴济希	实训时间：4周
工作安全、健康保护及环境保护		10%

- 判断工作岗位安全健康方面的潜在危险，掌握对应的防范措施
- 应用与岗位相关的劳工保护和事故预防规定
- 减轻企业的环境负担，尤其是运用有效的环境保护规定，尽量使用经济、环保的能源和材料，减少废料，用环保的方法处理材料

识图与测量	10%

- 熟悉图纸版本
- 识图练习
- 测量器具的基本知识及分类
- 测量手法练习

（续表）

编号：7	模块名称：装配组装-成型（钳工部分） 导师：吴济希	实训时间：4周
实训知识与技能		20%

- 装配工刃具基本知识及分类
- 熟悉产品结构与功能（对后续装配实训很关键）
- 熟悉检验流程卡（工艺流程卡）
- 了解工装辅具
- 了解采购标准件（包含紧固件）知识及分类
- 工具、刃具与紧固件的熟练使用练习

装配实训	35%

- 读图
- 熟练使用工装辅具
- 按工艺流程装配不同产品的部件
- 按装配流程参与总线装配

生产计划（以了解为主）	25%

- 计划排产
- 生产调度

表7-15 第三阶段轮岗实训模块（3）

编号：8	模块名称：装配总装（钳工部分） 导师：陈建全	实训时间：4周
工作安全、健康保护及环境保护		10%

- 判断工作岗位安全健康方面的潜在危险，掌握对应的防范措施
- 应用与岗位相关的劳工保护和事故预防规定
- 减轻企业的环境负担

识图与测量	10%

- 熟悉图纸版本
- 识图练习
- 测量器具的基本知识及分类
- 测量手法练习

实训知识与技能	20%

- 装配工刃具基本知识及分类
- 熟悉磨机产品结构与功能（对后续装配实训很关键）
- 熟悉磨机检验流程卡（工艺流程卡）
- 了解总装所需工装辅具
- 了解采购标准件（包含紧固件）知识及分类
- 工具、刃具与紧固件的熟练使用练习

(续表)

编号：8	模块名称：装配总装（钳工部分） 导师：陈建全	实训时间：4周
装配实训		50%
● 读图 ● 熟练使用工装辅具 ● 按工艺流程总装装配 ● 按装配流程参与整机装配		
计划排产		10%
● 熟悉石材事业部计划排产业务流程 ● 熟悉石材事业部产品（含零部件）生产周期 ● 了解学习ERPS4HANA-PP模块系统功能及运用 ● 了解OEM、ODM外包管理流程 ● 了解采购外协来料相关业务流程		

表7-16 第三阶段轮岗实训模块（4）

编号：9	模块名称：质量检测 导师：满再赐	实训时间：4周
工作安全、健康保护及环境保护		10%
● 判断工作岗位安全健康方面的潜在危险，掌握对应的防范措施 ● 应用与岗位相关的劳工保护和事故预防规定 ● 减轻企业的环境负担，尤其是：运用有效的环境保护规定，尽量使用经济、环保的能源和材料，减少废料，用环保的方法处理材料		
制造工艺		20%
● 机加工工艺 ● 涂装工艺 ● 焊接工艺 ● 热处理		
质量问题分析、整改、纠正		45%
● 问题分析：人、机、物、料、法、环（8D） ● 根据图纸、工艺、产品质量标准提出整改、纠正方案 ● 实施整改、纠正 ● 跟踪纠正结果		
综合实训		25%
● 公差与配合的选用 ● 尺寸公差表查法 ● 专用检具设计 ● 专用检具工艺编制 ● 3D绘图 ● 质量标准编写		

表7-17 第三阶段轮岗实训模块（5）

编号：10	模块名称：装配组装（钳工部分） 导师：陈健全	实训时间：4周
工作安全、健康保护及环境保护		10%

- 判断工作岗位安全健康方面的潜在危险，掌握对应的防范措施
- 应用与岗位相关的劳工保护和事故预防规定
- 减轻企业的环境负担，尤其是运用有效的环境保护规定，尽量使用经济、环保的能源和材料，减少废料，用环保的方法处理材料

实训知识与技能	10%

- 装配工刃具基本知识及分类
- 熟悉产品结构与功能
- 熟悉检验流程卡（工艺流程卡）
- 了解工装辅具
- 了解采购标准件（包含紧固件）知识及分类
- 工具、刃具与紧固件的熟练使用练习

装配实训（部件装配）	10%

- 读图
- 熟练使用工装辅具
- 按工艺流程装配不同产品的部件（268磨头、356磨头、压梁组件之外的其他部件）
- 按工艺流程卡进行自检及调整，自检合格进行报检

装配实训（总装装配）	70%

- 读图
- 熟练使用工装辅具
- 按工艺流程装配磨边机（6道工序）/抛光机（4道工序）
- 按工艺流程卡进行自检及调整，自检合格进行报检

（3）第四阶段

学生与企业双向选择，学生进入具体岗位开始岗位实习。

7.1.3.5 考核评价

校内开设的课程按已有规定进行考核评估，并对部分在企业完成的实训内容进行学分置换。在企业内的培训采取以下工作过程导向的评价方式（表7-18～表7-20）：

表7-18 自我评价表（1）

检查记录					
总体任务名称：		任务单元：		学员姓名：	
步骤	名称	检查方法/工具	标准	实际	得分
1					
2					
3					
4					
5					
6					
7					
8					
9					
10					
…					
每个步骤得分：				总分：	

表7-19 自我评价表（2）

自我评价	备注
根据工作质量评价标准评价自己的工作	
下次工作怎样可以做得更好？	
从任务中您学到了什么？	
工作成果展示——主题	

表7-20 模块实训总体评价表

序号	实训任务名称	图片	测量部位	标准	实际	得分
1						
2						
3						
…						

培训师:　　　　　　　　　　　　　　学员:

日期:　　　　　　　　　　　　　　　日期:

7.1.4　企业实训课程开发导表

7.1.4.1　描述岗位典型工作内容(表7-21～表7-24)

表7-21　基本要求

岗位/专业	
对应实训模块	
岗位典型订单内容	
工作过程	特征/补充/删除/次序
接单	
接受客户询价 提供咨询及建议 选择产品 提供报价方案并签订合约	

(续表)

计划	
计算 完成草图并制图 制定时间安排及工作计划 订购材料、工具与设备并集中	
实施	
布置工作场所 按专业要求履约 检查工作，改正错误 记录工作过程	
交付	
完成交货并告知客户 处理投诉，以服务为导向做好后续工作 开出账单	

表7-22 描述岗位典型工作内容（填写示例）

工作领域	标准电路安装与调试
课程	电子电路安装与调试
典型订单内容	在私人浴室或厨房等安装新电路 在别墅安装电路 旧屋电路更新

操作步骤	特征/补充/删除/次序
接单	
1. 接受客户询价 2. 现场测评 3. 向客户提供咨询并提供选项 4. 公司条件评估（技术、能力） 5. 选择产品与系统 6. 考虑公司资源（人力、材料、档期） 7. 核算成本 8. 提交报价 9. 接受合约并签署	1. 一般通过电话，有时需通过招标或分包 2. 一般小单不需要做现场测评，如更换地线、安装分线开关等 3. 选项：开关系统，照明类型（照明分配） 4. 订单一般是标准的，因此基本符合公司的业务能力 5. 典型产品：插线盒，开关，照明 6. 标准订单，基本符合公司的业务能力 7. 一般用部门软件 8. 书面报价 9. 一般电话确认

(续表)

计划	
1. 填写工作表格 2. 核算 3. 制作草图 4. 与其他同事商定 5. 制定时间安排及工作计划 6. 安排人员并排档期 7. 订购材料、工具与设备并集中安放	1. 一般用部门软件（如订单） 2. 线路横断面，保险 3. 小单可画草图，大单需电脑制图 4. 一般电脑安排（电子年度工作计划） 5. 小单适合培训学员参与 6. 材料一般有库存，工具与设备一般在车里
实施	
1. 材料、工具、设备、机械等运送至工作地 2. 与客户商定时间、工作计划及技术要求 3. 考虑客户的需求更改 4. 考虑工作地的环境 5. 按专业要求履约，并遵守相关法规规定 6. 按专业要求检查工作 7. 测试 8. 分析故障，改正错误 9. 确定余量	1. 一般问题不大，因为材料与产品大多是标准化的 2. 重要步骤：画出场所的布线图，安装插线盒并用石膏固定，安装导线及分线等 3. 检查要求：绝缘检测，短线阻抗 4. 外观及功能测试 5. 一般是标准表格
交付	
1. 完成工作记录 2. 完成交付并告知客户 3. 对不完善的问题以服务为导向专业地解决 4. 开出账单 5. 跟踪到账情况，必要时催款 6. 重新开出账单 7. 更新数据库 8. 保持与客户的联系（提供产品及服务方案）	1. 记录：接单记录，测量记录及线路分布图 2. 一般需返工 3. 一般用部门软件（接单、工作计划） 4. 与会计部门对账，小单催款一般先通过电话 5. 方案：提高能源利用效率，提高舒适度

表7-23 任务分工

名称	
操作步骤	
目标	

(续表)

内容	
类型	过程导向（　）	主题导向（　）
所需场地/设备	
所需材料/媒介	
需要的人员（负责人）	
所需时间	

表7-24　时间与工作安排

	周一	周二	周三	周四	周五
起止时间	任务分工： 同事： 地方：	任务分工： 同事： 地方：	任务分工： 同事： 地方：	任务分工： 同事： 地方：	任务分工： 同事： 地方：
起止时间	任务分工： 同事： 地方：	任务分工： 同事： 地方：	任务分工： 同事： 地方：	任务分工： 同事： 地方：	任务分工： 同事： 地方：

7.1.4.2　实训进程安排（表7-25）

表7-25　实训进程安排表

主题	时间安排/组织形式	场地/设施
目标	内容	材料/媒介

	时间	阶段	过程步骤	实训组织形式	媒介	备注
过程			开始阶段			

(续表)

主题		时间安排/组织形式			场地/设施		
过程	过渡	讲解及操作阶段					
	过渡	结束阶段					

7.1.4.3 安全教育的记录表（表7-26）

表7-26 安全教育的记录表

部门负责人	
执行人	
主题	1.公司安全规范
	2.工作岗位安全规范
	3.操作过程安全规范
	4.其他：
执行人签字，日期	

本人已参加安全教育培训，已知悉上述主题的内容。本人会留意并遵守相关规章。

学生签字：_____，日期：_____

7.1.4.4 实训任务清单（表7-27）

表7-27 实训任务清单表

部门：		模块名称：		日期：
序号	名称		要求	备注

7.1.4.5 设备清单(表7-28)

表7-28 设备清单表

部门:		实训任务:		日期:
序号	设备名称		型号	备注

学生:_____

7.1.4.6 工具清单(表7-29)

表7-29 工具清单表

部门:		实训任务:		日期:
序号	工具名称		型号	备注

学生:_____

7.1.4.7 学生自我评价表（表7-30）

表7-30 学生自我评价表

自评得分					
总体任务名称：		任务单元：		学员姓名：	
步骤	名称	检查方法/工具	标准	实际	得分
1					
2					
3					
4					
5					
6					
7					
8					
9					
10					
				总分：	

自我评价	备注
根据工作质量评价标准评价自己的工作	
下次工作怎样可以做得更好？	
从任务中您学到了什么？	
工作成果展示——主题：	

7.1.4.8 实训任务总体评价（表7-31）

表7-31 实训任务总体评价表

序号	实训任务名称	图片	标准	实际	得分

部门：_____　　培训师：_____

师傅：_____　　日期：_____

7.1.4.9 实训周志（表7-32）

表7-32 实训周志

日期：_____至_____

星期	内容
星期一	
星期二	
星期三	
星期四	
星期五	
星期六	

学生：_____　　日期：_____

培训师：_____　　日期：_____

7.2 供给侧结构性改革视角下现代学徒制人才培养

7.2.1 供给侧结构性改革背景下现代学徒制人才培养策略

当前职业教育发展的整体特征为向内涵式方向发展，表现在发展理念和思路上，就要实现从需求侧改革向供给侧结构性改革的转变。从供给侧结构性改革角度分析，现代学徒制人才培养的核心任务是促进内涵发展，探索招生方式，实现优质资源供给的合理化，满足产业转型升级在规模、结构、质量和创新等方面对人才的需求。

（1）生源供给，探索"联合招生"方式

现代学徒制是未来职业教育的主战场，其实施关键在于通过"招工即招生"的方式破解"就业难"和"用工荒"的两难境地，职业院校和企业共同努力，积极探索一条新型的校企紧密结合的人才培养之路。中高职学校联合行业企业共同参与，破解现代学徒制招生培养难题，在学院中高职衔接的基础上，借助中职学校校企合作的优势，满足中职学校毕业生学历提升及终身学习的需要；中职学校、高职学校及行业企业联合招生，构建四方主体责任（行业企业、高职学校、中职学校、学徒本人）的招生机制，在教师和企业师傅的指导下，学徒进行实践和学习，最终成为企业需要的应用型人才。

（2）丰富优质资源的有效供给

当前我国各级各类优质教育供给在教育质量上存在两个突出的问题：一是稀缺性，不能满足所有受教育者的需求；二是排他性，一旦被某些群体获得，则其他人就无法享有。因此，现代学徒制作为优质教育培育模式，需要依靠所有教育工作者共同努力，提高其人才培养质量。另外，在互联共享中推广现代学徒制，发挥其辐射效应，这就需要建立优质教育质量供给机制，主要包括：一是创新奖励推广机制，完善制度，对区域、学校、教师在现代学徒制实施中取得的价值成果予以认定、奖励和推广，推动现代学徒制真正落地生根，取得实效。二是质量评估发布机制，组建具有权威性的现代学徒制质量监测评估中心，定期抽查试点院校、学科专业，甚至具体课程的教学质量，并发布教育质量评估报告。三是"教育＋互联网"机制，通过建立优质教育数据库，推动线上线下教学等形式，将现代学徒制教育互联网化，让更多学校、学生和企业从中受益。学徒可以根据自己原有的知识经验和技能基础，动态、灵活、开放地选择学习内容，基于移动互联和微课程的在线学习、混合学习、碎片化学习等泛在化学习方式，实现处处可学，时时可学。

（3）产学对接，创新创业人才培养

作为"十三五"规划中重要内容的供给侧结构性改革，人才教育领域需要在创新创业教育中优化人才培养模式，提升职业能力，满足社会对人才的需求。现代学徒制需要主动适应新常态下教育的发展变化，探索多种方式的、科学的、灵活的人才培养机制，促进人才培养与产业结构调整相适应。

在创新创业人才培养方面，现代学徒制应通过改变人才培养理念，引进产业发展需求，强化应用导向，以"互联网＋"全面改革学习与科研模式，助推"创新创业"人才成长。在产学对接机制方面，借鉴国外先进经验和成功模式。从创新体系与人才创新发展对接的角度分析，一方面建立学生个性化课程需求的征集渠道，教师从学徒创新创业需求出发，创建个性化课程；另一方面，成功创新创业的学徒，可以将自己的经验以课程的形式分享给其他学徒，让学徒通过丰富的创新创业课程资源，修读创新创业学分。

(4）明确企业用人需求与岗位资格标准

调动企业积极参与共建育人机制是实施现代学徒制的前提条件和途径。现代学徒制的本质特征是学生具有学徒和学生双重身份，这就促使企业从用人角色转变为育人角色。企业从职业院校中直接招聘"学徒"，让他们在实际生产服务一线岗位上，按照企业需求开展校企联合培养，对学生进行双重教育与双重管理。同时，根据企业的岗位需要，灵活安排学生学习方式，用以满足企业对紧缺人才的需求。

在校企合作过程中，我们要结合专业和企业特点，创新人才培养合作模式，学校某一专业既可与一家企业合作，也可以与多家企业合作。当企业资源有限、未能提供该专业的全部岗位时，学校以一家企业为主，联合若干家企业让学生分别完成各个岗位的实习任务。这不仅促使企业融入学生的培养过程中，还为高职院校与企业、企业与企业之间架起桥梁，在一定程度上节约了企业的培训成本，分散了高职院校学生的就业风险，实现社会资源的优化配置，让高等职业教育更具社会性、专业性、实践性和操作性，最终实现学校、企业、学生、社会多方共赢的局面。

7.2.2 数控技术专业现代学徒制试点工作实施方案

为深入贯彻全国、全省教育大会和《国家职业教育改革实施方案》（国发〔2019〕4号）精神，全面落实《广东省职业教育"扩容、提质、强服务"三年行动计划（2019—2021年）》（粤府办〔2019〕4号），依据《关于开展现代学徒制试点工作的意见》（教职成〔2014〕9号）《关于全面推进现代学徒制工作的通知》（教职成厅函〔2019〕12号）和《关于大力开展职业教育现代学徒制试点工作的实施意见》（粤教高〔2016〕1号）等文件要求，切实做好现代学徒制试点工作，深化产教融合、校企合作，进一步完善校企合作育人机制，创新技术技能人才培养模式，促进行业企业参与职业教育人才培养全过程，提高人才培养质量和针对性，结合佛山职业技术学院智能制造学院数控技术专业近年建设的实际，现制定《数控技术专业现代学徒制试点工作方案》（见附录5）。为了提升人才培养质量、促进产教融合、优化人才培养模式、增强学生就业竞争力、推动教育改革、满足经济发展需求，为学生、企业、教育机构及社会整体发展创造价值，制定了《现代学徒制数控技术专业人才培养方案》（见附录6）。

7.2.3 数控技术专业现代学徒制课程标准

数控技术专业现代学徒制课程标准的制定对于提升教育质量、促进学生职业发展、深化校企合作等方面具有重要作用。为了实现这些目标，课程内容需与行业需求紧密对接，确保学生能够掌握当前数控技术领域的最新知识和技能；课程设计应注重理论与实践相结合，通过实际操作和项目驱动学习，提高学生的动手能力和解决实际问题的能力；课程标准应包含持续的评估和反馈机制，以确保学生的学习进度和质量符合行业标准。此外，课程标准还应鼓励学生进行创新思维和持续学习，为他们的长期职业发展打下坚实基础。通过这些措施，数控技术专业的现代学徒制课程标准将有助于培养出更多符合行业需求的高素质技术技能人才，同时加强学校与企业的合作关系，共同推动教育和产业的融合发展。为此，佛山职业技术学院科达班制定了基于岗位能力的课程标准（见附录7～附录11）。

附　录

附录1　佛山职业技术学院科达国际工匠班实训课程模块（1）

佛山职业技术学院科达国际工匠班
实训课程模块

模块名称：<u>KD268C.00抛光磨头的装配组装</u>

部门：<u>深加工装配车间</u>

负责人：<u>钟香葵、彭永路</u>

联系方式：<u>189××××××××</u>

一、模块主题

KD268C.00抛光磨头的装配组装。

二、学员的基本情况

双元制大专学生,第一阶段实习。

三、模块内容

(一)主题

KD268C.00抛光磨头的装配组装。

(二)主题的来源

日常生产任务。

(三)实训前指导

了解安全事项,读图识图,工装使用指导、辅具使用指导。

(四)实训后去向

下一工步KD356磨边头装配组装。

(五)具体学习目标

学习KD268C-18BJ磨头座摆杆部件、KD268C-01BJ抛光磨头部件、KD268C抛光磨头装配实操,掌握KD268C.00抛光磨头的装配,并能够独立完成装配。

1.认知领域

- 学员应该看懂KD268C.00抛光磨头的装配图纸;
- 学员应该知道KD268C.00抛光磨头的物料名称及型号(含紧固件);
- 学员应该知道KD268C.00抛光磨头的装配工艺及要求;
- 学员应该知道需要哪些工具(气动扳手、十字螺丝刀……);
- 学员应该知道工装夹具的使用方法;
- 学员应该知道如何避免安全事故、做到安全生产;
- 学员应该知道基本6S现场管理要求(整理、整顿、清洁、清扫、素养、安全)。

2.情感领域

- 学员应认同认真工作的必要性和意义,并认真工作;
- 学员应认识到良好的工作态度应该是怎样的,并秉持这种态度进行装配;

- 学员应认识到注重工作的质量与工作场所的整洁干净都十分重要；
- 学员应认识到团队合作的意义，提升与班组成员的沟通协作能力。

3.技能操作领域

- 对照实物读图、识图（总装图、零件图）的能力；
- 参照工艺流程卡做装配计划（工装辅具的准备、零件检查）；
- 熟练掌握装配的工具、工装、夹具的使用方法，并且能够独立操作使用；
- 独立完成KD268C.00抛光磨头的装配，达到工艺检验标准；
- 将完成的部件交给负责人送检入库；
- 按6S标准进行工作场地的清扫。

四、事故预防条例

在培训开始时以及在不同培训阶段向学员讲解适用于车间的一般事故预防条例。安全员讲解车间层面安全须知、班组长讲解班组层面注意事项，做到安全生产，不伤害自己、不伤害别人、不被他人伤害。深加工安全管理负责人表见附表1-1。

附表1-1 深加工安全管理负责人表

车间	安全负责人	联系方式	安全专员	联系方式
装配一车间	钟香葵	189××××××××	林沿海	158××××××××
装配二车间	彭永路	189××××××××	陈国	180××××××××

五、工作设备及辅助工具（附表1-2）

附表1-2 工作设备及辅助工具

序号	设备及辅助工具	型号
1	油压机	BQT0510001
2	液压机	BQT1410003
3	气动扳手	WD-303
4	螺丝刀	十字0#*80-4#*80
5	32013轴承外圈工装	GP01-KD268C-32013
6	KD268B键槽垂直度检测靠板	GP01-KD268B-10-03
7	KD268C磨头座同轴度检规	GP01-KD268C-01A-00
8	GP05-KD268C.01摆杆轴压装工装	GP05-KD268C.01

六、实训教学的方法选择

（一）教学形式

个别指导，小组指导。

（二）学习场所

深加工 268 磨头装配区。

（三）教学方法的选择和描述

在教学中，建议选择四阶段法，因为这种教学方法考虑到了人的思维逻辑顺序，很适合个人或小组的实操培训。

四阶段法：学员的导入和准备；导师的演示和解释说明；学员的模仿和解释；学员练习、巩固和深化所学知识与技能。

七、描述教学步骤（附表 1-3）

附表 1-3 描述教学步骤表

编号	教学项目	教学执行步骤	教学目的
1	建立联系	友好地问候，简短的闲谈	创造一个轻松的氛围
2	告知教学目标	打印教学主题	让学员大致了解将要进行的培训
3	联系已学过的教学主题	培训师对相关教学主题提问	使学员能在已学过的基础上继续学习
4	关于事故预防的简要指导	谈及与教学有关的事故风险、危险防范、应急处理	避免学员发生危险
5	开始观摩演示	培训师用便于理解的方式逐步地解释各个步骤	使学员了解装配工艺
6	示范操作过程	培训师通过实践操作分阶段进行演示教学	使学员更加清晰地掌握各工步装配
7	熟悉图纸	介绍图纸	学习前准备工作
8	发放图纸	在电脑图库中查看 KD268C 磨头图纸	学习前准备工作

(续表)

编号	教学项目	教学执行步骤	教学目的
9	认识KD268C磨头图纸	参照实物对KD268C磨头图纸进行讲解	使学员对产品结构产生初步认识
10	熟悉KD268C磨头下部工艺流程	发放KD268C磨头下部工艺流程卡并讲解	了解产品装配工艺及测量方式
11	实操演示	培训师通过实践操作分阶段进行演示教学	使学员更全面理解操作的意义
12	开始实践教学	培训师用便于理解的方式逐步地解释各个步骤	使学员理解装配先后顺序
13	KD268C磨头实操组装	按工艺流程对部件进行装配	对装配组装进行学习
14	交付	将组装好的部件交负责人送检	
15	现场整理	按6S要求对现场进行整理恢复	引导学员养成良好的装配习惯
16	培训师指出学生培训出现的问题，引导学员装配实践	对可能出现的问题进行讲解、演示	避免学员出现装配异常
17	引导学生口述总结1～2条成果，并实操演示	总结装配成果，导师指出需要完善的步骤	使学员了解自己的学习进度和不足
18	培训师口头提问或书面测试学员的掌握情况	培训师通过检测的方法了解教学效果	检验学员学习掌握技能情况

八、全面检查

任务完成后，导师需根据工艺标准评估组装结果，并进行简要总结，然后在实践练习中提出具体的技术问题，以便学员再次深化巩固知识。另外，导师通过几个测试问题，大致了解学员是否已经内化了所学的知识，以及是否还需解释任何模糊之处。检查按以下表格进行评分（附表1-4）：

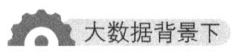

附表1-4 国际工匠班考核表

编号：

考核项目：KD268C.00抛光磨头的装配组装

班组		被考核人		导师	
考核时间		考评人			

评价标准（优秀8-10分；良好6-8分；一般4-6分；较差1-4分）	自评	互评	导师评
1. 了解并熟悉工位、生产作业环境			
2. 清楚知道本模块实训所要达到的目标			
3. 知悉实训有关的事故风险并进行安全防护			
4. 与导师、同事、同学能流畅沟通，无障碍			
5. 熟悉装配所用工装辅具作用、功能、使用方法			
6. 对KD268C.00抛光磨头的装配组装图纸认识及掌握程度			
7. 熟悉KD268C.00抛光磨头的装配组装工艺流程			
8. 能独立进行KD268C.00抛光磨头的装配组装、实操组装			
9. 能对照6S要求清理工作场地			
10. 对所学知识、技能、实践接受程度			
11. 培训结束后能提出反馈、建议和问题			
导师评价			
考评人综合评价			

附录2 佛山职业技术学院科达国际工匠班实训课程模块（2）

佛山职业技术学院科达国际工匠班
实训课程模块

模块名称：<u>装配组装（钳工部分）模块</u>

部门：<u>石材机械装配车间</u>

负责人：<u>陈建全、石三九</u>

联系方式：<u>139×××××××</u>

<u>134×××××××</u>

一、模块主题

KD280F.01 磨头下部轴承座、轴承、联轴器等系列的装配组装。

二、学员的基本情况

双元制大专学生，第一阶段实习。

三、模块内容

（一）主题

KD280F.01 磨头下部轴承座、轴承、联轴器等系列的装配组装。

（二）主题的来源

越南 VN0720 项目生产任务。

（三）实训前指导

工装使用指导、辅具使用指导。

（四）实训后去向

下一工步（骨架油封等系列）装配组装。

（五）具体学习目标

学习并掌握产品 KD280F.01 轴承座、轴承、联轴器等系列的装配组装，并能够在安全生产下独立部装一台磨头下部。

1.认知领域

● 学员应该知道什么叫做磨头下部、KD280.01-19A 轴承座、KD280.01-06 大锥齿轮、KD280.01-03 轴承压盖，并且能区分与其他零部件的不同；

● 学员应该知道需要哪些工具（气动扳手、十字螺丝刀等），并能够用专业术语说出；

● 学员应该知道为什么应该避免安全事故、排除安全隐患；

● 学员应该知道如何观察、检查自己的工作；

● 了解 SAP 系统标准定额工时、检验流程卡的作用。

2.情感领域

● 学员应该认同认真工作的必要性和意义，并认真工作；

● 学员应认识到良好的工作态度应该是怎样的，并秉持这种态度进行装配；

● 学员应认识到注重工作的质量与工作场所的整洁干净都十分重要；

● 学员应该认识到团队合作的重要性，善于沟通，互助互爱，保持虚心学习的工作态度。

3.技能操作领域

● 学员应能够正确使用工具，了解气动扳手型号并进行配套更换，能够连接气管并固定螺母；

● 学员应能够利用工具完成轴承座、轴承、联轴器等系列装配，所装配的部件需要达到工序检验合格率达标标准；

● 学员应能够正确使用所需量具，并按照检验流程卡自检所装配的产品是否合格；

● 学员应能够按照SAP系统标准定额工时，复盘装配过程和工步用时是否达标。

四、事故预防条例

在培训开始时以及在不同培训阶段向学员讲解适用于公司和车间的一般事故预防条例。安全员讲解车间层面安全须知、班组长讲解班组层面注意事项。

《公司安全红线》用于了解可能造成事故发生的原因、预防手段、应急处理方案（附图2-1）。

石材机械事业部生产物控部处理流程图

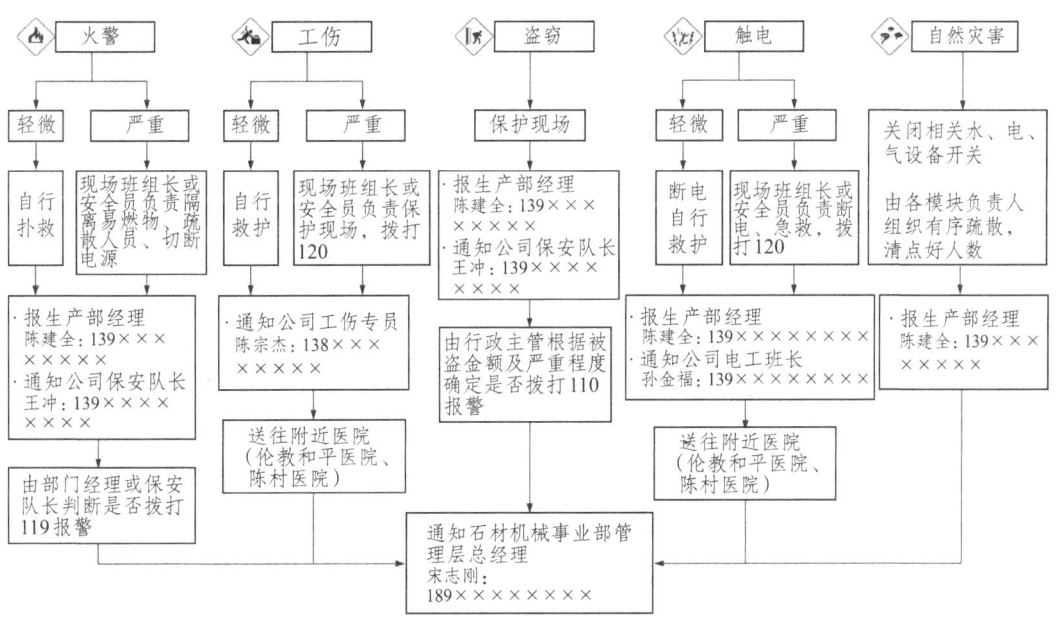

附图2-1 应急处理流程图

五、工作设备及辅助工具（附表2-1）

附表2-1　工作设备及辅助工具

序号	设备及辅助工具	型号	图片
1	油压机	YZC-60T	
2	液压机	Y32-30	
3	气动扳手	WD-303	
4	螺丝刀	十字0#*80-4#*80	
5	轴承工装	GP01-TGSC800D.11-01	

(续表)

序号	设备及辅助工具	型号	图片
6	油封工装	GP-KD280F.01FB50X68X8（A）	
7	法兰工装	GY01.A4VSO40.01-01	
8	圆螺母工装	LKD268C（19）.00	

六、实训教学的方法选择

（一）教学形式

个别指导，小组指导。

（二）学习场所

石材车间、部装班装配区。

（三）教学方法

四阶段法：学员的导入和准备；导师的演示和解释说明；学员的模仿和解释；学员练习、巩固和深化所学知识与技能。

七、描述教学步骤（附表2-2）

附表2-2 描述教学步骤

编号	教学项目	教学执行步骤	教学目的
1	建立联系	友好地问候，导师介绍团队成员，学员自我介绍，简短地相互沟通	创造一个轻松舒适的学习氛围
2	告知教学目标	将教学主题进行打印，并发放到每个学员手上	让学员清楚知道将要进行的培训学习计划
3	联系已有教学主题	培训师对上一个教学主题提问	使学员能在已学过的知识基础上继续学习
4	关于事故预防的简要指导	谈及与教学有关的事故风险、危险防范、应急处理	避免学员发生危险，以及了解应急处理流程
5	观摩演示	培训师用便于理解的方式逐步地解释各个装配步骤	使学员了解装配工艺
6	示范操作过程	培训师通过实践操作分阶段分工步进行演示教学	使学员更加清晰地掌握各工步装配工艺及要求
7	熟悉图纸版本	介绍图纸的版本和查询方法	使学员学会选择图纸版本，避免因选用图纸不当造成损失
8	发放图纸	将KD280F.01磨头下部图纸进行打印，然后发放到每个学员手上	为学习识图做准备
9	介绍图纸	结合零件实物介绍图纸，讲解图纸磨头及磨头上部重点零件、装配关键质量点	使学员快速识图，并清楚知道装配关键工步的重要性
10	讲解工艺流程	发放KD280F.01磨头下部工艺检验流程卡并讲解	熟悉KD280F.01磨头下部工艺流程
11	装轴承座、深沟球轴承、大锥齿轮和推力球轴承	使用压机装配KD280.01-19A轴承座与6016深沟球轴承；使用压机装配KD280.01-19A轴承座与KD280.01-06大锥齿轮；装配KD280.01-06大锥齿轮与51216推力球轴承	动手实操，加深对装配工艺的掌握，达到前述零件的装配目的
12	装轴承压盖并用螺钉锁紧	装配KD280.01-03轴承压盖，并用M8X20内六角圆柱头螺钉锁紧	防止轴承压盖运行过程中松动
13	涂胶	明确涂胶部位，均匀涂抹	涂螺纹防松胶

(续表)

编号	教学项目	教学执行步骤	教学目的
14	装联轴器并用螺钉锁紧	装配KD280.01-02联轴器，并用M8X30内六角圆柱头螺钉带平垫和弹垫固定	加固、防止联轴器移位
15	工作现场整理	作业完成时对工作现场进行整理恢复	引导学员养成良好的工作习惯
16	引导学生总结1~2条成果，并实操演示	总结装配成果，导师指出需要完善的步骤	使学员了解自己的学习进度和不足
17	检验学员的装配质量和效率	对照检验流程卡和标准定额工时，对学员总体学习掌握技能情况进行总结	使学员明白技能水平判定标准和当前自身技能掌握程度

八、全面检查

任务完成后，学员与导师共同看结果，并根据所学到的标准进行评估。最后，进行简要总结，并在实践练习中提出具体的技术问题，以便再次深化知识。导师在测试问题的帮助下，大致了解学员是否已经内化了所学的知识，以及是否还需解释任何模糊之处。在检查完成后按以下表格进行评分（附表2-3）：

附表2-3　国际工匠班考核表

编号：

考核项目：KD280F.01磨头下部轴承座、轴承、联轴器等系列的装配组装

班组		被考核人		导师	
考核时间		考评人			
评价标准（优秀8~10分；良好6~8分；一般4~6分；较差1~4分）			自评	互评	导师评分
1. 了解并熟悉工位、生产作业环境					
2. 清楚知道本模块实训所要达到的目标					
3. 知悉实训有关的事故风险并进行安全防护					
4. 与导师、同事、同学能流畅沟通，无障碍					
5. 熟悉装配所用工装辅具作用、功能、使用方法					
6. 对KD280F.01磨头下部轴承座、轴承、联轴器等系列的装配组装图纸认识及掌握程度					
7. 熟悉KD280F.01磨头下部轴承座、轴承、联轴器等系列的装配组装工艺流程					

(续表)

评价标准（优秀8～10分；良好6～8分；一般4～6分；较差1～4分）	自评	互评	导师评分
8. 能独立进行KD280F.01磨头下部轴承座、轴承、联轴器等系列的装配组装、实操组装			
9. 培训后能提出反馈、建议、问题			
10. 是否适应进阶类培训的要求（未进行进阶教学内容可不评）			
导师评价			
考评人综合评价			

附录3 佛山职业技术学院科达国际工匠班实训课程模块（3）

佛山职业技术学院科达国际工匠班
实训课程模块

模块名称：<u>质量检测</u>

部门：<u>制造中心质量管理部</u>

负责人：<u>满再赐、欧杰文</u>

联系方式：<u>139×××××××</u>

一、模块主题

质量检测。

二、学员的基本情况

双元制学生的第一阶段。

三、模块内容

(一) 主题

质量检测。

(二) 主题的来源

生产过程质量控制。

(三) 实训前指导

安全意识,防范隐患。

(四) 下一阶段的实训目标

质量管控。

(五) 学习目标

工作安全、健康保护、安全保护:
- 了解材料基础知识;
- 读懂图纸;
- 掌握CAXA\AutoCAD绘图及常用软件标准基本操作;
- 掌握常用检具知识及检具使用方法:
  a. 根据测量项目选用测量器具;
  b. 使用量具的注意事项;
  c. 测绘方案的策划及实施;
  d. 量具的存放及保养;
  e. 出具检验或测绘报告。

1. 认知领域

学员应知道的工作安全注意事项:
- 了解型材板材型号规格,化学成分、力学性能、金相组织;

- 了解材料应用范围，材料国标尺寸，误差范围；
- 掌握图纸视图、标注、形位公差，技术要求；
- 熟练绘图软件CAXA\AutoCAD，熟悉绘图的布局标注规范；
- 了解量具类别及精度，掌握测绘方法，并能够用专业术语说出；
- 了解检测报告要求；
- 了解表面处理类型；
- 知道如何处理不良品。

2.情感领域

- 学员应该认同认真工作的必要性和意义，并认真工作；
- 学员应认识到良好的工作态度应该是怎样的，并秉持这种态度进行检测；
- 学员应认识到注重工作的质量与工作场所的整洁干净都十分重要；
- 学员能礼貌对待同事，并与同事友好相处。

3.技能操作领域

- 结合零件实物与图纸读懂图纸，了解形位公差、材料、技术要求等；
- 能够准确、高效地使用各种量具；
- 能够根据任务要求选择恰当的量具，并出具测绘方案及测绘报告；
- 能够绘制图纸，对画好的零件草图进行校对、确认。

四、事故预防条例

在培训开始时以及在不同培训阶段向学员讲解适用于车间的一般事故预防条例。学习公司规定，讲解现场安全注意事项。

五、工作设备及工具（附表3-1）

附表3-1 工作设备及工具表

序号	设备及辅助工具	型号	图片
1	检测平台		
2	游标卡尺		
3	深度游标卡尺		
4	齿厚游标卡尺		
5	外径千分尺		
6	内测千分尺		
7	内径千分尺		

(续表)

序号	设备及辅助工具	型号	图片
8	公法线千分尺		
9	螺纹千分尺		
10	深度千分尺		
11	万能角度尺		
12	高度游标卡尺		
13	百分表		
14	千分表		
15	内径百分表		
16	杠杆表		
17	里氏硬度计		
18	偏摆仪		
19	塞规		
20	涂层测厚仪		
21	机械设计手册	全套	
22	电脑	自备	
23	图纸	事先准备	
24	横梁座（焊接件）		
25	带座轴承（铸造件）		
26	TPSA-01 主轴		
27	TPSA-02 轴承座		

六、实训教学的方法选择

（一）教学形式

个别指导，小组指导。

（二）学习场所

11 车间办公室，车间各检测点，中转库。

（三）教学方法的选择和描述

四阶段法：学员的导入和准备；培训师的演示和解释说明；学员的模仿和解释；练习、巩固和深化所学知识。

七、描述教学步骤（附表3-2）

附表3-2 描述教学步骤表

编号	教学项目	教学执行步骤	教学目的
1	建立联系	友好地问候，简短地闲谈	创造一个轻松的氛围
2	告知教学目标	简要介绍培训过程，并用挂图展示	让学员大致了解将要进行的培训
3	联系已有教学主题	培训师提问背景知识	使学员能在已学过的知识基础上继续学习
4	关于事故预防的简要指导	列出工作安全注意事项	避免学员发生危险
5	开始指导	培训师用便于理解的方式逐步地解释各个步骤	使学员理解操作的意义
6	读图	先用电脑查看图纸，结合零件实物与图纸读主轴、横梁座、磨头座、磨头轴等图，了解形位公差、材料、技术要求等	提升读图能力
7	识材（导轨工字钢、H型钢、槽型钢、无缝钢管、方钢）	查看型材库材料，了解材料性能，查阅材料标准；查阅机械设计手册，了解材料选用、材料选用范围；查阅材料国标尺寸及误差范围	了解型材板材型号规格、化学成分、力学性能、金相组织；了解材料应用范围，材料国标尺寸、误差范围
8	游标卡尺（普通游标、带表游标、电子游标）、深度游标卡尺	制作PPT解说量具构造、精度并使用	了解基础信息
10	外径千分尺、内径千分尺、公法线千分尺、螺纹千分尺	制作PPT解说量具构造、精度；校准，使用	了解基础信息
11	深度千分尺、万能角度尺	制作PPT解说量具构造、精度；校准，使用	了解基础信息
12	高度游标卡尺、百分表、千分表	制作PPT解说量具构造、精度；校准，使用	了解基础信息

(续表)

编号	教学项目	教学执行步骤	教学目的
13	内径百分表、杠杆表	制作PPT解说量具构造、精度；组装、校准、使用	了解基础信息
14	里氏硬度计	组装—开机—校准—选硬度—选方向—测量	了解基础信息
15	偏摆仪，万能角度尺、塞规、涂层测厚仪	制作PPT解说量具构造、精度；操作	了解基础信息
16	检测	横梁座（焊接件），带座轴承（铸造件），TPSA-01主轴、TPSA-02轴承座	选择测量工具，测量手法练习，检测速度与评估
17	测绘	根据零件检测尺寸，绘制图纸、出具测绘报告	零件图的作用和内容，掌握绘制和阅读零件图的方法
18	检测综合实训	读图，写检测方案，出检验报告，复核评估	培养综合能力
19	引导学生口述总结1~2条成果，并实操演示	总结结果，导师指出需要完善的步骤	使学员了解自己的学习进度和不足
20	检验学员的掌握情况	按工作日志知识点要求考核	检验学员学习掌握技能情况

八、全面检查

任务完成后，学员与导师共同看结果，并根据所学到的标准评估（附表3-3）。最后，进行简要总结，并以书面练习的形式提出具体的技术问题，以便再次深化知识。导师在测试问题的帮助下，大致了解学员是否已经内化了所学的知识，以及是否还需解释任何模糊之处。

附表3-3　国际工匠班考核表

编号：

考核项目：质量检测

班组		被考核人		导师		
考核时间		考评人				
评价标准（优秀8~10分；良好6~8分；一般4~6分；较差1~4分）				自评	互评	导师评
1.了解并熟悉工位、生产作业环境						
2.清楚知道本模块实训所要达到的目标						

(续表)

评价标准（优秀8~10分；良好6~8分；一般4~6分；较差1~4分）	自评	互评	导师评
3. 知悉实训有关的事故风险并进行安全防护			
4. 与导师、同事、同学能流畅沟通，无障碍			
5. 熟悉量具与工具作用、功能、使用方法			
6. 测量的速度与精度达到要求			
7. 能根据图纸要求出具检测方案			
8. 能根据零件出具策划方案			
9. 能根据要求出具测绘或检验报告			
10. 培训后能提出反馈、建议、问题			

导师评价	
考评人综合评价	

附录4 佛山职业技术学院科达国际工匠班实训课程模块(4)

佛山职业技术学院科达国际工匠班
实训课程模块

模块名称：<u>机加工车间识图培训</u>

部门：<u>机加工车间</u>

负责人：<u>谢　斌</u>

联系方式：<u>180×××××××××</u>

一、模块主题

识图知识培训。

二、学员的基本情况

可从人事部门的档案及其他实训部门的评价中获取，主要是为了加强对学生的了解，方便选择与调整教学方法。

（一）学员情况描述

姓名、性别、出生日期、所学专业与所在年级。

（二）学员的个人社会背景介绍

籍贯、家庭基本情况。

（三）学员的培训情况

在校成绩、上一阶段实训的情况。

（四）工作中的表现

实训师傅的评价。

（五）其他品质

个人性格、爱好等。

三、模块内容

（一）主题

看懂TPSA-01主轴。

（二）主题的来源

实训项目要求，典型工作任务。

（三）实训前指导

图纸的相关要素（可以简单说明对学员看图前的课程或实训的具体要求）。

（四）实训后去向

钳工、车工实训。

（五）具体学习目标

看懂 TPSA-01 主轴。

1. 认知领域

列出学生通过实训需掌握的知识点，如读懂技术图纸要求，熟悉各技术参数的表述方式。

2. 情感领域

列出实训中学员对工作、同事及环境的应有态度。

3. 技能操作领域

列出学员需掌握的操作技能，如检查工件的平整度和粗糙度，检查工件的尺寸精度；考虑工件材料属性和在后续加工的基础上划出工件的基准线、孔直线度和轮廓线。

四、事故预防条例

预防与实训任务相关的安全责任事故发生，了解事故发生后的处理流程。在培训开始时以及在不同培训阶段向学员讲解适用于车间的一般事故预防条例。

五、工作设备及工具

最好用列表的方式列出，如图纸。

六、实训教学的方法选择

（一）教学形式

个别指导，小组指导。

（二）学习场所

小件车间数控车班。

（三）教学方法的选择和描述

这部分可以自行规划。

七、描述教学步骤（附表4-1）

以 TPSA-01 主轴为例，教学步骤可以根据实际情况稍作修改，增加实训结束时的评价与场地整理要求。

附表4-1 描述教学步骤

编号	教学项目	教学执行步骤	教学目的
1	建立联系	友好地问候,简短地闲谈	创造一个轻松的氛围
2	告知教学目标	将教学主题写在黑板上,简要介绍培训过程,并用挂图展示	让学员大致了解将要进行的培训
3	联系已有教学主题	培训师对上一个教学主题进行提问	使学员能在已学过的基础上继续学习
4	关于事故预防的简要指导	谈及与教学有关的事故风险	避免学员发生危险
5	开始实践教学	培训师用便于理解的方式逐步地解释各个步骤	使学员理解操作的意义
6	识图的步骤及识图方法	标题栏,技术要求,三视图,尺寸	总体了解
7	看标题栏	图号、名称、材料、设计人等	TPSA-01主轴,45#钢
8	技术要求	热处理、镀硬铬	HB220-250,铬层单边0.03~0.04mm
9	三视图	对照实物,逐一讲解。主俯—长对正;主左—高平齐;俯左—宽相等	对照实物,逐一讲解,掌握如何看图的方法
10	尺寸	基本尺寸,实际尺寸,极限尺寸,尺寸偏差,尺寸公差,标准公差,零线,基本偏差	主关尺寸:$\phi 85h7$,$\phi 80f7$,$\phi 70f7$,$\phi 55j7$,$\phi 40H9$,M55x2-6g
11	标准公差	我国采用IT标准。本图用到h7,f7,j7,H9	20个公差等级,分CT、IT、JT,3个系列标准
12	尺寸标注	尺寸标注4要素:尺寸界线,尺寸线,箭头,尺寸数	了解尺寸标注方法
13	公差与配合	公差;形位公差;尺寸公差;位置误差与公差	了解公差与配合的含义
14	形位公差	形状公差:直线度、平面度、圆度、圆柱度、线轮廓度、面轮廓度 位置公差:平行度、垂直度、倾斜度;同轴度,对称度,位置度;圆跳动,全跳动	了解各符号的意义;如何检测
15	表面粗糙度	粗糙度的测量	Ra;Ry;Rz;符号及意义
16	评估、评价		
17	结束		

八、全面检查

可以用列表的方式，列出检查与评估要求，包括对学生周志的检查等（附表4-2）。

附表4-2 国际工匠班考核表

编号：

考核项目：熟悉TPSA-01主轴和K0359.05C.01压梁

班组		被考核人		导师	
考核时间		考评人			
评价标准（优秀8~10分；良好6~8分；一般4~6分；较差1~4分）			自评	互评	导师评分
1. 了解并熟悉工位、生产作业环境					
2. 清楚知道本模块实训所要达到的目标					
3. 知悉实训有关的事故风险并进行安全防护					
4. 与导师、同事、同学能流畅沟通，无障碍					
5. 掌握识图的步骤及识图方法					
6. 从图纸上找出主要尺寸					
7. 熟悉形位公差的意义					
8. 了解表面粗糙度的符号及意义					
9. 培训后能提出反馈、建议、问题					
10. 是否适应进阶类培训的要求（未进行进阶教学内容可不评）					
导师评价					
考评人综合评价					

附录5 数控技术专业现代学徒制试点工作方案

一、指导思想

以国家职业教育思想为指导，全面落实我校的办学理念和"十四五"发展规划，按照"资源共享、优势互补、共同培养、互利共赢"的原则，坚持对接企业用人需求与岗位资格标准，夯实校企合作的基础，突出学生（学徒）技能培养的核心，拓展工学结合、工学交替、半工半读的形式，强化学校、行业、企业的深度参与和教师、师傅深入指导的支撑作用，逐步建立职业教育现代学徒制，为合作企业培养所需要的数控技术专业发展型、复合型和创新型的技术技能人才，也为佛山实现产业转型升级、社会与经济更大发展作出职业教育应有的贡献，同时也能提高智能制造学院数控技术专业的示范性与竞争力。

二、组织机构

为使现代学徒制工作真正落到实处，保障工作顺利实施，成立校企合作领导小组。

三、基本原则

（一）科学规划

借鉴我校模具设计与制造专业广东省现代学徒制试点实践经验，以数控技术专业2022年现代学徒制试点为契机，结合专业实际情况，科学规划、加强统筹，一次规划，分步实施。

（二）强化内涵

以内涵建设为重点，制定符合企业需要的人才培养方案，注重学生岗位技能与知识提升，健全学生管理制度机制。

（三）改革创新

从专业实际出发，解放思想，大胆创新，形成"学生—学徒—准员工—员工—专家型的技术人才"五位一体的人才培养模式。

（四）注重实效

建设目标切合实际，管理措施具体可行，建设责任落实到位，管理制度规范健全，技能素养全面提升。

四、实施方案

（一）落实招生

招生对象应符合《关于做好广东省2022年普通高校招生统一考试报名工作的通知》（粤招〔2021〕7号）中规定的条件，且同时满足以下两个条件之一：具有两年以上相关岗位（群）工作经验的员工、具有与岗位（群）对应的相关技能证书的中职毕业生。

（二）与合作企业洽谈，落实人才培养实施工作

现与广东中海万泰技术有限公司进行洽谈，落实人才培养实施工作。广东中海万泰技术有限公司，实力强、资源丰富、管理规范、重视员工职业教育，开展了现代学徒制合作招生并进行人才培养。企业简要介绍如下：

广东中海万泰技术有限公司是由中海油田服务股份有限公司和佛山市南海中南机械有限公司共同发起，联合佛山市南海盈天投资有限公司和佛山市产业发展投资基金有限公司设立的一家混合所有制公司。该公司成立于2020年7月，注册地位于"佛山国家高新技术产业开发区"狮山镇，注册资本2.6亿元，用地面积近100亩。公司作为中海油服高端石油机械装备的重要制造基地，产品主要应用于油气勘探开发领域，包括旋转导向钻井及随钻测井设备、裸眼电缆测井设备等高端石油机械关键装备及关键机械零部件，各项技术处于世界先进水平，属国家重大装备国产化项目，不仅满足中海油集团公司的采购需求，同时也为国内外企业提供相应产品配套服务。该公司致力于为世界一流水平的智能油田技术提供机械装备一站式服务，成为世界油田勘探机械装备领域的领先者。广东中海万泰技术有限公司积极参与学校人才培养工作，积极为学校学生提供就业和实习机会，企业管理技术人员到学校授课、开办讲座，合作开办员工技能培训班、组织校企联谊活动，大力支持职业技能人才培养工作，为开展现代学徒制培养打下良好基础。

（三）签订协议，明确三方职责

在实施现代学徒制培养的过程中，会涉及到学校、企业、学生（学徒）三方的权利和义务，因此需通过协议来明确界定学校、企业、学生（学徒）三方各自的职责。另外，学校与企业签订了联合培养的合作协议。

1.学校在现代学徒制培养中的主要职责

（1）分析企业的岗位需求，分析其所具备的条件，从而确定需要培养的具体内容，校企双方共同制订人才培养方案，共同完成学徒制教学任务；

（2）鼓励教师到企业进行在岗工作，并和企业师傅进行充分交流，将得到的经验带回学校，改革实施学徒制专业的课程，使之更适用于学徒制教学；

（3）改革管理方式和手段，构建适合现代学徒制培养的课程评价、学生评价、教师评价等管理体系；

(4)重新分配教学时间，为教师在学校内外完成项目和合作，以及为学生从事实习活动创造条件。

2.企业在现代学徒制培养中的主要职责

(1)向学校、教师、学生（学徒）准确传达企业的要求，包括现在及将来应具备的知识和技能；

(2)积极配合学校共同制定人才培养方案和培养模式，参与学生技能训练和学业评价；

(3)安排企业技术专家和骨干担任学生（学徒）的导师（师傅）；

(4)遵循教育规律，在学生学习期间不能按企业的员工要求来安排学生（学徒）的生产任务，特殊情况下需要加班须事先声明；

(5)根据学生成长档案聘用毕业生；

(6)赏识和鼓励企业中为学徒制人才培养而付出的师傅、管理人员等，调动他们的积极性。

3.学生（学徒）在现代学徒制培养中的主要职责

学生（学徒）应按照学校和企业共同制订的培养方案，积极参加学习和实习，自觉遵守学校和企业的规章制度，履行相应的职责，在企业实习或工作期间注意人身安全。

（四）成立现代学徒制培养工作小组

在数控技术专业建设指导委员会的基础上，联合合作企业，由职教专家、企业人员、专业教师共同组成学徒制工作小组，主要负责：

(1)数控技术专业、模具设计与制造专业、机械设计与制造专业、机械制造与自动化专业等的专任教师在现代学徒制领导小组领导下，成为学徒的校内指导教师，对学徒开展培养；

(2)校企合作工作小组要完成本专业人才培养方案的确定、专业课程的建设、教学方式的创新、学生管理及学业的评价等；

(3)合作企业负责选派优秀的技术人员担任学生的导师（师傅），一位师傅带一位学生；

(4)校内指导教师每个月到企业检查现代学徒制实施情况，同时定期召开现代学徒制培养工作会议，及时解决出现的问题。

（五）校企共同制定、完善人才培养方案

以企业需求为导向，确定培养目标，学校与企业共同研究制定人才培养方案，确定相应的教学内容和合作形式，改革教学质量评价标准和学生（学徒）考核办法，将学生（学徒）工作业绩和师傅评价纳入学生（学徒）学业评价标准。在人才培养目标的指导下，由职教专家、企业与学校、教师与师傅的共同参与，按照"企业用人需求与岗位资格标准"来确定开设课程及实训项目，建成"公共基础课程＋专业课程（专业技术技能

课程+学徒岗位能力课程)+专业拓展课程"为主要特征的适合学徒制培养的专业课程体系。其中专业课程可以根据企业需求适当增减，在课程专家、企业技术骨干和学校专业教师的共同努力下开发适合企业的项目课程，并由企业专家和专业教师共同承担教学任务，尤其是专业实训环节。

2022年9月学生（学徒）注册入学后，实施该人才培养方案（附录6），学校监控教学实施过程，对教学过程出现的问题及时反馈，不断修订和完善人才培养方案。

（六）教学时间安排

学生（学徒）的学习是将企业中的实训与课堂上的学习有机结合，人才培养采取学校与企业共同培养的模式，一般实行校企合作、工学交替的形式。教学方式灵活多样，可根据课程性质和特点选择回校集中授课、网络学习、校内实训、企业岗位训练、任务训练、社会实践、送教上门等方式，真正实现校企合作、工学交替，教师与师傅融合的"双导师"的教学。其中专业技能要求和实训内容均由学校与企业共同确定，专业课程教学及质量监控由校企双师教学团队共同承担。

（七）实现资源共享

目前，本专业群建有机械设计与制造专业国家级专业教学资源库，提供给学校、企业等开放使用，其中包括了大部分专业课程。另外，校企将积极实现资源共享，包括技术力量、实训设备、实训场地等。一方面，企业为实习提供技术熟练的师傅，指导和监督学生（学徒）的技术训练；另一方面，企业要提供足够先进的生产设备和实际训练所需的原材料，以供学生（学徒）实践学习所用，并且能够提供足够的岗位让学生（学徒）实践；同时学校也为企业提供技术力量和职工培训的需求。通过"学徒制培养"这一纽带，学校与企业的联系更加紧密，还可充分利用企业丰富的设备、技术力量、实际案例资源等，做好联合开发新课程和新课改工作，建成有师傅参与、便于自主学习的具有本企业特色的共享型专业教学资源库，建成的教学资源库既可用于学生的培养，又可用于企业员工的技能培训。

（八）加强学生管理

学徒制班级设专职班主任（辅导员）一名，由数控技术专业专任教师作为班级导师兼班主任。在学徒期间，学校和企业全程对学生进行跟踪，教师积极配合，密切关注学生的学习和生活；学校及时与企业协调出现的问题，同时设立各类奖学金，激励学生学习专业知识和技能，为企业储备人才。

（九）加强教学过程管理

企业全程参与学徒班级的教学，派遣企业技术专家和骨干担任兼职教师，安排能工巧匠担任学生的企业导师（师傅），实施探索"双导师制、企业工作室制"培养，专业培养和综合培养同步进行；教师要经常与企业进行研讨，开设符合学生理论学习及企业实践特点的专业课程；学生在校学习期间要接受学校和企业的双重管理。

（十）加强教学质量监控

学校与企业共同制订教学质量监控机制，对教师和师傅进行考核，对优秀的教师和师傅在评优方面优先考虑。

改革评价模式。围绕行业、企业用人标准，针对不同类型的课程建立不同的评价标准，自我评价、学生评价、企业评价和社会评价相结合，建立以能力为核心，校企共同参与的学生评价模式，引导学生全面发展。

五、进度安排

（1）前期准备工作（2021.12—2022.09）

选择确定合作企业，共同制订现代学徒制试点专业人才培养方案、标准和制度，商定招生招工计划、编制招生招工简章，进行招生招工联合宣传；通过联合招生招工，确定现代学徒制试点班级，学院、企业、学生（学徒）签订三方协议。

（2）教学安排、实施、总结推广（2022.09—2024.12）

第一学年（2022.09—2023.07）：以学习公共文化、专业基础课程为主，基本技能训练在校内实训基地完成；到合作企业进行入岗教育，合作企业专家进校为学生（学徒）讲授企业相关内容。学生（学徒）考核以学校为主。

第二学年（2023.08—2024.07）：以工学交替方式开展岗位任务模块训练，完成岗位工作任务。专业课程，以专业教师为主、企业师傅为辅，开展基于岗位工作任务的专业知识学习和专业技能训练；技能训练，以师带徒和专业教师协助管理的方式进行岗位技能训练，完成岗位工作任务。学生（学徒）考核根据不同时间段由校企联合进行。学生（学徒）在合作企业，以企业为主对学生进行培养与考核，学校确定对应的指导教师协助管理。学生（学徒）毕业时考核合格者，取得大专毕业证书和职业资格证书。

六、保障措施

（1）机制保障：成立数控技术专业现代学徒制领导小组与培养工作小组，完善各工作小组组织架构、职责，出台校企合作、联合培养、实训管理、考核激励等系列工作制度；建立较为完备、高效、良性互动的校企合作长效运行保障机制；形成科学规范的学徒制人才培养管理制度和运行机制。

（2）运行保障：校企共同制订人才培养方案，按课程体系安排，选择专任教师与企业师傅共同完成课程相关教学、考核，并由学校教务处与企业共同监督过程与结果。班级班主任与企业相关管理人员也要履行职责，并由双方共同考核。

（3）经费保障：校企共同投入相应经费，主要包括企业导师的上课费用、校内导师到企业的上课费用、企业的补助经费、师傅的指导经费、企业兼职教师的经费、学生实习的补助经费等。

（4）师资保障：强化"双导师制"队伍建设。以教师能力培训、集中专题培训为主要形式，实施学校与企业技术人员双向挂职锻炼。专业教师与企业共同开展技术研发，及时完善和更新相关理论知识；评选并奖励优秀实习指导教师和师傅，形成吸引人才、稳定队伍的激励机制；鼓励企业选派有实践经验的企业专家、高技能人才和社会能工巧匠等担任学校的兼职教师。

（5）实训基地保障：截至2024年6月，已建成实训室12个，包括数控中心实训室、模具中心实训室、公差测量与模具结构开发实训室、快速成型实训室、快速模具实训室、3D打印实训室、机构设计与创新实训室、金工车间等；建有国家级高职教育公共实训中心——3D打印技术研究与应用公共实训中心，佛山市快速制造工程研究开发中心，佛山市工业产品精密检测科研基础平台；建成校外实训基地10个，省级大学生校外实训基地1个。接下来将深化与已签约企业的合作，拓展校外实训基地的数量，为扩大学徒制专业群建设奠定基础。

（6）过程保障：聘请行业专家，成立试点工作专家咨询委员会，对改革试点工作提供咨询评估。制定企业负担职工教育培训成本、承担职业教育责任的政策，并通过相关企业免费培训等优惠政策，推进校企合作制度化。制定试点工作绩效考核办法及激励机制，评选并奖励先进企业合作单位、先进试点班、优秀实习指导教师、师傅和优秀学徒，提高企业的责任感和社会服务意识。

七、预期成效

（一）项目预期的成果

（1）形成一套适宜现代学徒制良好运行的机制、管理办法和制度。

（2）校企共同开发一批基于岗位工作内容、融入国家职业资格标准的专业课程标准与特色教材。

（3）完成《现代学徒制试点项目总结报告》，对试点专业毕业生进行跟踪研究并形成研究报告。

（4）总结、提炼本试点工作的成功经验，公开发表现代学徒制试点成果研究论文。

（二）项目预期推广及应用

（1）加大宣传力度，与广东中海万泰技术有限公司、广东科尔技术发展有限公司（佛山市模具行业协会会长单位）等其他对口企业商谈现代学徒制合作培养具体事宜，并推广到其他专业进行试点，扩大招生规模。

（2）试点取得突破后，将在本校机械设计与制造、机械制造与自动化、电气自动化、机电设备维修与管理、工业机器人等5个专业相继推广，服务佛山相关产业；同时相关思路和成果可向本校其他专业推广，并向省内外高职院校推广应用。

（3）相关研究成果可为省内外职业院校的同类专业开展现代学徒制人才培养提供参考和可借鉴的实践经验。

(三) 受益面

(1) 为佛山制造业企业解决用人招聘难、培训难、工作不稳定等难题，服务区域产业转型升级人才培养需要。

(2) 本专业对现代学徒制进行试点实践，取得初步成效后推广应用，不仅可以让智能制造学院6个专业的学生更快更好地适应企业岗位需求，而且可以让在岗企业员工有效提高技能及知识素养，促进企业核心竞争力，为佛山制造业企业培养急需的技术技能型人才。同时为省内外职业院校在现有体制下，推进现代学徒制人才培养模式改革提供实践经验。

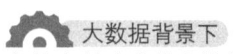

附录6 现代学徒制数控技术专业人才培养方案

现代学徒制数控技术专业人才培养方案

（2022级）

专业代码：460103

适用年级（修业年限）：2022（二年）

制订人：
学校：佛山职业技术学院
企业：广东中海万泰技术有限公司

审核人：
学校：佛山职业技术学院
企业：广东中海万泰技术有限公司

审批人：
学校：佛山职业技术学院
企业：广东中海万泰技术有限公司
时间：2021年12月20日

一、专业名称及代码

数控技术（460103）。

二、招生对象：招生与招工方式

（一）招生对象

合作企业在职员工和其他人员，应满足以下条件之一：具有两年以上相关岗位（群）工作经验的员工、具有与岗位（群）对应的相关技能证书的中职毕业生。

（二）招生与招工方式

1. 先招工再招生

招收生源对象为企业在职员工，由企业推荐符合广东省高考报名条件的在职员工报考，企业联合学校共同组织自主招生考试，考试合格后方可录取注册为在校生，获得员工的学生身份。

2. 招生与招工同步

该模式以自主招生形式实现，学校与企业共同签订合作协议后，共同制订招生（招工）方案，学生报名参加现代学徒制自主招生考试后，须与企业签订劳动合同方可录取注册，获得学生、员工双重身份。

三、基本学制与学历

（一）学制

二年。

（二）学历

学生修满学分，并符合毕业条件和要求，可获得高职院校普通专科毕业证书。

四、培养目标

本专业培养与我国社会主义现代化建设要求相适应，德、智、体、美、劳全面发展，面向通用设备制造、电气机械和器材制造、金属制品、机械和设备维修等行业（企业），既能从事数控机床操作、数控工艺与编程、机械加工工艺编制等工作，又能胜任数控机床操作班组长、数控加工产品检测学徒岗位工作，具备工业产品设计及数控编程加工职业技能和较强的可持续发展的职业能力，以及自主学习能力，在生产、建设、服务、管理第一线的发展型、复合型和创新型的技术技能人才。

五、培养方式

采取校企联合培养的现代学徒制人才培养模式。实施校企双主体育人，学生（学徒）双重身份，学校专业教师、企业导师及师傅双导师育人。培养期间，校企双方根据人才培养目标，合理安排学徒岗位，按照共同制定的人才培养方案开展教学和岗位技能训练，学生（学徒）须接受企业与学校的共同管理，履行企业员工职责，遵守学校的相关规定，完成学校和企业安排的学习任务和各项岗位工作。

学生（学徒）培养期间，采取以"在岗学习"为本位的双元培养模式，学生（学徒）在做中"学"，校企双导师在学生（学徒）做中"教"，校企双方联合培养学生（学徒）的岗位胜任能力。通过师傅岗位帮教、学校教师集中授课、企业培训、任务训练、岗位培养、利用学校课程资源平台进行网上教学等方式，学生（学徒）完成各项学习任务和岗位工作任务。具体的教学组织形式是：（1）公共基础课程由学校集中教学；（2）专业基础类课程由校企共建，共同组织实施；（3）专业拓展课网络课程学习；（4）专业实践类课程由企业主导，以课岗对接方式组织实施；（5）学徒岗位能力课程：由企业与学校共同开发，学生（学徒）参加带薪的企业岗位培训、岗位培养和各项业务训练，完成相应的课程任务和岗位工作任务。校企双导师共同评定学生（学徒）的专业课程成绩。

学生（学徒）培养期间，教学和食宿均安排在企业；在岗培养期间执行企业的工作时间安排，不再享有寒暑假，按企业规定安排学生（学徒）的调休时间。

六、职业范围

（一）职业生涯发展路径（附表6-1）

附表6-1　数控技术专业职业生涯发展路径

发展阶段	学徒岗位	就业岗位			学历层次	发展年限（参考时间）	
		操作岗位	技术岗位	管理岗位		中职	高职
Ⅵ	机加车间主任	高级技师	设计高级工程师、工艺高级工程师	生产总监、技术总监	大专	12～23	8～15

(续表)

发展阶段	学徒岗位	就业岗位			学历层次	发展年限（参考时间）	
		操作岗位	技术岗位	管理岗位		中职	高职
V	数控加工项目经理	技师	生产工程师、设计工程师、工艺工程师、质量工程师	设计部经理、生产部经理、工程部经理、售后服务经理	大专	6~12	5~8
IV	数控加工编程员	高级工	编程工程师、工艺工程师、车间生产技术员	加工班组长、生产组长	大专	3~6	2~5
III	工业产品设计员	高级工	绘图员、机械产品设计技术员	设计组长、设计主管	大专	3~6	2~5
II	车工、铣工	中级工	加工中心操作员		中专	1~3	0.5~2
I	学徒	机床操作工、CNC操作、火花机操作、线切割操作、磨床操作、钳工装配	数控加工学徒		中专	0~1	0~0.5

（二）面向职业范围（附表6-2）

附表6-2 面向职业范围

序号	对应职业（岗位群）	学徒目标方向	职业资格证书举例
1	通用设备制造业	机械加工冷加工人员 工装工具制造加工人员	车床、铣床操作工中级资格证
2	电气机械和器材制造业	通用基础件装配制造人员	车床、铣床操作工高级资格证
3	金属制品、机械和设备修理业	机械工程技术人员 增材制造（3D打印）设备操作员	三维CAD应用工程师

1. 通用设备制造业岗位职责

机械识图和制图；计算机绘图；公差选用与设计；机械零件设计；数控机床编程与加工；技术文件写作；良好的职业素养和敬业精神。

2. 电气机械和器材制造业岗位职责

机械识图和制图；机械加工工艺设计；机械零件数控加工；数控加工编程与加工；技术文件写作；良好的沟通能力；良好的职业素养和敬业精神。

3. 金属制品、机械和设备修理业岗位职责

机械识图和制图；熟悉计算机自动绘图、制造的流程；与设计人员、生产一线人员和客户交流沟通；数控机床销售与维修；良好的服务意识和服务技能；良好的职业素养和敬业精神。

七、人才规格

（一）职业素养（附表6-3）

附表6-3 职业素养及合作企业要求

职业素养	合作企业要求
（1）具有正确的世界观、人生观、价值观。坚定拥护中国共产党领导，树立中国特色社会主义共同理想，践行社会主义核心价值观，具有深厚的爱国情感和中华民族自豪感；崇尚宪法、遵守法律、遵规守纪；具有社会责任感和社会参与意识	（1）具有正确的三观，爱国爱党爱家，具有家国情怀，遵纪守法，具有社会责任感
（2）具有良好的职业道德和职业素养。遵守、履行道德准则和行为规范，崇德向善、诚实守信、尊重劳动、爱岗敬业、知行合一；具有精益求精的工匠精神，具有质量意识、环保意识、安全意识、创新意识和信息素养；具有较强的集体意识和团队合作精神，能够理解企业战略并适应企业文化，保守商业机密；具有职业生涯规划意识	（2）具有强烈的质量意识，做事细致严谨，能严格遵守各项品控规则；工作认真细心、踏实、负责，有上进心，为人诚恳，善于学习；要有吃苦在前，享乐在后的精神。具有较强的责任心和严谨的工作态度，积极主动、善于沟通、有较强的团队精神；有较强的逻辑思维能力和动手能力，善于学习新知识
（3）具有良好的身心素质和人文素养。达到《国家学生体质健康标准》，具有健康的体魄、心理和健全的人格，养成良好的健身与卫生习惯；具有良好的行为习惯和自我管理能力；对工作、学习、生活中出现的挫折和压力，能够进行心理调适和情绪管理；将佛山优秀传统文化融入人才培养过程中，了解岭南文化，认同岭南文化，热爱岭南文化，传承岭南文化，具有一定的审美和人文素养	（3）身心健康、有良好的团队合作能力、处理好人际关系。具备良好的沟通、表达与协调能力，具备良好的团队合作意识，较强的责任感及进取精神

（二）专业能力（附表6-4）

附表6-4　专业能力及合作企业要求

专业能力	合作企业要求
（1）具备数字应用、信息处理能力，以及一定的外语能力； （2）具备机械识图和制图能力； （3）具有测绘、设计、加工制造典型机械零件的能力； （4）具备利用3D造型软件进行中等复杂零件设计的能力； （5）具备数控加工与制造及装配的能力； （6）具备利用CAD与CAM软件进行工件造型、编程优化的能力； （7）能够熟练进行口语和书面的表达与交流，能够用工程语言（图纸）与专业人员进行有效的沟通交流； （8）具有本专业需要的信息技术应用能力； （9）具有探究学习和终身学习的能力	（1）熟练操作计算机，具备基本的外语应用能力； （2）具有机械基础，具备一定的识图能力，熟悉机械制图、AutoCAD绘图、3D软件绘图的基本理论和知识； （3）掌握机械制造和工程材料的基本理论和知识，熟悉机械零件的加工方法，熟悉加工和装配常用工具的使用，掌握装配操作技能，如部装、总装等； （4）具备零件3D绘图的基本操作技能，利用软件进行中等复杂工件设计的能力； （5）具备中等复杂零件自动编程与加工制造的能力； （6）具有良好的沟通协调能力； （7）能借助文献和互联网，解决工作所遇到的难题； （8）具备独立学习、获取新知识的能力

八、典型工作任务及职业能力分析

根据本专业车工、铣工、多工序数控机床操作调整工、机械制造技术工程人员、增材制造（3D打印）设备操作员目标岗位，运用企业岗位调研、头脑风暴、职业能力分析等方法，经过开展行业企业专家研讨，获得三个典型工作描述，以及31条典型职业能力点。典型工作任务如下（附表6-5），职业能力分析表见附件1。

附表6-5　典型工作任务表

序号	典型工作任务	工作项目及职业能力要求	备注
1	车床编程与操作	根据客户提供的产品图，进行产品设计、编程与加工 （1）熟悉车床的基本构成、性能指标； （2）熟悉车刀的分类与切削特性； （3）具备通用夹具应用能力； （4）具备机械识图和制图能力； （5）具备车削加工工艺编制能力； （6）具备车床编程能力； （7）具备车床操作能力； （8）具备精度检验及误差分析能力； （9）具有良好的职业素养和敬业精神； （10）能够进行机床几何精度、切削精度检验	核心技能

（续表）

序号	典型工作任务	工作项目及职业能力要求	备注
2	铣床编程与操作	根据客户提供的产品图，进行产品设计、编程与加工 （1）熟悉铣床的基本构成、性能指标； （2）熟悉铣刀的分类与切削特性； （3）具备通用夹具应用能力； （4）具备机械识图和制图能力； （5）具备铣削加工工艺编制能力； （6）具备铣削编程能力； （7）具备铣床操作能力； （8）具备精度检验及误差分析能力； （9）具备应用CAD/CAM软件的能力； （10）具有良好的职业素养和敬业精神； （11）能够进行机床几何精度、切削精度检验	核心技能
3	多工序数控机床操作调整	根据客户提供的产品图，进行产品设计、编程与加工 （1）熟悉加工中心复合机床的基本构成、性能指标； （2）熟悉刀具的分类与切削特性； （3）具备通用夹具应用能力； （4）具备机械识图和制图能力； （5）具备切削加工工艺编制能力； （6）具备切削编程能力； （7）具备加工中心、复合机床操作能力； （8）具备精度检验及误差分析能力； （9）具备应用CAD/CAM软件的能力； （10）具有良好的职业素养和敬业精神	核心技能

九、课程结构

本专业的课程体系建构是根据中职（高中）学生（学徒）的认知规律和职业能力的养成规律，根据数控技术应用岗位（群）进行工作任务分析，从识图、绘图、普通机床的加工、机械零件设计等基础能力，到机械制造工艺编制、数控机床加工等专项能力，再到CAD/CAM、数控零件综合加工等综合能力，构建"任务驱动，能力递进"的专业课程体系（见附表6-6）。

附表6-6 专业课程体系表

课程模块		课程名称	课程性质
公共基础课程		思想品德修养与法律基础	必修课
		毛泽东思想和中国特色社会主义理论体系概论	必修课
		形势与政策	必修课
		马克思主义中国化进程与中国青年使命担当	必修课
		党史	必修课
		体育	必修课
		英语	必修课
		应用文写作	必修课
		计算机应用基础	必修课
		就业指导与职业生涯设计	必修课
		创新创业基础	必修课
专业课程	专业技术技能课程	机械制图及CAD	必修课
		机械制造基础	必修课
		机械设计与创新	必修课
		公差配合与技术测量	必修课
		CAD技术（NX）	必修课
		数控特种加工	必修课
		毕业设计或毕业论文	必修课
	学徒岗位能力课程	数控加工工艺与编程	必修课
		NX自动编程与数控加工	必修课
		车铣复合编程技术	必修课
		NX多轴数控编程与Vericut仿真加工	必修课
		工厂产品数控加工综合实训	必修课
	专业拓展课程	创新思维与创新方法、机械产品设计SOLIDWORKS/PRO-E/CATIA/NX、ISO9000质量管理体系认证、专利与论文写作、6S管理、精密检测技术、逆向工程与3D打印技术	限选课 任选课

十、课程内容及要求

(一)公共基础课程(附表6-7)

附表6-7 公共基础课程

序号	课程名称	主要教学内容和要求	参考学时
1	思想品德修养与法律基础	主要是进行社会主义道德教育和法治教育,帮助学生增强社会主义法治观念,提高思想道德素质,解决成长成才过程中遇到的实际问题。结合当代大学生的成长规律,帮助和指导大学生运用马克思主义的立场、观点和方法,解决有关人生、理想、道德、法律等方面的理论问题和实际问题,增强识别和抵制错误思想行为侵袭的能力,确立远大的生活目标,培养高尚的思想道德情操,增强社会主义法治观念和法律素养,成为合格的社会主义事业的建设者和接班人	72
2	毛泽东思想和中国特色社会主义理论体系概论	主要是帮助学生学习毛泽东思想和中国特色社会主义理论体系的基本内容,帮助学生理解毛泽东思想和中国特色社会主义理论体系是马克思主义的基本原理与中国实际相结合的两次伟大的理论成果,是中国共产党集体智慧的结晶。通过对学生进行系统的马克思主义中国化理论教育,帮助学生系统掌握毛泽东思想和中国特色社会主义理论体系的基本原理,正确认识我国社会主义初级阶段的基本国情和党的路线方针政策,正确认识和分析中国特色社会主义建设过程中出现的各种问题,从而培养学生运用马克思主义基本原理分析和解决实际问题的能力,坚定在党的领导下走中国特色社会主义道路的理想信念,增强投身到我国社会主义现代化建设中的自觉性、主动性和创造性	72
3	形势与政策	主要根据教育部和省教育厅下发的每学期"形势与政策教育教学要点"以及结合我校教学实际情况和学生关注的热点、焦点问题来确定,组织实施"形势与政策"课的教育教学工作。本课程分专题来讲授。每讲均要求学生积极主动思考,认真听讲,课下吸收、运用。主要是帮助学生全面正确地认识党和国家面临的形势和任务,拥护党的路线、方针和政策,增强实现改革开放和社会主义现代化建设宏伟目标的信心和社会责任感。同时使学生基本掌握该课程的基础理论知识、分析问题的基本方法,并能够运用这些知识和方法去分析现实生活中的一些问题,把理论渗透到实践中,指导自己的行为	96
4	马克思主义中国化进程与中国青年使命担当	课程着重讲授自马克思主义诞生以来的时代特点、马克思主义在中国的发展、不同时代青年的责任担当等内容,重点讲授中国特色社会主义新时代、习近平新时代中国特色社会主义思想、当代青年学生的使命担当等专题内容	20

(续表)

序号	课程名称	主要教学内容和要求	参考学时
5	党史	主要学习中国共产党发展的历史,分专题学习,深化对马克思主义与中国革命、建设和改革实践相结合形成的毛泽东思想、邓小平理论等认识,使学生认识到没有共产党就没有新中国,只有社会主义才能救中国,提高学生联系实际、分析问题的能力	16
6	应用文写作	主要以日常文书、行政公文、事务文书、经济文书、宣传文书、职业文书等文种的文体知识和写作训练为教学内容,培养学生解决实际问题的能力和自主学习能力	72
7	英语	依据《高职高专教育英语课程教学基本要求》,主要包括词汇、语法、听力、口语、写作等内容。通过教学,学生能掌握一定的英语基础知识和技能,具有一定的听、说、读、写、译的能力,从而能借助词典阅读和翻译有关英语业务资料,在涉外交际的日常活动和业务活动中能进行简单的口头和书面交流,并为今后进一步提高英语的交际能力打下基础	144
8	计算机应用基础	主要包括计算机的基础知识、操作系统基础、多媒体技术基础、计算机网络基础与Internet技术、文字处理、电子表格和演示文稿软件等。学生应掌握在信息化社会中工作、学习和生活所必须具备的计算机基本知识与基本操作技能,能够系统地、正确地建立计算机相关概念和微型计算机的操作技术;熟练掌握在网络环境下操作计算机及常用应用程序的使用方法;具备在网上获取和交流信息的能力,为今后进一步学习和掌握计算机知识和技术打下良好的基础	72
9	体育	主要包括田径、足球、篮球等体育项目,课程教学使学生掌握1~2项基本技能和保健方法,具备多项体育项目的赏析能力,积极参与各种体育活动,养成良好的锻炼习惯,树立终身体育的观念。通过教学,增强学生体育意识,改善学生心理状态,建立良好的人际关系,体现出良好的体育道德、强烈的竞争和创新意识、高尚的团队精神	72
10	就业指导与职业生涯设计	主要包括职业、职业生涯设计、择业、就业与创业的基本理论、基本方法和操作技术。引导学生及早了解职业及就业的相关知识,科学地规划自己的职业生涯,以达到专业学习与职业生涯相联系,促进学生顺利就业、成功创业、实现自我职业生涯目标	36
11	创新创业基础	主要包括创新的基本理论、创业的内容与流程。让学生了解创新创业活动过程的内在规律,了解创业过程经常遇到的问题和初创企业的特点。培育学生的创新意识,强化创业精神,以及资源整合、团队建设等创业技能,使学生能用创业的思维和行为准则开展工作,并具有创造性地分析和解决问题的能力,为学生今后的专业学习和创新创业实践打下良好基础	36

(二)专业技术技能课程(附表6-8)

附表6-8 专业技术技能课程

序号	课程名称	对接典型工作任务及职业能力	主要教学内容和要求	参考学时
1	机械制图及CAD	1.1、1.4、2.1、2.4、3.1、3.4	课程内容主要重点培养学生熟练运用AutoCAD软件绘制机械图样的能力,通过本课程的学习,使学生能运用AutoCAD软件的各项功能及各种绘图技巧,提高绘图的准确性及效率,使学生的综合图形表达能力和设计能力进一步提高,同时又为后续课程打好基础。本课程是整个专业课程体系中重要的一环,起到承上启下的作用	72
2	机械制造基础	1.1、1.4、2.1、2.4、3.1、3.4	课程内容主要包括工程材料、成型工艺基础和机械加工基础三大部分,主要介绍工程材料的组织、性能和选用原则;零件毛坯的成型方法以及机械加工方法的基本原理和特点。通过学习,学生能够具备选材选工艺的能力,为学习其他专业课程和从事机械制造工作打下扎实的基础	72
3	机械设计与创新	1.3、1.5、1.6、2.6	课程内容主要包括常用机构和零部件的工作原理、特点、适用范围、选型以及有关的基础理论和典型机构、传动、零件的设计计算方法,创新设计方法,企业典型机器及设备的创新设计。通过学习,学生能够具备机械创新设计的初步能力,学会用已经掌握的知识解决问题,达到具备机械设计和创新设计的能力	72
4	公差配合与技术测量	1.8、2.8、3.8	课程内容主要包括识读机械图样的尺寸公差配合、检测典型零件的尺寸误差、识读机械图样的几何公差、检测典型零件的几何误差,识读、检测典型零件的表面结构特征,识读、选用轴承、键的公差配合,设计光滑极限量规公差带等内容。通过学习,学生应掌握公差配合与技术测量的基础知识,会用有关的公差配合标准,具有选用公差配合的初步能力,能正确选用量具量仪进行一般的技术测量工作,会设计常用量规,能够胜任产品质量检验岗位	36

(续表)

序号	课程名称	对接典型工作任务及职业能力	主要教学内容和要求	参考学时
5	CAD技术（NX）	1.6, 2.9, 3.8	通过本课程的学习，学生可以系统学习与掌握计算机辅助设计的基本技能，具备较熟练的三维设计软件的操作能力，能够胜任从产品测绘、产品外形设计到产品结构设计的各项工作，并在此基础上进入数控编程的学习；同时通过本课程的学习，学生能够具备一定的创新意识能力，形成良好的职业素养	72
6	数控特种加工	1.4, 2.4, 3.9	本课程根据数控电火花成型加工和数控电火花线切割加工岗位而设立，与之对应的职业岗位是数控电火花成型操作工、数控电火花线切割操作工等。通过本课程学习，要求学生具备电火花成型加工电极设计和编程加工、数控电火花成型机床以及电火花线切割机床操作的能力	72
7	毕业设计或毕业论文	1.1, 1.2, 1.3, 1.4, 1.5, 1.6, 1.7, 1.8, 1.9, 1.10, 2.1, 2.2, 2.3, 2.4, 2.5, 2.6, 2.7, 2.8, 2.9, 2.10, 2.11, 3.1, 3.2, 3.3, 3.4, 3.5, 3.6, 3.7, 3.8, 3.9	通过完成企业一项具体工程实际项目，学生应掌握综合运用所学的理论知识和实践知识，具有独立分析和解决本专业范围内工程技术问题的初步能力；通过理论联系实际、调查研究，文献资料查阅及综述，工程设计，论文及技术文件撰写等环节，能够完成工程师基本技能的综合训练，初步具有独立从事机械设计与制造的能力，树立正确的设计思想，实事求是的科学态度，勤奋严谨、团结协作的优良工作作风	168

（三）学徒岗位能力课程（附表6-9）

附表6-9　学徒岗位能力课程

序号	课程名称	对接典型工作任务及职业能力	主要教学内容和要求	参考学时
1	数控加工工艺与编程	1.2, 1.3, 1.5, 1.6, 1.7, 2.1, 2.2, 2.3, 2.5, 2.6, 2.7, 3.1, 3.2, 3.3	通过课程的学习，学生能胜任制造企业数控加工工艺员、中高级数控车床、数控铣床、加工中心操作工的职业要求，能够根据工程图进行数控车削、铣削与加工中心的手工，并按工艺要求利用斯沃、宇龙等国产模拟仿真软件进行模拟加工与数控机床的实际加工	108

（续表）

序号	课程名称	对接典型工作任务及职业能力	主要教学内容和要求	参考学时
2	NX自动编程与数控加工	1.6, 2.6, 2.9, 3.6, 3.9	通过课程的学习，学生能够掌握运用NX软件的CAM模块，对中等复杂机械零件进行刀路的编程；掌握运用NX软件的CAM模块，对工件进行刀路的编程；能制定零件的数控加工工艺方案；运用NX软件对产品编程加工；具备自学、创新和动手能力，提高分析问题和解决问题的能力	72
3	车铣复合编程技术	1.6, 1.7, 3.6, 3.7	本课程教学以车铣复合编程软件为主导，数控车工、铣工国家职业技能（高级、技师）为基础而制定。主要任务是培养学生的读图能力、空间想象力、工艺分析能力和编程能力。通过本课程学习，学生初步掌握了中等复杂车铣复合加工零件的"分析—编程—仿真—加工"的生产过程，为学生后续实训课程、毕业后从事装备制造行业打好基础	72
4	NX多轴数控编程与Vericut仿真加工	2.6, 2.7, 3.6, 3.7	本课程是数控技术专业向多轴数控加工方向拓展的一门专业必修课。在以数控技术专业为工作导向的课程体系结构中，属于纵向拓展学习领域的一门课程，对数控专业学生向前沿技术拓展学习有着重要的意义。通过本课程学习，学生能够掌握Vericut7.2数控仿真软件的应用；掌握2.5轴、三轴、四轴、五轴等零件的工艺文件编制；掌握UGNX8.5CAM模块应用等知识	128
5	工厂产品数控加工综合实训	1.1, 1.2, 1.3, 1.4, 1.5, 1.6, 1.7, 1.8, 1.9, 1.10, 2.1, 2.2, 2.3, 2.4, 2.5, 2.6, 2.7, 2.8, 2.9, 2.10, 2.11, 3.1, 3.2, 3.3, 3.4, 3.5, 3.6, 3.7, 3.8, 3.9	通过企业典型工厂产品的设计、加工综合项目实训，学生能够掌握工厂产品设计、数控编程、数控加工、装配等综合应用能力	280

十一、教学安排

（一）教学安排表（附表6-10）

附表6-10　2022级现代学徒制数控技术专业教学安排表

课程类别		课程名称	学分	总学时	各学期周数学时分配				教学场所学时分配			评价方式	说明
					1学期 18周	2学期 18周	3学期 18周	4学期 18周	学校	网络	企业		
公共基础课程	必修课	思想品德修养与法律基础	4	72	2	2			72			①	理论+实践
		毛泽东思想和中国特色社会主义理论体系概论	4	72	4				72			①	理论+实践
		形势与政策	2	32	每学期8学时	每学期8学时	每学期8学时	每学期8学时	32			①	理论（16学时）+实践（16学时）
		马克思主义中国化进程与中国青年使命担当	1	20	10个专题				20			①	理论
		党史	1	16	8个专题				16			①	理论
		大学生心理健康教育	1	16	1				16			③	理论+实践
		体育	4	72	2	2			72			③	理论（36学时）+实践（36学时）
		英语	8	144	4	4			144			①	理论+实践
		应用文写作	4	72	4				36	36		③	理论+实践

（续表）

课程类别		课程名称	学分	总学时	各学期周数学时分配				教学场所学时分配			评价方式	说明
					1学期 18周	2学期 18周	3学期 18周	4学期 18周	学校	网络	企业		
公共基础课程	必修课	计算机应用基础	4	72		4			30		42	③	理论+实践
		就业指导与职业生涯设计	2	36	1		1		36			②、③	理论+实践
		创新创业基础	2	36			2		12	14	10	②、③	理论+实践
		小计（不能少于总学时1/4）	37	664	18	12	3						
专业课程	专业技术技能课	机械制图及CAD	4	72	4				72			①、③	理论+实践
		机械制造基础	4	72	4				30		42	①、③	理论+实践
		机械设计与创新	4	72		4				30	42	③	理论+实践
		公差配合与技术测量	2	36		2					36	①	理论+实践
		CAD技术（NX）	4	72		4					72	③	理论+实践
		数控特种加工	4	72			4				72	③	理论+实践
		毕业设计或毕业论文	6	168				6周			168	③	理论+实践
		小计	28	564	8	10	4						
学徒岗位能力课程		数控加工工艺与编程	6	108			6				108	①、③	理论+实践
		NX自动编程与数控加工	4	72			4				72	③	理论+实践
		车铣复合编程技术	4	72			4			20	52	③	理论+实践

（续表）

课程类别		课程名称	学分	总学时	各学期周数学时分配				教学场所学时分配			评价方式	说明
					1学期 18周	2学期 18周	3学期 18周	4学期 18周	学校	网络	企业		
专业课程	学徒岗位能力课程	NX多轴数控编程与Vericut仿真加工	4	112			4周				112	③	实践
		工厂产品数控加工综合实训	10	280				10周			280	④	实践
		小计	28	644			14						
合计（应超总学时的50%）			56	1208									
任选课（含专业拓展课程）		创新思维与创新方法	2	36		4			36			③	理论+实践
		SOLIDWORKS软件及应用/中望CAD软件及应用/CATIA软件及应用/NX软件及应用/CREO软件及应用	2.5	48		4					48	③	理论+实践
		ISO9000质量管理体系认证	2	36			4		36			③	理论+实践
		专利与论文写作	2	36			4			10	26	③	理论+实践
		6S管理	2	36							36	①、③	理论+实践
		精密检测技术	2	36			2				36	①、③	理论+实践
		逆向工程与3D打印技术	2.5	48			4				48	③	理论+实践
		小计（不能少于160学时）	15	276		4	8						
合计			108	2144	26	26	28	28					

注：评价方式：①笔试，②面试，③任务考核，④业绩考核等。

（二）工学交替的教学组织进度安排表

对招生招工同步的学生，学生（学徒）在岗学习工作应不少于50%；对于先招工后招生的企业在职员工，根据学徒基础和技能情况，因材施教，实施"工学交替，技能递进"的培养模式，从基本技能（初、中级）到综合专业技能（中、高级）不断进阶，专业培养和综合培养同步进行，实现校企探索创新教学组织实施模式、教学过程管理与工作过程管理相融合，体现工学交替、交互训教的特色，如附表6-11所示。

附表6-11　工学交替的教学组织进度安排表

	基本技能（初、中级）		综合专业技能（中、高级）		拓展技能
学期	1	2	3	4	3、4
课程	思政课程、英语、应用文写作、计算机应用	专业技术技能课程、学徒岗位能力课程	工厂产品数控加工综合实训、岗位培养、任务训练、参与项目	学徒岗位能力课程毕业设计或毕业论文、学生（学徒）作品、参与项目	"1+X"证书、专业拓展
地点	校内教室	企业现场、厂中校、校内实训室	企业现场、厂中校	企业现场、厂中校	企业现场、校内实训室
教师	校内专任	企业导师、校内专任	企业导师、教师指导	企业导师、教师指导	校内专任、企业导师

十二、实施保障

（一）师资队伍

1. 学校教师

数控技术专业现有专任教师9人，其中高级职称2人，中级职称2人，初级职称5人；校级"教学能手"1人，校级"教学新秀"1人；高级职称占主讲教师比例22.2%；"双师"素质教师5人，占55.6%；具有行业企业生产一线工作经历的达75%；专任教师中，国家级加工中心裁判员1人，高级考评员4人，考评员2人；荣获省级教学成果奖1项，省级教育成果奖培育项目1项，院教学成果奖一等奖3项，二等奖1项；承担省级教研教改项目2项，承担大学生校外实践基地建设项目1项；负责校级精品资源共享课程3门；专业教学团队编写校企合作教材10余本，出版教材9本。

2. 校内实训基地

数控技术专业现有现代制造技术实训基地（中央财政支持建设）、3D打印实训基地，实训室建筑面积7588平方米，实训设备总值5000余万元。主要实训室见附表6-12、附表6-13。

附表6-12　现代制造技术实训基地实训室设备及工位数统计表

序号	实训室名称	实训实践设备	面积（平方米）	工位数（个）	主要实训实践项目
1	数控中心	（1）数控铣床9台 （2）平床身数控车床9台 （3）斜床身数控车床3台 （4）四轴加工中心5台 （5）五轴加工中心5台 （6）大型数控加工中心1台	1050	60	（1）数控加工 （2）多轴加工 （3）大赛集训 （4）企业培训 （5）考核鉴定
2	模具中心	（1）高速精雕2台 （2）电火花机床6台 （3）线切割机床6台	500	30	（1）线切割加工 （2）电火花加工 （3）大赛集训 （4）企业培训 （5）考核鉴定 （6）模具加工
3	机构设计与创新实训室	（1）减速器20台 （2）机械零件展览柜10台 （3）典型机械零件100个 （4）多功能机械传动平台10个	100	50	（1）机械设计与创新 （2）创新思维与创新方法训练 （3）机械测绘
4	虚拟制造实训室	（1）电脑180台 （2）各软件180多套	300	180	（1）机械制图及CAD （2）数控编程与加工 （3）塑料成型工艺与模具CAD技术 （4）CAM技术
5	模具结构开发分析室	（1）典型亚克力透明模具24套 （2）拆装工具20套	100	40	（1）机械测绘 （2）模具拆装 （3）模具设计
6	金工实训室	（1）普通车床12台 （2）铣床11台 （3）摇臂钻床1台 （4）立式钻床2台 （5）平面磨床1台 （6）刨床3台 （7）锯床1台 （8）砂轮机10台	500	100	（1）承担金工实训教学任务 （2）用于机械类专业或近机类专业学生进行车、铣、刨、磨工等工种的基本操作训练及相关工种的培训
7	钳工实训室	（1）钳工台60个 （2）台钻14个 （3）砂轮机6台	158	60	（1）承担钳工实训教学任务，训练钳工的基本操作技能，如划线、錾削、锯削、攻丝、套丝等 （2）工件检测方法 （3）常用工、量具的使用及考证培训

附表6-13　3D打印实训基地实训室设备及工位数统计表

序号	实训室名称	实训实践设备	面积（平方米）	工位数（个）	主要实训实践项目
1	增材制造培训中心（A108）	（1）电脑20台 （2）金属3D打印机DMP300 1台 （3）金属3D打印Dmetal280 1台 （4）激光粉末烧结SLS3D打印机SPRO60 1台 （5）金属电弧喷涂快速制造系统1套 （6）连续液面成型打印机Figure4 Standalone 5台 （7）全彩色石膏3D打印机CJP660 1台	250	30	（1）金属打印技术 （2）快速喷涂模具技术 （3）全彩色打印技术 （4）粉末烧结打印技术 （5）连续液面成型打印技术 （6）面向区域和行业企业3D打印技术培训 （7）3D Systems大中华区培训中心
2	凯勒实训室（A101）	（1）电脑55台 （2）Cimatron软件55节点 （3）UGNX软件55节点	128	55	（1）正向建模设计 （2）CAE分析 （3）CAM编程加工
3	三维检测实训室（A102）	（1）蔡司Comet-L3D三维扫描系统1套 （2）Win3D三维扫描仪1台 （3）Freeform虚拟雕刻系统10套 （4）DIC数字散斑三维扫描全场变形测量与分析系统1套 （5）杯凸试验与分析系统1套	128	20	（1）前端扫描 （2）逆向工程 （3）虚拟雕刻 （4）扫描抄数 （5）散斑测量 （6）力学测试
4	快速成型室（A103）	（1）海克斯康三坐标测量机1台 （2）光固化3D打印机Lite600 HD 1台 （3）光固化3D打印机SPS450 1台 （4）桌面型面曝光3D打印机3台 （5）工业型面曝光3D打印机1台	40	7	（1）精密测量技术 （2）SLA光固化技术 （3）DLP光固化技术
5	快速设计创新室（A104）	（1）激光打标机GLS800 1台 （2）熔融挤出3D打印机Xj 25台 （3）桌面熔融挤出3D打印机UP300 1台 （4）全彩熔融挤出3D打印机1台 （5）蜡型3D打印机Solidscap PRO 10台	128	50	（1）激光打标技术 （2）FDM打印技术 （3）蜡型打印技术 （4）创新设计 （5）社团训练

(续表)

序号	实训室名称	实训实践设备	面积（平方米）	工位数（个）	主要实训实践项目
6	快速原型制作训练中心（B108）	（1）手持式扫描仪5台 （2）减材加工单元5台 （3）桌面熔融挤出3D打印机5台 （4）LCD面曝光3D打印机5台 （5）真空覆膜机5台 （6）电脑55台 （7）快速原型制作系统5套	250	55	（1）快速原型制作 （2）FDM打印技术 （3）LCD打印技术 （4）快速模具技术 （5）世界技能大赛参赛训练 （6）轻量化设计技术
7	后处理室（B107）	（1）后处理单元2台 （2）喷砂机1台 （3）水帘柜1台 （4）烤箱2个 （5）低压灌注机1台 （6）打磨工位2个 （7）固化箱1个 （8）修配工位2个 （9）真空覆膜机1台	128	10	（1）快速原型制作 （2）低压灌注技术 （3）快速模具技术 （4）后处理技术 （5）上色与抛光 （6）手板修配

3. 教学资源

（1）依托职业教育"机械设计与制造"专业国家级专业教学资源库，建成了机械制图与CAD、机械制造基础、公差配合与技术测量、机械设计基础、数控加工技术及应用等国家级资源库标准课程（网址为：https：//www.icve.com.cn/portalproject/themes/default/hkkxah-njlvnamemkzk2vq/sta_page/index.html?projectId=hkkxah-njlvnamemkzk2vq）。

具体课程的网址为：

①机械制图与CAD标准课程

https：//www.icve.com.cn/portal/courseinfo?courseid=1koaao-onahbo-oxs7x-3q

②机械制造基础标准课程

https：//www.icve.com.cn/portal/courseinfo?courseid=m0qpapwoi6dbsy5ocgzn9g

③公差配合与测量技术标准课程

https：//www.icve.com.cn/portal/courseinfo?courseid=ug6halcqdoripxmkum4uw

④机械设计基础标准课程

https：//www.icve.com.cn/portal/courseinfo?courseid=ix3nafirtqtiu8o3d8bgsg

⑤机械设计与创新标准课程

https：//www.icve.com.cn/portal/courseinfo?courseid=obquae-o6kxdmzen0r36-w

⑥数控加工技术及应用标准课程

https：//www.icve.com.cn/portal/courseinfo?courseid=qbn0apgoorzjhnalegc8hw

⑦创新创业教育子库

https：//www.icve.com.cn/portal/courseinfo?courseid=g3cnaa2pcovirxdpfgjkoa

（2）依托学校"互联网+"专业教学资源库及课程中心平台（超星学习平台），建成了公差配合与技术测量、CAD技术（NX）、塑料成型工艺与模具CAD技术、快速制造技术及应用、机械设计与创新等省级课程、校级课程（网址为：http：//fspt.zyk2.chaoxing.com/）。

具体课程的网址为：

①公差配合与测量技术课程

http：//mooc1.chaoxing.com/course/206131436.html

②机械CAD课程

http：//mooc1.chaoxing.com/course/207361279.html

③CAD技术（NX）课程

http：//kczx.fspt.net：9016/courses/courses/53/index.xhtml

④塑料成型工艺与模具CAD技术

http：//mooc1.chaoxing.com/course/206672505.html

⑤冲压工艺与模具设计课程

http：//fspt.fanya.chaoxing.com/portal/courseNetwork/list?pageNum=1&keyword=%E5%86%B2%E5%8E%8B

⑥塑料模具CAE技术及应用课程

http：//fspt.fanya.chaoxing.com/portal/courseweb/14743318.html

⑦模具制造技术课程

http：//mooc1.chaoxing.com/course/206380959.html

⑧模具制造工艺课程

http：//mooc1.chaoxing.com/course/214160204.html

⑨快速制造技术及应用课程

http：//mooc1.chaoxing.com/course/204077720.html

⑩文献检索与论文写作课程

http：//mooc1.chaoxing.com/course/204251645.html

⑪机械设计与创新课程

http：//mooc1.chaoxing.com/course/204632469.html

⑫机械产品设计（Solidworks）课程

http：//mooc1.chaoxing.com/course/206291587.html

以上精品在线开放课程充分融合了"教、学、做"一体化的高职教育理念，突出对学生技能的培养。这些精品课程的点击率较高，发挥了精品课程资源共享的作用，非常适合企业学生（学徒）在空余时间学习。

（3）校企合作教材

在教材建设方面，优先选用国家高职高专推荐教材和获奖教材，积极编写针对性强的核心课程教材，并根据专业群的特色，编写了多本工学结合教材。

（4）其他数字化教学资源

①职业技能赛项资源转化

职业技能大赛是检验参赛队的团队协作能力、计划组织能力、设计能力、加工能力、设备维修能力、职业素养、效率、成本和安全环保意识的有效手段，能够引导高职教育专业教育教学改革，加快工学结合人才培养模式改革与创新步伐，加强企业参与学校教学和校企合作力度。其基本内容包括：

a. 大赛样题（试题库）；

b. 大赛技术文件；

c. 竞赛技能考核评分案例；

d. 大赛现场考核环境描述；

e. 竞赛过程音视频记录；

f. 优秀选手（指导教师）访谈；

g. 评委（裁判、专家）点评；

h. 模拟赛场等。

创新内容包括：

a. 基于移动终端的微课互动教材（电子介质）；

b. 基于工作过程系统化的项目式教材（纸质介质）等资源转化成果包含文本文档、演示文稿、视频文件、Flash文件、图形/图像素材和网页型资源等。

②佛山装备制造行业科技与社会服务平台（附表6-14）

提供对外服务，包括职工在线与离线教育、在线交流中心和校企合作案例等。

附表6-14　佛山装备制造行业科技与社会服务平台

模块	栏目
1. 网站首页	设备展示
2. 科技信息新闻发布	行业动态、园区动态、企业新闻、政策法规、展会会议
3. 职工在线与离线教育（微课视频、资料下载等）	微课案例（企业生产和学校教学）(85个微课)、资料下载
4. 在线交流中心	企业留言、培训课程发布、技能培训、技能鉴定、项目开发服务、在线交流
5. 校企合作（合作案例共享）	企业资源库、产学研成果展示、专利成果
6. 企业招聘信息发布	校园招聘会、企业招聘

（二）企业条件

1. 企业导师条件

企业拥有一支爱岗敬业、刻苦钻研的技术队伍，拥有大批专家型的技术人才和复合型的管理人才，他们可以作为现代学徒制培养的企业导师（师傅）。企业导师可以承担学徒课程授课、岗位培养、任务训练、学徒指导等任务。

2.岗位培养条件

企业为学徒提供足够多的岗位（包括数控编程与操作、工件检测、工件设计与模拟加工等），并且安排企业导师（师傅）对其进行一对一岗位培养、任务训练等。企业工作室由企业的技能大师、高层次人才等能工巧匠开设，实行双导师负责制，分别配备一名企业导师和一名校内指导教师，以培养发展型、复合型和创新型的技术技能人才为主，使其深入学习行业新技术，进一步强化技术创新能力、产品开发能力与技术应用能力。我校通过以企业项目或导师项目为驱动，让学生（学徒）在"做中学、学中做"；统筹利用好学校、企业与社会资源，让学生（学徒）在具体项目实践中提升专业操作能力和社会适应能力，切实提升学生（学徒）自主创新意识与技术技能能力。学生（学徒）完成某一阶段或某一项目学习任务，即可取得相应课程的学分。通过制定双导师和工作室日常管理制度，实行动态运行，企业与学校对双导师和工作室施行动态监管，定期考核、优胜劣汰，确保人才培养质量。

十三、教学实施建议

（一）教学要求

学校教师和企业导师依据专业培养目标、课程教学要求、学生能力与教学资源，采用适当的教学方法，以达成预期教学目标。倡导因材施教、因需施教，鼓励创新教学方法和策略，采用理实一体化教学、案例教学、项目教学等方法，坚持让学生在"学中做、做中学"。

在培养高素质技能型人才的目标下，我们在普通教学模式的基础上，围绕企业对人才素质与能力培养的要求，在教学中全面实施工学结合的教学模式与方法，力求做到以学生为主体，教师作引导，学生与教师互动。主要引入合作企业的实例进行案例教学，以企业现实岗位任务作引领，设置情景教学；充分利用企业专家的优势，探索工作任务驱动教学；积极探索素质拓展训练与课程教学相结合的教学模式，加强学生素质的培养和技能的训练；利用企业实习基地的资源开展实践教学；组织学生参加企业重大活动，使学生了解企业、融入企业。多元化的教学方式方法强调课堂教学和现场教学，强化知识学习与技能训练，实现"教、学、做"一体化，为进一步提高人才培养质量提供了良好的保障作用。

（二）教学组织形式

在教学过程中本着"加强岗位技能训练，理论知识够用为度，着实培养学生动手能力和综合素质"的方针，围绕"校企合作、工学结合、证赛融合、服务社会"的思路，以学生为中心，采用"教、学、做"一体化的教学形式。在教学组织上，实行多种教学方式相结合，通过多层次、有梯次的实训项目，培养学生的职业能力，这些措施保证了教学计划目标的实现，有效提高学生的动手能力，为学生毕业后的顺利上岗提供了可靠的保障。

开展企业案例实训，让学生参与企业项目的实施，突出工学结合特色，使学生所学为工作所需，未出校门就已了解将来工作的环境、特点，具备工作所需的知识、能力、素质。重视校内学习与实际工作的一致性，校内评价与企业评价相结合，探索课堂与实习地点的一体化；积极探索任务驱动、项目导向等有利于增强学生能力的教学模式。

（三）学业评价

本专业的学习评价主要是对学生学习效果的评价和教师教学工作过程的评价。对学生学习效果的评价应兼顾认知、技能、情感等方面，评价应体现评价标准、评价主体、评价方式、评价过程的多元化，如观察、口试、笔试、实训操作、职业技能大赛、职业资格鉴定等评价、评定方式。对教师教学工作过程的评价内容包括教学设计、组织、实施等。

本专业构建了以学校、行业、企业和其他社会组织等共同参与的多元化评价主体的人才培养质量评价体系。评价主体主要由内部评价和社会评价两部分组成。

内部评价主体是学校、教师和学生三部分。内部评价主要包括专业与课程评价、教学条件和教育教学管理评价，通过内部评价论证专业定位是否适应社会需要，专业课程体系是否与人才培养目标一致，能否达到高职人才培养质量标准的要求。

社会评价主体是行业企业、毕业生及学生家长和独立性的社会评价机构三部分。首先，专业教师走访企业，了解毕业生的工作表现以及工作中对所学专业知识的运用、职业技能的熟练程度、基本素质的表现，让企业对毕业生质量进行评定。其次，学校走访学生家长，通过比较其子女在接受高职教育前后，以及在就业中的表现可较好地评估其子女受教育前后发生的变化，从侧面反映高职教育人才培养的质量。再次，学校请第三方评价机构——麦可思公司对毕业生的情况进行调查。

针对数控专业教学的特点：

1. 坚持教前评价与教后评价相结合、过程评价与结果评价相结合、定性评价与定量评价相结合、主观评价与客观评价相结合的多元化评价原则。

2. 实行理论考试、实训考核与日常操行表现评价相结合的评价方式，以利于学生综合职业能力的发展。

3. 理论部分的考核可以采用课堂综合表现评价、作业评价、学习效果课堂展示、综合笔试等多元评价方法。笔试主要针对各部分的基本知识进行命题。

4. 实践部分采用过程性评价和成果考核相结合的方式。实践考试要设计便于操作的考题和细化的评分标准。

5. 要根据课程的特点，注重评价内容的整体性，既要关注学生对知识的理解、技能的掌握和能力的提高，又要关注学生养成规范操作、安全操作的良好习惯，以及培养学生爱护设备、节约能源、保护环境等意识与观念的形成。

（四）教学管理

企业全程参与学徒班级的教学，派遣企业技术专家和骨干担任兼职教师，安排能工巧匠担任学生的企业导师（师傅）。实施探索"双导师制、企业工作室制"培养，专业培养和综合培养同步进行。教师要经常与企业进行研讨，开设符合学徒理论学习及企业实践特点的专业课程，学徒在校学习期间要接受学校和企业的双重管理。

教学管理在学院主管院长的领导下，实行校企双重管理，主要通过以下形式进行：

1. 建立教学管理组织协调系统。学院配合学校教务处对学徒在校日常课堂教学和在岗培养进行管理和监控工作，及时解决培养过程中出现的问题。

2. 建立佛山职业技术学院校企导师督学系统。聘请有丰富教学经验和现场工作经验的导师组成督学小组，实现"督教、督学、督管"。

3. 建立学徒培养效果反馈系统。每学期期中、期末，召开学徒座谈会，反馈培养过程中存在的问题，组织学徒填写"学徒培养效果反馈表"，对所有导师的培养效果进行反馈，以便改进教学过程出现的问题。

（五）质量监控

1.建立教学质量保障体系

本专业按照学校教学质量管理与监控要求，通过专业建设指导委员会，校企共同实施教学质量监控，并利用第三方社会评价机构，逐步形成开放、可持续发展的教学质量监控、评价与保障体系。

充分发挥"督导评教""学生评教""领导评教""同行互评"的作用，完善期初、期中、期末教学检查制度。形成教研室自查、系部普查和学院抽查的机制。建立以用人单位、学院领导、专业教师、学生代表为主的二级教学督导机构。

2.企业导师制的实施

本专业为了提高人才培养质量和就业质量，在学徒所在企业，选拔富有管理经验的、具有较高的专业知识和技能的资深管理者或技术专家作为学生的企业导师。

（1）企业导师的选拔

企业导师的选拔要从品德、业务水平、指导技能三个方面入手。品德方面要求导师为人公正、爱岗敬业，具备耐心、爱心，乐于施教等素质；业务水平要求导师工作能力强、工作经验丰富；并要求导师要善于表达、传授自己的知识和经验，语言表达能力和实际操作演示能力强，沟通能力强。

（2）企业导师的职责

明确企业导师的职责可以更好地培养学生，在校企合作时由学校和企业共同商定企业导师在工厂产品数控加工综合实训阶段的主要工作任务、完成的目标、培养方式等。

（3）企业导师的考评

企业导师的考评主要是对导师工作情况的评价，考评可以分为三个部分：学校的评价、企业的评价、学生的评价。考评是为了促进企业导师更好地指导学生，提高培养质量。

十四、毕业要求

1.在学制规定的年限内修满103.5学分，其中选修课10.5学分。

2. 学员获得职业资格证书、专业技能证书、已掌握的技术技能可折合相应学分，免修相关专业课程，具体实施方案由学校另行制定。

附件1：数控技术专业职业能力分析表（附表6-15～附表6-18）

附表6-15 "数控机床操作工"岗位职业能力分析表

工作项目	任务评定	任务模块	职业能力	能力要求（打"√"）	
				高	中
01、识图	4	01-01、识二维图	01-01-01、读懂三视图（第一视角）	√	
			01-01-02、理解公差配合	√	
			01-01-03、读懂粗糙度	√	
			01-01-04、理解技术要求（表面处理、材料）	√	
			01-01-05、理解公差等级	√	
	6	01-02、理解程序单（企业）	01-02-01、能与编程员沟通	√	
			01-02-02、理解加工要求	√	
			01-02-03、能借助仿真理解程序单	√	
			01-02-04、读懂装夹图	√	
			01-02-05、常用G代码掌握	√	
			01-02-06、程序的编辑		√
			01-02-07、能理解基本工艺	√	
	5	01-03、看工艺卡	01-03-01、理解装夹基准	√	
			01-03-02、清楚加工工序	√	
			01-03-03、关注加工注意事项	√	
02、加工前准备	3	02-01、仿真	02-01-01、熟练操作仿真软件		√
			02-01-02、理解加工项目	√	
			02-01-03、理解仿真问题	√	

（续表）

工作项目	任务评定	任务模块	职业能力	能力要求（打"√"）	
				高	中
02、加工前准备	3	02-02、机床检查	02-02-01、热机	√	
			02-02-02、检查冷却液、润滑油	√	
			02-02-03、检查气压是否正常（0.6~0.8MPa气压）	√	
			02-02-04、参数归零、操作系统检查	√	
			02-02-05、向上级反映问题	√	
	3	02-03、准备夹具	02-03-01、能根据作业指导书选择对应的夹具	√	
			02-03-02、会检查和安装夹具	√	
			02-03-03、会使用装夹方面的辅助工具	√	
	3	02-04、准备刀具	02-04-01、按程序单、工艺卡要求选择刀具	√	
			02-04-02、能磨刀		√
			02-04-03、能测量刀具		√
			02-04-04、能装刀具	√	
			02-04-05、能识别刀具	√	
	3	02-05、准备量具	02-05-01、按工艺卡片要求选择量具	√	
			02-05-02、正确使用量具	√	
			02-05-03、正确保养各种量具	√	
	3	02-06、安全检查、周边环境检查	02-06-01、检查消防隐患	√	
			02-06-02、检查温度、湿度（精密产品）	√	

(续表)

工作项目	任务评定	任务模块	职业能力	能力要求（打"√"）	
				高	中
03、加工	3	03-01、掌握操作面板	03-01-01、熟悉系统面板	√	
			03-01-02、文件的存储及编辑	√	
			03-01-03、熟悉基本机床参数设置	√	
	3	03-02、选择加工材料	03-02-01、能够选择加工材料的种类	√	
			03-02-02、根据材料选择机床切削参数	√	
	3	03-03、加工过程中突发事件的处理	03-03-01、能判断加工中的异常	√	
			03-03-02、能够判断刀具的磨损（部分企业）	√	
	3	03-04、加工过程中相关处理	03-04-01、工件的装夹、找正	√	
			03-04-02、对刀碰数	√	
			03-04-03、换刀	√	
			03-04-04、加工过程中的自检	√	
04、自检	2	04-01、自检达到图纸尺寸要求	04-01-01、能够看懂图纸	√	
			04-01-02、能够熟练使用常用的量具	√	
			04-01-03、掌握正确的检测方法	√	
			04-01-04、能够正确记录相关问题，并且上报	√	
			04-01-05、能够对特殊形状零件正确测量	√	
	2	04-02、自检达到零件外观要求	04-02-01、能够判断零件的表面光洁度	√	
			04-02-02、能够正确判断是否有裂纹、气孔等材质缺陷（部分企业）		√
			04-02-03、能够初步处理零件表面的毛刺、杂质、飞边等	√	

（续表）

工作项目	任务评定	任务模块	职业能力	能力要求（打"√"）	
				高	中
05、机床维护	3	05-01、机床的擦拭	05-01-01、能够正确擦拭导轨	√	
			05-01-02、能够正确擦拭机床	√	
	3	05-02、油气液的检查	05-02-01、能够正确检查润滑油、切削油、液压油	√	
			05-02-02、能够正确检查气压	√	
			05-02-03、能够正确检查冷却液	√	
	3	05-03、加工现场环境的维护	05-03-01、5S（整理、整顿、清扫、清洁、素养）	√	
A通用能力（关键能力、核心能力）	5	A-01、沟通交流	A-01-01、能够与上下级有效交流	√	
	4	A-02、数学应用	A-02-01、能够运用三角函数进行计算	√	
			A-02-02、能够使用代数、解析几何方法进行计算		√
	4	A-03、革新创新	A-03-01、能够对工具夹具进行一定合理的改进		√
	4	A-04、自主学习	A-04-01、工作中能够通过自主搜集材料和学习，解决问题	√	
	6	A-05、团队合作	A-05-01具备团队合作精神，服从上级安排	√	
			A-05-02具备较强的执行力	√	
	5	A-06、解决问题	A-06-01能够主动发现问题、汇报问题、解决问题	√	
	4	A-07、信息处理	A-07-01、会使用计算机软件处理相关工作信息	√	
			A-07-02、能正确处理一些工作信息	√	
	6	A-08、责任意识	A-08-01、工作态度端正	√	
			A-08-02、工作主动积极	√	

附表6-16 "数控机床操作班组长"岗位职业能力分析表

工作项目	任务评定	任务模块	职业能力	能力要求（打"√"） 高	中
01、识图	6	01-01、识二维图	01-01-01、读懂三视图（第一视角）	√	
			01-01-02、理解公差配合	√	
			01-01-03、读懂粗糙度	√	
			01-01-04、理解技术要求（表面处理、材料）	√	
			01-01-05、理解公差等级	√	
	6	01-02、理解程序单	01-02-01、能与编程员沟通	√	
			01-02-02、理解加工要求	√	
			01-02-03、能借助仿真理解程序单	√	
			01-02-04、读懂装夹图	√	
			01-02-05、常用G代码掌握	√	
			01-02-06、程序的编辑	√	
			01-02-07、能理解基本工艺	√	
	6	01-03、看工艺卡	01-03-01、理解装夹基准	√	
			01-03-02、清楚加工工序	√	
			01-03-03、关注加工注意事项	√	
02、加工前准备	3	02-01、仿真	02-01-01、熟练操作仿真软件	√	
			02-01-02、理解加工项目	√	
			02-01-03、理解仿真问题	√	

（续表）

工作项目	任务评定	任务模块	职业能力	能力要求（打"√"）	
				高	中
02、加工前准备	3	02-02、机床检查	02-02-01、热机	√	
			02-02-02、检查冷却液、润滑油	√	
			02-02-03、检查气压是否正常（0.6~0.8MPa气压）	√	
			02-02-04、参数归零、操作系统检查	√	
			02-02-05、向上级反映问题	√	
	3	02-03、准备夹具	02-03-01、能根据作业指导书选择对应的夹具	√	
			02-03-02、会检查和安装夹具	√	
			02-03-03、会使用装夹方面的辅助工具	√	
	3	02-04、准备刀具	02-04-01、按程序单、工艺卡要求选择刀具	√	
			02-04-02、能磨刀		√
			02-04-03、能测量刀具		√
			02-04-04、能装刀具	√	
			02-04-05、能识别刀具	√	
	3	02-05、准备量具	02-05-01、按工艺卡片要求选择量具	√	
			02-05-02、正确使用量具	√	
			02-05-03、正确保养各种量具	√	
	3	02-06、安全检查、周边环境检查	02-06-01、检查消防隐患	√	
			02-06-02、检查温度、湿度（精密产品）	√	

(续表)

工作项目	任务评定	任务模块	职业能力	能力要求（打"√"） 高	中
03、加工	3	03-01、掌握操作面板	03-01-01、熟悉系统面板	√	
			03-01-02、文件的存储及编辑	√	
			03-01-03、熟悉基本机床参数设置	√	
	3	03-02、选择加工材料	03-02-01、能够选择加工材料的种类	√	
			03-02-02、根据材料选择机床切削参数	√	
	3	03-03、加工过程中突发事件的处理	03-03-01、能判断加工中的异常	√	
			03-03-02、能够判断刀具的磨损（部分企业）	√	
	3	03-04、加工过程中相关处理	03-04-01、工件的装夹、找正	√	
			03-04-02、对刀碰数	√	
			03-04-03、换刀	√	
			03-04-04、加工过程中的自检	√	
04、巡检	2	04-01、自检达到图纸尺寸要求	04-01-01、能够看懂图纸	√	
			04-01-02、能够熟练使用常用的量具	√	
			04-01-03、掌握正确的检测方法	√	
			04-01-04、能够正确记录相关问题，并且上报	√	
			04-01-05、能够对特殊形状零件正确测量	√	
	2	04-02、自检达到零件外观要求	04-02-01、能够判断零件的表面光洁度	√	
			04-02-02、能够正确判断是否有裂纹、气孔等材质缺陷（部分企业）		√
			04-02-03、能够初步处理零件表面的毛刺、杂质、飞边等	√	

（续表）

工作项目	任务评定	任务模块	职业能力	能力要求（打"√"）	
				高	中
05、监督机床维护	3	05-01、机床的擦拭	05-01-01、能够正确擦拭导轨	√	
			05-01-02、能够正确擦拭机床	√	
	3	05-02、油气液的检查	05-02-01、能够正确检查润滑油、切削油、液压油	√	
			05-02-02、能够正确检查气压	√	
			05-02-03、能够正确检查冷却液	√	
	3	05-03、加工现场环境的维护	05-03-01、5S（整理、整顿、清扫、清洁、素养）	√	
06、组员的管理	6	06-01、班组人员的安排	06-01-01、清楚本组成员特点及技能	√	
			06-01-02、能够合理调配本组成员的班次、机台等	√	
	6	06-02、生产任务的安排	06-02-01、清楚机台的精度和产能	√	
			06-02-02、能够制定班组内的生产计划	√	
			06-02-03、合理安排生产计划	√	
	6	06-03、工艺的安排	06-03-01、能熟悉加工工艺	√	
			06-03-02、具备指导和监督他人工作的能力	√	
	6	06-04、沟通与协调	06-04-01、上下级沟通能力	√	
			06-04-02、班组内部成员的沟通能力	√	
			06-04-03、成员之间的协调能力	√	
			06-04-04、文字表达、语言表达、人员之间的组织、他人的理解能力	√	
	6	06-05、组织纪律的管理	06-05-01、熟悉厂规厂纪	√	
			06-05-02、以身作则、执行厂规厂纪	√	
			06-05-03、掌握管理方法	√	

(续表)

工作项目	任务评定	任务模块	职业能力	能力要求（打"√"）	
				高	中
06、组员的管理	6	06-06、突发事件的处理	06-06-01、人员	√	
			06-06-02、机	√	
			06-06-03、料	√	
			06-06-04、法	√	
			06-06-05、环	√	
	6	06-07、标准化生产的管理	06-07-01、熟悉标准化的作业流程	√	
			06-07-02、具备指导班组成员执行标准化作业的能力	√	
A通用能力（关键能力、核心能力）	6	A-01、沟通交流	A-01-01、能够与上下级有效交流	√	
	5	A-02、数学应用	A-02-01、能够运用三角函数进行计算	√	
			A-02-02、能够使用代数、解析几何方法进行计算	√	
	5	A-03、革新创新	A-03-01、能够对工具夹具进行一定合理的改进	√	
	4	A-04、自主学习	A-04-01、工作中能够通过自主搜集材料和学习，解决问题	√	
	6	A-05、团队合作	A-05-01、具备团队合作精神，服从上级安排，	√	
			A-05-02、具备较强的执行力	√	
	5	A-06、解决问题	A-06-01、能够主动发现问题、汇报问题、解决问题	√	
	4	A-07、信息处理	A-07-01、会使用计算机软件处理相关工作信息	√	
			A-07-02、能正确处理一些工作信息	√	
	6	A-08、责任意识	A-08-01、工作态度端正	√	
			A-08-02、工作主动积极	√	

附表6-17 "工艺编程员"岗位职业能力分析表

工作领域	任务评定	任务模块	职业能力	能力要求（打"√"）	
				高	中
07、制图	3	07-01、绘制零件的2D图	07-01-01、绘制中等复杂程度的三视图	√	
			07-01-02、能够标注尺寸公差	√	
			07-01-03、能够编制技术文件	√	
			07-01-04、能够正确测绘零件		√
		07-02、绘制零件的3D图	07-02-01、绘制中等复杂程度的三维图	√	
			07-02-02、熟练掌握3D绘图软件	√	
			07-02-03、能够熟练使用软件的快捷键	√	
08、加工工艺的分析与制定	5	08-01、熟悉零件的技术要求	08-01-01、掌握装配尺寸	√	
			08-01-02、掌握零件的精度要求	√	
			08-01-03、掌握零件表面光洁度的要求	√	
			08-01-04、掌握零件材料性能的要求	√	
		08-02、熟悉机床的加工能力、加工特点	08-02-01、熟悉各种机床的性能及参数	√	
			08-02-02、合理选择设备	√	
		08-03、合理编写工艺流程	08-03-01、能够制定合理的工艺路线	√	
			08-03-02、掌握各种加工方法	√	
		08-04、能够熟练制定装夹方案	08-04-01、熟悉本企业的通用夹具，并能合理选择夹具	√	
			08-04-02、能设计专用夹具	√	
			08-04-03、掌握各种装夹方法	√	
		08-05、刀具选择	08-05-01、熟悉本企业的刀具	√	
			08-05-02、能够合理选择刀具	√	
			08-05-03、能够合理选择刀具的切削参数	√	

(续表)

工作领域	任务评定	任务模块	职业能力	能力要求（打"√"）	
				高	中
09、电极设计	3	09-01、设计电极	09-01-01、掌握本企业电加工设备的特点	√	
			09-01-02、熟练应用软件设计电极	√	
		09-02、电极工艺编制	09-02-01、能够掌握紫铜、石墨材料的特点	√	
			09-02-02、掌握合理的放电参数	√	
10、程序的编制	6	10-01、手工程序编制	10-01-01、熟练掌握各种G代码、M代码（深孔钻、啄钻等）	√	
			10-01-02、能编写零件的宏程序	√	
		10-02、自动程序的编制	10-02-01、熟练应用编程软件	√	
			10-02-02、能够优化刀路（包括跳刀、空刀等）	√	
			10-02-03、根据刀具和材料合理设计加工参数	√	
			10-02-04、熟悉刀具的模拟检查	√	
11、CAD/CAM软件的使用	6	11-01、CAD软件应用	11-01-01、熟练应用CAD软件及操作技巧	√	
			11-01-02、掌握零件的线架、曲面构图方法	√	
		11-02、CAM软件应用（企业使用较多）	11-02-01、熟练应用1～2种CAM软件及操作技巧	√	
			11-02-02、熟悉掌握各种加工刀路	√	
			11-02-03、熟练掌握常用软件格式的转换	√	
			11-02-04、能够熟练掌握曲面的补面方法	√	

（续表）

工作领域	任务评定	任务模块	职业能力	能力要求（打"√"）	
				高	中
12、工艺文件的编写	5	12-01、CNC程序单的编写（企业使用较多）	12-01-01、零件装夹方法的绘制	√	
			12-01-02、工件坐标原点的确定	√	
			12-01-03、加工刀具种类的标示	√	
			12-01-04、刀具及加工参数的标示	√	
		12-02、电加工程序单的编写（企业使用较多）	12-02-01、零件装夹方法的绘制	√	
			12-02-02、工件坐标原点的确定	√	
			12-02-03、电极种类及坐标的标示	√	
			12-02-04、放电火花位的标示	√	
13、首件加工过程的跟踪	5	13-01、现场问题的处理	13-01-01、加工过程的异常处理	√	
			13-01-02、加工过程的改善	√	
			13-01-03、具备与现场加工人员的沟通能力	√	
A通用能力（关键能力、核心能力）	5	A-01、沟通交流	A-01-01、能够与上下级有效交流	√	
	4	A-02、数学应用	A-02-01、能够运用三角函数进行计算	√	
			A-02-02、能够使用代数、解析几何方法进行计算		√
	4	A-03、革新创新	A-03-01、能够对工具夹具进行一定合理的改进	√	
	4	A-04、自主学习	A-04-01、工作中能够通过自主搜集材料和学习，解决问题	√	
	6	A-05、团队合作	A-05-01、具备团队合作精神，服从上级安排	√	
			A-05-02、具备较强的执行力	√	

(续表)

工作领域	任务评定	任务模块	职业能力	能力要求(打"√") 高	中
A通用能力（关键能力、核心能力）	5	A-06、解决问题	A-06-01、能够主动发现问题、汇报问题、解决问题	√	
	4	A-07、信息处理	A-07-01、会使用计算机软件处理相关工作信息	√	
			A-07-02、能正确处理一些工作信息	√	
	6	A-08、责任意识	A-08-01、工作态度端正	√	
			A-08-02、工作主动积极	√	

附表6-18 "数控车间主任"岗位职业能力分析表

工作领域	任务评定	任务模块	职业能力	能力要求(打"√") 高	中
14、订单评审	5	14-01、设备的评审	14-01-01、对设备的种类、性能、数量、状况等非常了解	√	
		14-02、人员的评审	14-02-01、清楚人员的数量、技能等	√	
		14-03、产能的评审	14-03-01、清楚了解现有的生产能力	√	
			14-03-02、清楚订单加工所需的时间	√	
			14-03-03、清楚物料的到位时间	√	
15、安排生产任务	6	15-01、制订生产计划	15-01-01、具备周计划的制订能力	√	
			15-01-02、具备月计划的制订能力	√	
			15-01-03、具备单一订单的制订能力	√	
		15-02、分解生产任务	15-02-01、清楚了解车间人、机、料	√	
			15-02-02、能够宏观调控车间人、机、料	√	
		15-03、布置生产任务	15-03-01、内部加工与外部加工分配	√	
			15-03-02、内部加工根据设备分解生产任务	√	

（续表）

工作领域	任务评定	任务模块	职业能力	能力要求（打"√"）	
				高	中
16、生产进度跟进	5	16-01、内部加工进度的跟进	16-01-01、对人、机、料非常了解	√	
			16-01-02、具备生产报表的分析能力	√	
			16-01-03、质量、数量的跟进	√	
		16-02、外部加工进度的跟进	16-02-01、对人、机、料非常了解	√	
			16-02-02、具备生产报表的分析能力	√	
			16-02-03、质量、数量的跟进	√	
		16-03、内外协调	16-03-01、根据内外实际加工进度，进行协调	√	
		16-04、异常情况的纠正处理措施	16-04-01、具备进度异常的处理能力	√	
			16-04-02、具备质量异常的处理能力	√	
			16-04-03、具备设备异常的处理能力	√	
17、车间的现场管理（6S）	5	17-01、整理	17-01-01、安排人员进行整理	√	
		17-02、整顿	17-02-01、安排人员进行整顿	√	
		17-03、清扫	17-03-01、安排人员进行清扫	√	
		17-04、清洁	17-04-01、安排人员进行清洁	√	
		17-05、素养	17-05-01、培养人员养成良好习惯	√	
18、生产成本管理	5	18-01、人工成本、水电成本	18-01-01、工时的制定	√	
			18-01-02、班次的优化能力	√	
			18-01-03、清楚设备水电的损耗	√	
		18-02、易耗品、工具、量具、夹具的成本	18-02-01、清楚易耗品、工具、量具、夹具损耗及周期	√	
			18-02-02、清楚采购价格变化	√	
			18-02-03、成本的综合分析能力	√	
		18-03、设备的维修成本	18-03-01、维修备件库存	√	
			18-03-02、对维修件的判断能力	√	
			18-03-03、维修物料的成本控制	√	

(续表)

工作领域	任务评定	任务模块	职业能力	能力要求（打"√"）	
				高	中
18、生产成本管理	5	18-04、综合成本	18-04-01、后勤办公用品的成本控制	√	
			18-04-02、安全工伤类费用的控制	√	
			18-04-03、质量问题及报废成本的控制	√	
19、车间的综合管理	6	19-01、人员的培训	19-01-01、岗位专业技能培训	√	
			19-01-02、规章制度培训	√	
			19-01-03、安全及文化培训	√	
		19-02、过程质量控制	19-02-01、质量监督和检查	√	
			19-02-02、不良品的处理	√	
		19-03、安全管理	19-03-01、人员安全	√	
			19-03-02、设备安全	√	
			19-03-03、物料安全	√	
			19-03-04、资产安全	√	
	6	19-04、标准化生产	19-04-01、车间标准化生产的制定与执行	√	
			19-04-02、生产标准化的改善	√	
A 通用能力（关键能力、核心能力）	6	A-01、沟通交流	A-01-01、能够与上下级有效交流	√	
	5	A-02、数学应用	A-02-01、能够运用三角函数进行计算	√	
			A-02-02、能够使用代数、解析几何方法进行计算	√	
	5	A-03、革新创新	A-03-01、能够对工具夹具进行一定合理的改进	√	
	5	A-04、自主学习	A-04-01、工作中能够通过搜集材料和学习，解决问题	√	

（续表）

工作领域	任务评定	任务模块	职业能力	能力要求（打"√"）	
				高	中
A 通用能力（关键能力、核心能力）	6	A-05、团队合作	A-05-01、具备团队合作精神，服从上级安排	√	
			A-05-02、具备较强的执行力	√	
	6	A-06、解决问题	A-06-01、能够主动发现问题、汇报问题、解决问题	√	
	4	A-07、信息处理	A-07-01、会使用计算机软件处理相关工作信息	√	
			A-07-02、能正确处理一些工作信息	√	
	6	A-08、责任意识	A-08-01、工作态度端正	√	
			A-08-02、工作主动积极	√	

附录7 学徒岗位能力课程标准（机械设计与创新）

学徒岗位能力课程标准（机械设计与创新）

企业：广东中海万泰技术有限公司
学校：佛山职业技术学院

一、课程名称

机械设计与创新。

二、适用专业及面向岗位

适用于现代学徒制数控技术专业，面向车工、铣工、工业产品设计员、数控加工编程员等岗位。

三、课程性质

机械设计与创新课程是现代学徒制数控技术专业开设的专业基础课中的一门具有工学结合特色的专业技术技能课程。

四、课程设计

1.课题整体设计思路

以职业岗位内涵为目标，以工作过程为导向，以工学结合产品为驱动项目，实现知识能力化。

学生在完成具体项目过程中，学会获取信息、制定计划、做出决策、执行计划、检查、评价的思维和行动方法，掌握学习和解决问题的技能，培养学生的团队意识，创新意识，自主学习的能力。课程突出对学生职业能力的训练，理论知识的选取紧紧围绕工作任务完成的需要来进行，同时充分考虑了高等职业教育对理论知识学习的需要，并融合了企业对学生知识、技能和态度的要求。

项目设计围绕工学结合产品来进行，分为5个教学项目，按照能力目标的要求，将课程相关内容进行重构，安排在各个学习任务中。

2."思政育人"设计思路（理念）

以立德树人为出发点，引入企业小家电产品设计案例，将工匠精神、职业素养与教学内容相结合，培养学生吃苦耐劳、尽职尽责、严谨认真的学习态度。以创新理念和创新思维的培养为目标，设计教学任务，提高创新设计能力，让学生认识到创新对科技进步和国家强大的重要性。

五、课程教学目标

1.总体目标

本课程的目标是使学生具有一定的设计构思理念、创新意识和设计技能，能独立完成家用电器、简单机械产品的传动装置设计和创新设计。

2.具体目标

(1)素质目标：

①通过小组合作，培养沟通技巧，锻炼学生的社会能力；

②建立责任感、敬业精神，培养吃苦耐劳、一丝不苟的工作作风；

③具有良好的团结协作精神，主动适应数控加工项目团队工作要求；

④具有独立工作能力与自我情绪调适的能力；

⑤具有创新思维和创新理念。

(2)知识目标：

①掌握各种机构的传动特性和应用；

②掌握重点传动机构的设计计算方法；

③掌握轴系结构设计方法；

④掌握轴承、联接件等的选择校核方法。

(3)能力目标：

①能对简单的机械系统方案进行优化及决策的能力；

②能根据简单机械产品的要求，设计传动方案和传动机构；

③能对机械结构进行工程分析计算，判断合格性；

④能对小家电或其他产品进行传动方案、传动机构和外形创新设计；

⑤能够正确应用标准、规范、手册、图册及CAD软件等技术资料和实用软件的能力。

六、参考学时与学分

学时：72　学分：4

七、课程结构（附表7-1）

附表7-1　课程结构

序号	学习任务（单元、模块）	对接典型工作任务及职业能力要求	知识、技能、态度要求	教学活动设计	学时
1	减速器拆装体验、课程介绍	学会小组协作	①熟练使用装拆工具 ②认识机械结构	教学活动： 拆装减速器 教学内容： a.课程学习内容 b.课程学习方法 c.课程学习要求 d.名词术语	8

(续表)

序号	学习任务（单元、模块）	对接典型工作任务及职业能力要求	知识、技能、态度要求	教学活动设计	学时
2	减速器或多功能搅拌机的设计	（1）正确应用国内外设计规定、设计标准（2）具备查阅资料的能力（3）养成严谨的设计计算专业素质（4）学会团队合作	①掌握两种轮系的特点、传动比的计算及传动符号的确定方法 ②掌握齿轮传动的类型、特点；了解齿廓啮合基本定律 ③掌握齿轮几何参数计算；掌握齿轮正确啮合的条件；掌握齿轮连续传动的条件；了解标准齿轮的安装；掌握齿轮的失效形式；掌握齿轮的结构，掌握齿轮的强度计算方法 ④掌握轴的功用与种类、轴的材料、轴的结构设计、轴上零件的定位方法；掌握轴的强度计算与校核 ⑤掌握键连接形式；了解销链接形式；掌握无键链接形式 ⑥掌握轴承的基本类型与功用、选择；掌握深沟球轴承的寿命计算	教学活动：a. 多功能搅拌机案例教学 b. 减速器案例教学 c. 多功能搅拌机创新设计案例教学 教学内容：a. 定轴轮系传动比计算方法 b. 周转轮系传动比计算方法 c. 创新设计理论与应用 d. 齿轮传动的类型 e. 渐开线齿轮的相关知识 f. 齿轮的啮合传动 g. 轴系结构设计 h. 轴的强度计算 i. 轴毂链接 j. 轴承选择与寿命计算	30
3	齿轮加工体验	学会小组协作	①认识齿轮结构 ②掌握齿轮加工方法	教学活动：齿轮加工体验 教学内容：a. 课程学习内容 b. 课程学习方法 c. 课程学习要求 d. 名词术语	8
4	咖啡机的创新设计	具有机构创新设计及应用的意识	①能进行带传动设计计算 ②了解凸轮机构传动特点	教学活动：a. 咖啡机案例教学 b. 内燃机案例教学 教学内容：a. 带轮传动 b. 凸轮机构	10

(续表)

序号	学习任务（单元、模块）	对接典型工作任务及职业能力要求	知识、技能、态度要求	教学活动设计	学时
5	冲压机、翻斗车、甜品机等的结构分析与运动分析	能够进行机构组合设计、创新应用	①掌握平面机构的组成 ②掌握机构运动简图的画法 ③掌握自由度的概念及计算方法 ④掌握机构具有确定运动的条件 ⑤掌握平面连杆机构的类型及特点 ⑥了解平面连杆机构的应用	教学活动： a. 翻斗车案例教学 b. 手动冲床案例教学 c. 甜品机案例 教学内容： a. 平面机构与运动简图 b. 平面连杆机构 c. 螺旋机构	10
6	其他机械产品传动机构设计	能熟练查阅文献资料	能够根据企业要求完成机械产品设计或产品创新设计	教学活动： 打蛋机、微波炉功能转换器或其他机械产品案例 教学内容： a. 蜗轮蜗杆传动 b. 间歇运动机构	6
7				合计	72

八、资源开发与利用

（一）教材编写与使用

在教材建设方面，优先选用国家高职高专推荐教材和获奖教材，积极编写针对性强的核心课程教材，并针对我院的实际机器设备情况，编写了多本实习实验指导书。

（二）数字化资源开发与利用

1. 专业教学资源库

依托"智能控制技术专业教学资源库"，建成了现代电气控制技术、工程制图与数字化表达、智能产品创新设计等国家级资源库课程。依托"机械设计与制造专业教学资源库"，建成了液压与气压传动、公差配合与技术测量、电工培训与考证等省级资源库课程。

2. 精品资源共享课

课程建设是专业建设的基础，在本专业的建设中高度重视课程建设。通过教学方法与教学手段的改革，已经建成了机械设计基础、电工技术及应用、电机拖动与电控技术、PLC应用技术等专业相关的院级精品在线开放课程。

3. 网络教学平台

利用"超星学习通"上传课件、微课、教学视频、练习题库等，搭建课程的网络学习平台。

（三）企业岗位培养资源的开发与利用

企业为学徒提供实训场地、实训设备、实习岗位，安排工作经验丰富的工程师作为学徒导师，并编写实习指导书。

九、教学建议

本课程主要采用任务驱动、案例教学、引导分析等教学方法，辅助采用讨论、演示、实物教学等方法，以典型零件和产品为载体进行教学。在教学过程中，应立足于加强学生实际操作能力的培养，采用项目教学，以工作任务引领提高学生学习兴趣，激发学生的成就动机。本课程教学的关键是通过典型的活动项目，由教师提出要求或示范，组织学生进行活动，注重"教"与"学"的互动，让学生在活动中增强重合同、守信用的意识，掌握本课程的职业能力。

十、课程实施条件

（一）教学条件

课程在具备多媒体教学设施的校内机构设计与创新实训室进行，这样既可以进行一般的多媒体教学，同时又可以深入现场进行实际的观察和操作。学生可以在真实工作环境的实训基地中进行项目学习，实现"教、学、做"一体化的行动教学，有条件时到企业进行课程实践。

（二）师资条件

骨干教师、双师素质教师，需具备企业工作经验及相关专业知识，有一定的教学经验。

十一、教学评价

（一）过程性评价

根据学生出勤情况、学习态度、上课专注度及接受情况、实践报告等进行综合考核。注重学生在完成项目过程（查阅资料、讨论、计划、决策、方案实施情况、结果和总结）的技能掌握情况，学习的积极性，沟通的有效性，总结报告的逻辑性与创新性。

（二）终结性评价

课程总评成绩由平时成绩（30%）、期末课程综合考核成绩（70%）构成。

附录8 学徒岗位能力课程标准(数控特种加工)

学徒岗位能力课程标准(数控特种加工)

企业:广东中海万泰技术有限公司
学校:佛山职业技术学院

一、课程名称

数控特种加工。

二、适用专业及面向岗位

适用于数控技术专业，面向数控技术岗位，依据数控技术专业培养目标要求，适应生产、管理和技术服务第一线的需要，德、智、体、美全面发展，掌握本专业必备的专门知识，具备使用该课程所培养的分析思维、所训练的分析方法进行电路分析与应用能力的高等技术应用型人才，以作为后续课程知识学习和能力培养的保证。

三、课程性质

本课程属于数控技术专业的一门拓展课程，为培养数控电火花加工人才提供必备的理论知识和专业技能。本课程根据数控电火花成型加工和数控电火花线切割加工岗位而设立，与之对应的职业岗位是数控电火花成型操作工、数控电火花线切割操作工等。通过本课程的学习，学生应具备电火花成型加工电极设计和编程加工、数控电火花成型机床和电火花线切割机床操作的能力。

四、课程设计

分析职业岗位的工作过程，确定职业行动领域，转换配置相应的学习领域。围绕典型零件数控电火花加工的工作过程，构建基于行动体系的课程内容。具体实施时，根据数控技术专业对应数控机床操作工的工作岗位及岗位群的典型工作任务分析，整合零件数控加工的典型工作任务，将分解的数控电火花成型电极设计与编程加工、数控电火花线切割编程与加工的学习领域作为主题学习单元；以循序渐进的典型零件数控电火花加工的工程项目为载体，以行动导向法设计单个学习情境的教学内容，即按照项目典型工作过程"准备—分析—实施—检查"，设计单个学习情境相应的教学过程。

五、课程教学目标

1. 总体目标

培养学生具备机械加工业岗位群所需的数控加工工艺分析及制定能力，重点强化学生具有数控电加工的切削基础、数控电火花机床电极的设计和安装、数控电火花加工中工件的定位与装夹、数控电火花加工工艺基础、数控电火花加工工艺分析的能力。在授课过程中，逐步建立适应现代生产方式的工作规范，使学习者掌握数控电火花加工工艺制定，并具有良好的职业素质。

2.具体目标

（1）素质目标：

①养成良好的数控加工安全文明生产意识，能够自觉按数控机床规章操作；

②学会数控编程、工艺规划与精密加工中分析问题、解决问题的方法；

③具有良好的团结协作精神，主动适应数控加工项目团队工作要求。

（2）知识目标：

①掌握电火花加工原理；

②熟悉电火花机床安全操作规程；

③掌握电火花常用术语；

④重点掌握电火成型加工电极的设计方法；

⑤掌握零件的电火花加工的一般过程；

⑥重点掌握线切割机床加工3B编程代码的使用方法；

⑦掌握工件的加工质量检测方法，了解游标卡尺、千分尺、螺纹规、粗糙度样板等测量工具使用方法；

⑧掌握对加工误差和加工精度相关知识。

（3）能力目标：

①能够根据零件图纸，合理安排数控电火花成型加工工艺；

②能够进行简单模具型腔加工的电极设计，并且画出火花位图；

③能够操作电火花机床，进行电极的安装与校正，并且进行简单的零件放电加工；

④能够根据零件图纸，合理安排数控电火花线切割加工工艺；

⑤能操作电火花线切割机床进行电极丝的安装与校正，并且进行简单的零件线切割加工；

⑥能够使用3B编程代码进行简单图形的手工编程，并且能够使用软件进行复杂零件图形的自动编程；

⑦能评判合格品、分析废品类型，并能对可修复废品进行加工误差修正。

六、参考学时与学分

学时：72　学分：4

七、课程结构（附表8-1）

附表8-1 课程结构

序号	学习任务（单元、模块）	对接典型工作任务及职业能力要求	知识、技能、态度要求	教学活动设计	学时
1	数控电火花成型加工基础知识	（1）能够根据零件图纸，合理安排数控电火花加工工艺 （2）能够掌握电火花加工各参数的设置 （3）能够掌握简单模具加工的电极设计	①掌握电火花加工原理 ②熟悉电火花机床的界面操作 ③熟悉电火花机床安全操作规程 ④掌握电极装夹方法 ⑤理解极性效应和覆盖效应 ⑥掌握电火花常用术语 ⑦掌握常用电极材料性能 ⑧掌握电火花加工的必备条件及工作液的作用	教学活动： a.电火花加工基础知识 b.电火花加工工艺知识 教学内容： a.电火花加工的原理、特点及应用范围 b.电火花常用术语 c.电极材料的选用 d.电火花加工条件 e.常用工件金属材料 f.电火花加工条件和工作液介绍 g.旋钮模具电极的设计 h.水龙头模具电极的设计 i.鼠标模具电极的设计	28
2	数控电火花线切割加工基础知识	（1）能够根据零件图纸，合理安排数控电火花线切割加工工艺 （2）能够掌握电火花线切割加工各参数的设置 （3）能够掌握电火花线切割加工的编程方法	①掌握电火花线切割加工原理 ②熟悉电火花线切割机床的界面操作 ③熟悉电火花线切割机床安全操作规程 ④掌握线切割电极丝的安装步骤 ⑤理解极性效应和覆盖效应 ⑥线切割机床加工编程代码	教学活动： a.电火花线切割加工基础知识 b.电火花线切割加工工艺知识 教学内容： a.电火花线切割加工的原理、特点及应用范围 b.数控电火花线切割加工机床 c.数控电火花线切割加工的主要工艺指标 d.ISO代码 e.3B代码	20

(续表)

序号	学习任务（单元、模块）	对接典型工作任务及职业能力要求	知识、技能、态度要求	教学活动设计	学时
3	零件的数控电火花加工	（1）能进行电火花机床电极的安装与校正 （2）能够操作电火花机床进行简单零件的加工 （3）能够对电极的数控编程加工 （4）能够针对电极画出火花位图	①熟练校正电极 ②正确装夹及校正工件 ③熟练掌握接触感知功能，对电极进行精确定位 ④掌握基准球定位原理 ⑤掌握电极的数控加工工艺文件的编写	教学活动： a.电火花加工工艺的实施步骤 b.电极的数控编程与出图 教学内容： a.电极的精确定位方法 b.工件的校正方法 c.电极的校正方法 d.电极的数控编程与加工 e.电极的火花位图的绘制	12
4	零件的数控电火花线切割加工	（1）能掌握电火花线切割机床电极丝的安装与校正 （2）能够进行线切割软件的自动编程	①熟悉操作电火花线切割机床操作面板 ②熟练启动、关闭机床 ③能将电极丝准确定位 ④熟练编制线切割3B程序	教学活动： a.电火花线切割加工工艺的实施步骤 b.电火花线切割加工软件的自动编程方法 教学内容： a.了解电火花线切割机床结构 b.初步掌握线切割加工过程 c.使用CAXA软件进行线切割自动编程	12
		合计			72

八、资源开发与应用

（一）教材编写与使用

在教材建设方面，我们优先选用国家高职高专推荐教材和获奖教材，积极编写针对性强的核心课程教材，并针对我院的实际机床设备情况，编写了实习实验指导书。

（二）数字化资源开发与利用

1. 专业教学资源库

依托"机械设计与制造专业教学资源库",建成了机械制图与CAD、数控加工工艺及编程、机械制造基础等国家级资源库课程。依托学校"互联网+"专业教学资源库及课程中心平台（超星学习平台）,建成了公差配合与技术测量、CAD技术（NX）、塑料成型工艺与模具CAD技术、快速制造技术及应用、机械设计与创新等省级课程、校级课程。

2. 精品资源共享课

课程建设是专业建设的基础,在本专业的建设中高度重视课程建设。通过教学方法与教学手段的改革,已经建成了机械设计基础、模具制造技术、机械设计与创新、机械产品设计（Solidworks）等专业相关的院级精品在线开放课程。

3. 网络教学平台

利用"超星学习通"上传课件、微课、教学视频、练习题库等,搭建课程的网络学习平台。

（三）企业岗位培养资源的开发与利用

企业为学徒提供实训场地、实训设备、实习岗位,安排工作经验丰富的工程师作为学徒导师,并编写实习指导书。

九、教学建议

本课程以本专业共同具备的岗位职业能力为依据,遵循学生认知规律,紧密结合电火花加工技能要求,确定本课程的项目模块和课程内容。按照数控电火花成型加工基础知识、数控电火花线切割加工基础知识、零件的电火花成型加工、零件的电火花线切割加工等具体实践过程安排学习项目,使学生掌握电火花加工技能的基本操作要领。为了充分体现任务引领、实践导向课程的思想,将本课程项目模块下的教学活动又分解设计成若干任务,以任务为单位组织教学,并以电火花成型机床、电火花线切割机床为载体,按电火花加工工艺要求展开教学,让学生在掌握电火花加工技能的同时,引出相关专业理论知识,使学生在技能训练过程中加深对专业知识、技能的理解和应用,培养学生的综合职业能力,为学生的终身学习打下良好基础。

十、课程实施条件

1. 教学条件建议

（1）教师应按照项目的学习目标编制项目任务书。项目任务书应明确教师讲授（或演示）的内容,明确学习者预习的要求,提出该项目整体安排以及各模块训练的时间、内容等;

（2）教师应以学习者为主体设计教学结构，营造民主、和谐的教学氛围，激发学习者参与教学活动，提高学习者学习积极性，增强学习者学习信心与成就感；

（3）教师应指导学习者完整地完成项目，并将有关知识、技能与学院文化有机融合；

（4）每人一台计算机，并安装UG 8.5、AutoCAD 2008等软件。

2. 师资条件

（1）专业老师2名以上，确保每2名学生有一套相关配套工夹具和常用量具；

（2）数控电火花机床、数控电火花线切割机床设备；

（3）生产现场工艺文件；

（4）企业产品零件图样。

十一、教学评价

1. 过程性评价

过程性考核占本课程总成绩的40%，过程评价考核包括电极的设计、电极的火花位图、UG编程加工程序和零件加工仿真结果。

2. 终结性评价

终结性考核采用课程作业的方式，重点考核学生对本课程知识的综合应用能力，占总成绩的60%。

附录9 学徒岗位能力课程标准（数控加工工艺与编程）

学徒岗位能力课程标准（数控加工工艺与编程）

企业：广东中海万泰技术有限公司
学校：佛山职业技术学院

一、课程名称

数控加工工艺与编程

二、适用专业及面向岗位

适用于数控技术专业，面向通用设备制造业岗位，依据数控技术专业培养目标要求，适应生产、管理和技术服务第一线的需要，德、智、体、美全面发展，掌握本专业必备的专门知识，具备使用该课程所培养的分析思维、所训练的分析方法进行电路分析与应用能力的高等技术应用型人才，以作为后续课程知识学习和能力培养的保证。

三、课程性质

本课程属于数控技术专业的一门核心课程，为培养数控加工人才提供必备的理论知识和专业技能。本课程根据数控机床操作和数控编程与加工岗位而设立，与之对应的职业岗位是数控机床操作工、数控程序员、数控工艺员等。通过本课程学习，学生应具备数控加工工艺的编写、零件的数控编程和数控机床操作的能力。

四、课程设计

以职业能力培养为重点，与行业企业合作，以工作过程为导向，构建以项目驱动的课程内容。引进了企业的实际工作任务，进行基于工作过程的课程开发与设计，分别以螺纹轴、规则体、型腔体、孔板类零件实际生产任务作为教学内容，基于项目导向，按照载体零件实际生产的工作过程进行课程教学，分别完成零件的加工工艺制定、程序编制和零部件加工生产整个生产流程。突出对学生职业能力的训练，理论知识的选取紧紧围绕工作任务完成的需要来进行，同时充分考虑了中等职业教育对理论知识学习的需要，并融合了企业对知识、技能和态度的要求。

基于工作过程的项目设计以零件的数控加工制造技术及应用来进行，融入职业能力目标，按照工作过程确定学习任务。本课程设计成5个学习情境，将与零件的数控加工制造技术及应用相关的职业能力目标进一步分解成相应的学习任务能力目标，按照能力目标的要求，将课程相关内容进行重构，并按照工作过程安排在5个教学项目（训练或工作项目）中。

教学效果评价采取过程评价与结果评价相结合的方式，通过"教、学、做"一体化，以学生为主体，重点评价学生的职业能力的养成。

五、课程教学目标

1. 总体目标：

本课程的目标是为现代制造企业培养数控编程、数控加工工艺制定和数控设备一线操作等岗位的技术技能型人才，训练学生通过获取信息、制定计划、做出决定、实施计划、检查控制、评估反馈六步来完成任务的工作方法，使学生养成勤于思考、勇于创新的习惯，从而获得可持续发展能力；通过项目教学，使学生提高责任感、团结协作、交往技巧等社会能力。通过本课程的学习，学生能够逐渐提高掌握与数控加工技术及应用岗位（群）相关的职业技术能力。

2.具体目标：

（1）素质目标

①培养学生以职业能力为主，爱岗敬业、热情主动的工作态度；

②养成遵守操作规程，工作整洁、有序的工作习惯；

③加强学生的语言表达、逻辑思维、信息技术使用、团队合作与自主学习训练，提高学生分析问题、解决问题的能力；

④强化学生安全意识，培养学生社会责任感；

⑤培养项目分解能力、管理能力；

⑥培养创新能力。

（2）知识目标

①掌握图纸分析，零件图数控工艺分析与处理的方法。能根据零件工程图进行数控车削加工工艺分析，确定加工方案，合理规划粗、精加工的走刀路径。

②掌握图形编程点坐标确定的方法。能够利用各种数学方法计算编程基点的工件坐标，并能利用CAD软件绘图查询坐标。

③重点掌握数控车床的手工与自动编程方法。掌握常用数控系统的MSFT以及G指令的手工编程，掌握自动编程的一般步骤，能够利用CAD/CAM一体化软件，进行自动编程刀具路径的合理规划、工艺参数的正确填写，生成刀具路径并仿真加工，能够利用常用仿真加工软件及其数控机床系统软件进行程序校验和调试。

④重点掌握零件的数控加工方法。能够掌握数控车床、数控铣床、加工中心常用系统的基本操作。在对刀、加工过程中，能够使用工具、仪器并熟悉数控机床的加工流程。

⑤掌握工件的加工质量检测方法。对加工的工件，能够利用游标卡尺、千分尺、螺纹规、粗糙度样板等测量工具，检测工件的尺寸精度、形位公差以及表面粗糙度。

⑥掌握对合格品的评判方法。能评判合格品、分析废品类型，并能对可修复废品进行加工误差修正。

（3）能力目标

①通过零件工程图分析，学生能运用公差配合知识，熟悉行业规范。

②通过完成工件测量，了解刀具、量具规范及使用方法，学生能够运用游标卡尺、千分尺、螺纹规、粗糙度样板等测量工具，检测工件的尺寸精度、形位公差以及表面粗糙度。

③通过对零件工艺分析后编程，学生能运用典型数控编程方法与相关指令含（CAM），操作数控车床。

④通过操作数控车床，在对刀加工过程中，学生能运用工具、仪器并熟悉数控车床

的操作流程。

⑤通过完成零件检测项目，学生能应用公差配合等知识，评判合格品，分析废品类型，并能对可修复废品进行加工误差修正，能规范填写设备运行记录。

六、参考学时与学分

学时：108　学分：6

七、课程结构（附表9-1）

附表9-1　课程结构

序号	学习任务（单元、模块）	对接典型工作任务及职业能力要求	知识、技能、态度要求	教学活动设计	学时
1	数控车削加工工艺基础知识	（1）能够合理选用切削用量进行加工（2）能够预防积屑瘤的产生（3）能够防止加工硬化现象	①切削运动与切削要素②明白切削原理，掌握切削过程基本知识	教学活动：a.成形运动和切削用量b.金属切削过程规律教学内容：a.典型零件表面的成形原理b.切削速度的含义及其对加工的影响c.背吃刀量的含义及其对加工的影响d.进给量的含义及其对加工的影响e.切削力的分解f.切削热的来源g.切屑收缩的形成过程h.积屑瘤的形成过程i.加工硬化现象的形成原理	4
2	数控车削加工刀具的选择	（1）能合理选择数控车削刀具	①数控车削刀具的类型②数控车刀材料与结构	教学活动：a.对数控车刀的认识b.车刀的几何角度对加工的影响c.车刀几何角度的选用原则d.车刀的磨损教学内容：a.常用车刀材料简介b.车刀的结构及主要刀具角度	4

(续表)

序号	学习任务（单元、模块）	对接典型工作任务及职业能力要求	知识、技能、态度要求	教学活动设计	学时
2	数控车削加工刀具的选择	（2）会合理选用刀具材料	③数控车刀的失效形式及可靠性 ④数控车刀的选择工具系统 ⑤车刀切削部分的几何角度	c. 认识刀具前角 d. 认识刀具后角 e. 认识刀具主偏角和副偏角 f. 刀具前角对加工的影响 g. 刀具后角对加工的影响 h. 刀具主偏角对加工的影响 i. 刀具副偏角对加工的影响 j. 刀具刃倾角及其对加工的影响 k. 刀具角度选择原则 l. 刀具主偏角及其选用原则 m. 刀具磨损的过程和主要形式 n. 主偏角对刀具寿命的影响	4
3	典型零件在数控车床上的装夹	明白定位原理、夹具类型，能合理选用夹具进行对零件的装夹	①机床夹具概述 ②工件定位的基本原理 ③常见定位元件及定位方式 ④定位误差和夹紧 ⑤夹具选用	教学活动： a. 工件在数控机床上的定位与装夹 b. 典型零件在数控机床上的装夹 教学内容： a. 六点定位原理 b. 常见夹紧装置 c. 轴类零件的装夹 d. 虎钳安装与校正	4
4	典型零件数控车削加工工艺分析	（1）能够看懂典型零件数控车削加工工艺文件 （2）能够合理编写典型零件数控车削加工工艺文件	能合理安排并制定各类车削零件加工工艺，能写出工艺文件	教学活动： a. 数控车削加工工艺的制订 b. 轴类零件数控车削工艺分析 c. 套类零件数控车削工艺分析 教学内容： a. 零件图的分析 b. 刀具的选择 c. 加工路线的确定 d. 切削用量的选用 e. 工艺卡片的填写	8
5	数控车削加工编程基础知识	（1）能够理解数控车削加工原理	①熟悉数控车床的基本结构和分类 ②了解数控车床的工作原理	教学活动： a. 数控车床基本结构学习 b. 数控加工原理教学 c. 数控系统控制原理教学 d. 数控车床及其坐标系统知识讲解	8

(续表)

序号	学习任务（单元、模块）	对接典型工作任务及职业能力要求	知识、技能、态度要求	教学活动设计	学时
5	数控车削加工编程基础知识	（2）能够操作数控机床	③掌握数控加工插补原理 ④掌握数控车床坐标轴、判断方法和运动方向的确定原则 ⑤掌握数控程序的基本格式 ⑥掌握数控编程中图形中的数学处理方法	e.数控加工程序格式教学 f.编程图形数学处理实例教学 教学内容： a.数控加工理论知识 b.数控系统控制原理知识 c.数控加工插补原理理论 d.数控机床坐标判断方法 e.数控程序格式知识 f.编程图形数学处理实例教学	8
6	数控车削加工手工编程	（1）能够控制机床的运动和加工过程 （2）能够根据零件的图纸或模型进行工艺分析	①掌握编制外圆柱、锥面、圆弧面阶梯轴零件数控车削加工程序的能力 ②熟练掌握车削加工循环指令编程的应用 ③掌握车削加工螺纹指令的格式和应用 ④掌握内孔零件的车削加工程序的编制 ⑤掌握车削加工中刀具半径补偿指令的应用	教学活动： a.数控车削编程的基本步骤及数控车削程序编写格式要求讲解 b.斯沃仿真软件车削加工操作界面学习 c.斯沃仿真软件对刀操作学习 d.简单零件阶梯轴车削加工编程案例教学 e.圆弧零件车削加工编程案例教学 f.槽类零件车削加工编程典型零件案例教学 g.套类零件车削加工编程典型零件案例教学 h.渐变轮廓台阶式粗精加工路径编程案例教学 i.零件等距线逼近轮廓粗加工路径编程案例教学 j.内外螺纹加工的编程典型案例教学 教学内容： a.数控车削编程的基本步骤及数控程序编程格式要求 b.FANUC0i-TC相应车削加工指令的格式、功能及应用 c.基本的MSFT指令、G指令格式和应用要求	24

(续表)

序号	学习任务(单元、模块)	对接典型工作任务及职业能力要求	知识、技能、态度要求	教学活动设计	学时
6	数控车削加工手工编程	（3）能够通过模拟或实机运行来调试程序	⑥能运用斯沃数控仿真软件对车削加工程序进行检验和调试，对加工过程进行仿真	d. 数控车削加工的斯沃仿真软件使用方法 e. 内孔车削加工编程方法 f. 数控车削加工中常用的简单循环指令的格式、编程特点、功能及应用要点 g. 数控车削加工中常用的复合循环指令的格式、编程特点、功能及应用要点 h. 刀具半径补偿指令格式及应用 i. 子程序M98、M99指令的格式、特点及应用要点 j. 螺纹加工指令的格式及应用	24
7	数控铣削基础知识	（1）能够合理选用切削用量进行加工 （2）能够合理选用铣削方式	①切削运动与切削要素 ②懂得切削原理，切削过程基本知识 ③顺铣和逆铣的区别 ④端铣和周铣的区别	教学活动： a. 成形运动和切削用量 b. 金属切削过程规律 教学内容： a. 典型零件表面的成形原理 b. 切削速度的含义及其对加工的影响 c. 背吃刀量的含义及其对加工的影响 d. 进给量的含义及其对加工的影响 e. 积屑瘤的形成过程 f. 加工硬化现象的形成原理	4
8	数控铣削刀具的选择	（1）能合理选择数控铣床加工刀具 （2）能合理选用刀具材料	①数控铣削加工刀具的类型 ②数控刀具材料与结构 ③数控刀具的失效形式及可靠性 ④数控刀具的选择工具系统	教学活动： a. 对数控铣刀的认识 b. 刀具的几何角度对加工的影响 c. 刀具几何角度的选用原则 d. 刀具的磨损 教学内容： a. 常用刀具材料简介 b. 铣刀的结构及主要刀具角度 c. 铣刀刀片代号的含义	4

(续表)

序号	学习任务（单元、模块）	对接典型工作任务及职业能力要求	知识、技能、态度要求	教学活动设计	学时
9	典型零件在数控铣床上的装夹	明白定位原理、夹具类型，能合理选用夹具进行对零件的装夹	①数控铣床夹具概述 ②工件定位的基本原理 ③常见定位元件及定位方式 ④定位误差和夹紧 ⑤夹具选用	教学活动： a. 工件在数控铣床上的定位与装夹 b. 典型零件在数控铣床上的装夹 教学内容： a. 六点定位原理 b. 常见夹紧装置 c. 虎钳安装与校正	4
10	典型零件数控铣床加工工艺分析	（1）能够看懂典型零件数控铣削加工工艺文件 （2）能够合理编写典型零件数控铣削加工工艺文件	能合理安排并制定各类铣削零件加工工艺，能写出工艺文件	教学活动： a. 数控铣削加工工艺的制订 b. 平面轮廓类零件铣削工艺分析 教学内容： a. 零件图的分析 b. 刀具的选择 c. 加工路线的确定 d. 切削用量的选用 e. 工艺卡片的填写	8
11	数控铣削加工编程基础知识	能够分析图纸并且确定零件轮廓点的坐标	①掌握数控加工插补原理 ②掌握数控机床坐标轴、判断方法和运动方向的确定原则 ③掌握数控程序的基本格式 ④掌握数控编程中图形中的数学处理方法	教学活动： a. 数控机床及其坐标系统知识讲解 b. 数控加工程序格式教学 c. 编程图形数学处理实例教学 教学内容： a. 数控加工插补原理理论 b. 数控机床坐标系判断方法 c. 数控程序格式知识 d. 编程图形数学处理实例教学	8
12	数控铣削加工手工编程	能够编制简单的零件加工程序，并且进行加工仿真	①熟悉数控铣床的机床原点、参考点、工件坐标系 ②掌握数控铣削编程指令格式及应用	教学活动： a. 讲解数控铣削编程的基本步骤及数控铣削程序编写格式要求 b. 斯沃仿真软件铣削加工操作界面学习 c. 斯沃仿真软件铣削加工对刀操作学习	16

(续表)

序号	学习任务（单元、模块）	对接典型工作任务及职业能力要求	知识、技能、态度要求	教学活动设计	学时
12	数控铣削加工手工编程	能够编制简单的零件加工程序，并且进行加工仿真	③熟练掌握刀具补偿指令的应用 ④掌握对图形进行平移、镜像、旋转、缩放的编程应用 ⑤掌握子程序与简化编程指令的综合应用 ⑥掌握孔加工固定循环指令的编程应用 ⑦熟练应用斯沃仿真数控铣削加工对程序进行检验，对加工过程进行仿真	d. 凸台零件铣削加工编程案例教学 e. 型腔零件铣削加工编程案例教学 f. 规则体零件的简化编程典型案例教学 g. 固定循环孔加工编程典型零件案例教学 教学内容： a. 数控铣削编程的基本步骤及数控程序编程格式要求 b. FANUC0i-M相应铣削加工指令的格式、功能及应用 c. 铣削加工基本的MSFT指令和G指令格式和应用要求 d. 斯沃仿真软件的数控铣削加工使用方法 e. 刀心轨迹编程方法 f. 刀具半径补偿和长度补偿指令格式及应用 g. 数控铣削加工中子程序M98、M99指令的格式、特点及应用要点 h. 简化编程指令格式及应用 i. 孔加工固定循环指令格式及应用	16
13	加工中心加工手工编程	能够编制简单的零件加工程序，并且进行加工仿真	①掌握加工中心手工编程的技巧 ②掌握加工中心编程指令 ③熟悉斯沃仿真软件，并对加工中心程序进行验证与调试	教学活动： a. 加工中心编程与数控铣削编程的区别介绍 b. 斯沃仿真软件加工中心加工操作界面学习 c. 加工中心换刀指令学习 d. 孔系零件加工中心加工编程案例教学 教学内容： a. 加工中心编程的基本步骤及数控程序编程格式要求	12

(续表)

序号	学习任务(单元、模块)	对接典型工作任务及职业能力要求	知识、技能、态度要求	教学活动设计	学时
13	加工中心加工手工编程	能够编制简单的零件加工程序,并且进行加工仿真	④掌握加工中心换刀指令的应用	b. FANUC0i-M相应加工中心加工指令的格式、功能及应用 c. 加工中心M06指令格式及应用 d. 孔系零件加工中心加工编程案例教学	12
合计					108

八、资源开发与利用

(一)教材编写与使用

在教材建设方面,优先选用国家高职高专推荐教材和获奖教材,积极编写针对性强的核心课程教材,并针对我院的实际机床设备情况,编写了实习实验指导书。

(二)数字化资源开发与利用

1. 专业教学资源库

依托"机械设计与制造专业教学资源库",建成了机械制图与CAD、数控加工技术及应用、机械制造基础等国家级资源库课程。依托学校"互联网+"专业教学资源库及课程中心平台(超星学习平台),建成了公差配合与技术测量、CAD技术(NX)、塑料成型工艺与模具CAD技术、快速制造技术及应用、机械设计与创新等省级课程、校级课程。

2. 精品资源共享课

课程建设是专业建设的基础,因此在本专业的建设中高度重视课程建设,通过教学方法与教学手段的改革,已经建成了机械设计基础、模具制造技术、机械设计与创新、机械产品设计(Solidworks)等专业相关的院级精品在线开放课程。

3. 网络教学平台

利用"超星学习通"上传课件、微课、教学视频、练习题库等,搭建课程的网络学习平台。

(三)企业岗位培养资源的开发与利用

企业为学徒提供实训场地、实训设备、实习岗位,安排工作经验丰富的工程师作为学徒导师,并编写实习指导书。

九、教学建议

本课程立足于针对加强学生数控机床实际操作能力的培养，建议采用以工作为导向，以问题为核心的"教、学、做"的教学方法，此教学方法的应用目的是通过不同难度的零件加工编程，以工作任务引领提高学生学习兴趣，激发学生的成就动机，帮助学生反复经历完整的工作过程，积累工作过程的知识与经验，形成将已有经验应用于新问题解决的能力。教学过程中教师应积极引导学生提升职业素养，提高职业道德。

十、课程实施条件

1. 教学条件建议（附表9-2）

附表9-2　教学条件建议

序号	项目名称	学习教学场地、设施要求
1	数控车床编程与虚拟加工	在多媒体机房进行，电脑应装有UGCAM软件和斯沃数控车仿真加工软件
2	数控车配合件的加工	为便于实施"教、学、做"一体化，教学场所设在实训车间的数控车床旁的现场教学区、企业数控加工车间
3	数控铣床编程与虚拟加工	在多媒体机房进行，电脑应装有AutoCAD软件和斯沃数控车/数控铣仿真加工软件
4	零件的数控铣削加工	为便于实施"教、学、做"一体化，教学场所设在实训车间的数控铣床区旁的现场教学区

2. 师资条件

（1）专业教师应具有机械或相近专业本科及以上学历，具有普通高校教师资格证书。

（2）专业实训教师、企业教师应具备机械或相近专业中级及以上职业资格证书或相应技术职称。

十一、教学评价

1. 过程性评价

过程性考核占本课程总成绩的30%，包括加工工艺卡、加工程序和零件加工仿真结果，岗位任务完成情况。每个任务具体考核标准见附表9-3：

附表9-3 课程过程评价表

课程		数控加工工艺与编程			学期			
班级				姓名			学号	
项目名称	序号	考核内容			配分	学生自评	小组评分	教师评分
编程	1	切削加工工艺制定正确			8			
	2	切削用量选用合理			8			
	3	程序简单、明确且规范			10			
	4	程序正确			20			
加工仿真	5	机床操作正确			10			
	6	程序检验,过程仿真正确			10			
	7	零件加工测量合格			18			
态度	8	行为规范,纪律良好			6			
	9	安全文明生产			5			
	10	团队协作能力和创新能力			5			
综合得分					100			
教师签名								

2. 终结性评价

终结性考核采用期末考试、课程作业的方式,重点考核学生对本课程知识的综合应用能力,占总成绩的70%。

附录10　学徒岗位能力课程标准（ISO9000质量管理体系认证）

学徒岗位能力课程标准（ISO9000质量管理体系认证）

企业：广东中海万泰技术有限公司
学校：佛山职业技术学院

一、课程名称

ISO9000 质量管理体系认证。

二、适用专业及面向岗位

适用于现代学徒制数控技术专业，面向车工、铣工、工业产品设计员、数控加工编程员等岗位。

三、课程性质

ISO9000 质量管理体系认证课程是现代学徒制数控技术专业的一门专业选修课程。

四、课程设计

1.课程设计思路

该课程是依据"计算机辅助设计与制造专业工作任务与职业能力分析表"中的培养学生质量管理意识而设置。其总体设计思路是打破以知识传授为主要特征的传统学科课程模式，转变为以案例教学为中心组织课程内容，让学生在分析具体产品质量问题的过程中学会完成相应工作任务，并构建相关理论知识，发展职业能力。课程内容突出对学生职业能力的训练，理论知识的选取紧紧围绕工作任务完成的需要来进行，同时又充分考虑了高等职业教育对理论知识学习的需要，并融合了内审员职业资格证书对知识、技能和态度的要求。项目设计以八项质量管理原则为线索来进行。教学过程中，充分利用网络学习资源，为学生提供丰富的实践案例。教学效果评价采取过程评价与结果评价相结合的方式，通过理论与实践相结合，重点评价学生的职业能力。

2.课程思政思路

在八项质量管理原则的教学中引入国家管理与企业管理的相似之处。ISO 的第一大原则是以顾客为中心，我们党的宗旨就是全心全意为人民服务；ISO 要求企业要有目标管理，我们国家目前的"两个一百年"奋斗目标也是一种目标管理；ISO 要求企业的质量管理不断优化，实现 PDCA 循环，我们党也提出了与时俱进，党的政策要代表先进生产力的发展方向；ISO 要求质量管理流程化、文件化，我们现在的负面清单管理，各种审批制度的精简也符合这一原则。这门课程的学习，可以让学生从一个更理性的角度理解我们国家的各项政策，相信我们的政策制定会越来越有效率，国家会不断发展进步。

五、课程教学目标

1.总体目标

理解企业的质量管理体系，了解企业的管理流程，便于更快理解和接受工作岗位的各项管理规范,更快地融入企业,完成角色更换。

2.具体目标:

(1)素质目标:

①熟悉ISO9001质量管理体系;

②能够了解组织内独立建立的符合国际标准的ISO9001质量管理体系,协助组织决策层完成组织发展目标;

③培养自我诊断、自我改善的能力;

④具有独立工作能力与自我情绪调适的能力。

(2)知识目标:

①了解ISO9000最新标准;

②质量管理八大原则带来的先进管理理念和方法及其在实际工作中的应用;

③通过案例分析、理解标准的要求及有效应用;

④内部审核技巧和审核方法;

⑤内审表单的设计与制作。

(3)能力目标:

①能够协助组织建立ISO9000质量管理体系;

②能够协助组织公司内部进行管理评审;

③能够帮助企业进行ISO质量管理体系持续改进和提升。

六、参考学时与学分

学时:36 学分:2

七、课程结构(附表10-1)

附表10-1 课程结构

序号	单元名称		主要内容	学习目标	学时
1	第一章2008版GB/T 19000系列标准理论基础和术语	理论教学	第一节、质量管理体系基础 第二节、八项质量管理原则 第三节、术语及关系	要求掌握标准、标准化、认证的基本含义,了解我国标准的划分、国际标准的划分,以及标准化的程序。了解ISO9000:2008标准与ISO9000系列其他标准的关系,了解和掌握有关术语的含义和应用,以及掌握ISO9000:2008标准的质量管理原则	18

（续表）

序号	单元名称		主要内容	学习目标	学时
2	第二章 2008版 GB/T 19001 标准的应用	理论教学	第一节、质量管理原则的应用 第二节、策划 第三节、质量管理体系的实施和改进 第四节、示例 第五节、获证组织向2008版 GB/T 19001标准的过渡	认识和掌握质量体系的含义、质量体系的建立、实施与改进的过程，理解在企业内建立质量体系的重要现实意义。了解质量体系文件在实施ISO9000系列标准中的作用，了解质量文件体系的结构、质量管理体系中的文件类型，掌握质量体系文件的编写方法和内容	10
3	第三章 质量管理体系审核	理论教学	第一节、质量管理体系内部审核的实施 第二节、内部审核策划 第三节、内部审核实施 第四节、内部审核报告 第五节、跟踪审核	要求理解内部质量体系审核的含义、内容和范围，熟悉内部质量体系审核的建立和管理，并了解审核人员的资格和要求	8
学时合计					36

八、资源开发与利用

（一）教材编写与使用

在教材建设方面，优先选用国家高职高专推荐教材和获奖教材。

（二）数字化资源开发与利用

1. 专业教学资源库

依托"智能控制技术专业教学资源库"，建成了现代电气控制技术、工程制图与数字化表达、智能产品创新设计等国家级资源库课程。依托"机械设计与制造专业教学资源库"，建成了液压与气压传动、公差配合与技术测量、电工培训与考证等省级资源库课程。

2. 精品资源共享课

课程建设是专业建设的基础，因此在本专业的建设中高度重视课程建设。通过对教学方法与教学手段的改革，已经建成了机械设计基础、电工技术及应用、电机拖动与电控技术、PLC应用技术等专业相关的院级精品在线开放课程。

3. 网络教学平台

利用"超星学习通"上传课件、微课、教学视频、练习题库等，搭建课程的网络学习平台。

（三）企业岗位培养资源的开发与利用

企业为学徒提供实训场地、实训设备、实习岗位，安排工作经验丰富的工程师作为学徒导师，并编写实习指导书。

九、教学建议

在教学过程中，本着先进性、职业性与实用性的原则，为了让学生更好地掌握、理解和应用 ISO9000 质量体系，在教学方法上采用了案例讨论、互动式教学法、启发式教学法等多种方法进行，并针对不同模块的内容和难易程度，采用了灵活多样的教学方法；同时把握各种教学方法的本质，并将其相互交叉、融会贯通，形成独特的教学模式。本课程的教学在多媒体投影教室进行，教师在授课过程中采用多媒体教学课件进行授课，将较为枯燥的理论讲授与大量来源于生活的质量管理案例相结合，使学生更容易接受这些理论知识。

十、课程实施条件

（一）教学条件

课程在具备多媒体教学设施的校内进行，这样既可以进行一般的多媒体教学，同时能深入现场进行实际的观察和操作。学生可以在真实工作环境的实训基地中进行项目学习，实现"教、学、做"一体化的行动教学，有条件时也可以到企业进行课程实践。

（二）师资条件

骨干教师、双师素质教师，需具备企业工作经验及相关专业知识，有一定的教学经验。

十一、教学评价（附表10-2）

附表10-2　教学评价表

考核项目		考核方法	占总成绩的比例
过程考核	平时成绩	根据作业情况、课堂回答问题、课堂实践示范情况，由教师和学生干部综合评定学习态度的得分 根据上课考勤情况，由教师和学生干部评定纪律得分	20%
	项目实训	根据学生实训情况由学生自评、他人评价和教师评价相结合的方式评定成绩 根据实训完成的时间、完成的效果，由小组长评价和教师抽评相结合的方式评定成绩	30%
结果考核	大作业	由教师评定大作业成绩	50%
合计			100%

附录11　学徒岗位能力课程标准（6S管理）

学徒岗位能力课程标准（6S管理）

企业：广东中海万泰技术有限公司
学校：佛山职业技术学院

一、课程名称

6S管理。

二、适用专业及面向岗位

适用于现代学徒制数控技术专业,面向车工、铣工、工业产品设计员、数控加工编程员等岗位。

三、课程性质

6S管理课程是现代学徒制数控技术专业的一门专业选修课程,是一门具备理论性、实践性、综合性的课程。企业生产现场6S管理是对企业生产现场从业人员的基本素质要求。它的实施不仅能改变现场生产环境,还能提高生产率、产品质量、服务水准及员工士气,是减少浪费,提高生产力的基本要求。

四、课程设计

本课程以现代教育思想和理论为指导,运用现代信息技术,以学生为中心,学习者在教师创设的情境、协作与会话等学习环境中充分发挥自身的主动性和积极性,对当前所学的知识进行意义建构并用所学知识解决实际问题。

五、课程教学目标

1.总体目标

本课程的教学目标是通过本课程的学习使学生能掌握6S管理的基本内容,这有助于学生今后在企业工作和在生产过程中消除各种不符合6S管理的不良现象,提高学生的职业素养等。

2.具体目标

(1)素质目标:

①具备与人交流沟通的能力;

②有主动学习、自我发展能力;

③有分工合作、团队协作能力;

④具备信息收集与分析处理能力;

⑤具备综合分析、解决实际问题的能力;

⑥具备开拓创新的能力。

(2)知识目标:

①掌握6S管理的基本内容;

②掌握6S管理的基本要求和方法;

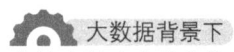

③熟悉6S管理与其他管理活动的关系；
④掌握6S管理的实施要领。
（3）能力目标：
①良好的职业能力；
②管理制度执行能力；
③项目的计划能力；
④防患生产安全问题能力。

六、参考学时与学分

学时：36　学分：2

七、课程结构（附表11-1）

附表11-1　课程结构

序号	学习任务（单元、模块）	对接典型工作任务及职业能力要求	知识、技能、态度要求	教学活动设计	学时
1	概述		（1）了解6S管理的发展史；（2）掌握6S管理的基本概念和内容	教学活动：①观看学习平台课程PPT②下载平台微课视频学习③观察生产现场 教学内容：①6S管理的发展史②6S管理的基本概念和内容	2
2	6S管理的整理、整顿、清扫、清洁主要内容和工程案例	1.7；2.8；3.4；4.6；5.1；5.2	掌握6S管理整理、整顿、清扫、清洁基本知识	教学活动：①观看学习平台课程PPT②下载平台微课视频学习③观察生产现场 教学内容：①6S管理的整理②6S管理的整顿③6S管理的清扫④6S管理的清洁	12
3	6S管理的素养、节约主要内容和工程案例		掌握6S管理素养、节约主要知识	教学活动：①观看学习平台课程PPT②下载平台微课视频学习③观察生产现场 教学内容：①6S管理的素养②6S管理的节约	6

(续表)

序号	学习任务（单元、模块）	对接典型工作任务及职业能力要求	知识、技能、态度要求	教学活动设计	学时
4	6S管理的安全主要内容和工程案例	1.7；2.8；3.4；4.6；5.1	掌握6S管理的安全主要知识	教学活动： ①观看学习平台课程PPT ②下载平台微课视频学习 ③观察生产现场 教学内容： 6S管理的安全	12
5	6S管理的推进，引入丰田管理之道案例	2.8；3.4；4.6；5.1	掌握6S管理的相关知识并管理企业	教学活动： ①观看学习平台课程PPT ②下载平台微课视频学习 ③观察生产现场 教学内容： 6S管理的推进	4
		合计			36

八、资源开发与利用

（一）教材编写与使用

校企合作开发编写教材，依据企业对生产现场管理的要求，根据工作岗位职业要求，编写学习项目。

（二）数字化资源开发与利用

搜集网络上各类教学资源平台、慕课平台上有关企业生产现场6S管理的视频、动画、PPT或校企合作开发的数字化资源并用于教学。

（三）企业岗位培养资源的开发与利用

企业为学徒提供实训场地、实训设备、实习岗位，安排工作经验丰富的工程师作为学徒导师，并编写实习指导书。

九、教学建议

本课程教学的关键是通过典型的活动项目，由企业导师提出要求或示范，并组织学生进行活动，注重"教"与"学"的互动，让学生在活动中增强合作意识，掌握本课程的职业能力。教学过程中企业导师应积极引导学生提升职业素养，提高职业道德。

十、课程实施条件

（一）教学条件

企业现有各类生产车间。

（二）师资条件

骨干教师、双师素质教师，需具备企业工作经验及相关专业知识，有一定的教学经验。

（三）教学评价

课程总评成绩由平时成绩（30%）、课程报告成绩（70%）构成。

参考文献

[1] 工业和信息化部. 信息化和工业化深度融合专项行动计划（2013—2018年）：工信部信〔2013〕317号.（2013-08-23）.

[2] 胡锦涛. 在中国共产党第十八次全国代表大会上的报告［M］. 北京：人民出版社，2012.

[3] 中共中央办公厅，国务院办公厅. 国家信息化发展战略纲要：中办发〔2016〕48号.（2016-07-27）.

[4] 工业和信息化部，财政部. 智能制造发展规划（2016—2020年）：工信部联规〔2016〕349号.（2016-12-08）.

[5] 工业和信息化部. 大数据产业发展规划（2016—2020年）：工信部信发〔2016〕46号.（2017-01-17）.

[6] 国务院. 深化"互联网+先进制造业"发展工业互联网的指导意见：国发〔2017〕35号.（2017-11-27）.

[7] 工业和信息化部."十四五"信息化和工业化深度融合发展规划：工信部规〔2021〕号.（2021-11-17）.

[8] 工业和信息化部，国家发展和改革委员会，教育部，等."十四五"智能制造发展规划：工信部联规〔2021〕221号.（2021-12-28）.

[9] 广东省人民政府办公厅. 关于加快先进装备制造业发展的意见：粤府办〔2014〕50号.（2014-10-12）.

[10] 广东省人民政府办公厅. 关于推动新一轮技术改造促进产业转型升级的意见：粤府办〔2014〕51号.（2014-10-12）.

[11] 广东省人民政府. 广东省智能制造发展规划（2015—2025年）：粤府〔2015〕70号.（2015-07-23）.

[12] 广东省人民政府办公厅. 广东省促进大数据发展行动计划（2016—2020年）：粤办〔2016〕49号.（2016-04-22）.

[13] 广东省人民政府办公厅. 广东省工业企业创新驱动发展工作方案（2016—2018年）：粤府办〔2016〕46号.（2016-05-20）.

[14] 广东省经济和信息化委，广东省国资委，广东省质监局. 深入推进信息化和工业化融合管理体系实施意见的通知：粤经信信息〔2014〕531号.（2014-07-31）.

[15] 广东省人民政府. 广东省深化"互联网+先进制造业"发展工业互联网实施方案及配套政策措施的通知：粤府〔2018〕23号.（2018-03-20）.

[16] 广东省人民政府. 广东省支持企业"上云上平台"加快发展工业互联网的若干扶持政策（2018—2020年）：粤府〔2018〕23号.（2018-03-20）.

[17] 广东省人民政府. 关于进一步促进科技创新若干政策措施的通知：粤府〔2019〕1号.（2018-12-24）.

[18] 广东省科学技术厅广东省工业和信息化厅. 关于加快构建广东省战略性产业集群创

新体系支群高质量发展的通知：粤科函高字〔2022〕895号.(2022-06-28).

[19] 工业和信息化部.工业大数据发展指导意见（征求意见稿）：工信部信发〔2020〕67号.(2019-09-04).

[20] 吴小红,刘云.运用SWOT分析法探析中国大数据市场发展现状和应对策略[J].经营管理者,2013(9)：27.

[21] 代芯瑜,张文曦.我国大数据研究现状与热点分析[J].思想战线,2013(12)：149-154.

[22] 徐颖,李莉.制造业大数据的发展与展望[J].信息与控制,2018(4)：421-427.

[23] 顾新建,代风,杨青海,等.制造业大数据顶层设计的内容和方法（上篇）[J].成组技术与生产现代化,2015(4)：12-17.

[24] 梁志宇,王宏志,李建中,等.制造业中的大数据分析技术应用研究综述[J].机械,2018(6)：1-13.

[25] 郑博儒.广东省高技术制造业发展特征及趋势分析[J].广东科技,2015(7)：1-3.

[26] 陈智,吉亚辉.中国高技术产业创新绩效的影响因素研究——基于中国省级面板数据的空间计量分析[J].江南大学学报（人文社会科学版）,2019(3)：108-114.

[27] 肖仁桥,陈忠卫,钱丽.异质性技术视角下中国高技术制造业创新效率研究[J].管理科学,2018(1)：48-68.

[28] 邓凤敏.广东省高新技术产业颠覆式创新绩效评价研究[D].广州：广州大学,2019.

[29] 万东华.我国高技术企业创新状况分析——2014年全国企业创新调查资料开发系列分析报告之六[J].调研世界,2017(4)：11-17.

[30] 郑霞.我国高技术企业技术创新能力影响因素研究[J].财经问题研究,2014(11)：127-132.

[31] 张杰,刘志彪,郑江淮,中国制造业企业创新活动的关键影响因素研究——基于江苏省制造业企业问卷的分析[J].管理世界,2007(6)：64-74.

[32] 侯洪凤,任意,张泽宇.骨干装备制造企业大数据平台构建[J].经济研究导刊,2017(35)：26-27.

[33] 顾新建,代风,杨青海,等.制造业大数据顶层设计的内容和方法（下篇）[J].成组技术与生产现代化,2016(1)：12-20.

[34] 张洁,汪俊亮,吕佑龙,等.大数据驱动的智能制造[J].中国机械工程,2019(1)：127-133.

[35] 宋莹莹.基于大数据的广东高技术制造业创新发展影响机理研究[J].广东经济,2020(6)：76-81.

[36] 文香艳.基于大数据驱动背景下广东高技术制造业发展现状及对策研究[J].教育教学论坛,2020(52)：323-325.

[37] 董俊华,彭艳芝.大数据时代背景下高技术制造业的创新发展路径研究[J].科技创新发展战略研究,2020(4)：14-17.

[38] 教育部.教育部财政部关于实施中国特色高水平高职学校和专业建设计划的意见：

教职成〔2019〕5号.(2019-12-10).

[39] 教育部.教育部等八部门关于加快和扩大新时代教育对外开放的意见:教外〔2020〕1号.(2020-06-18).

[40] 教育部.职业教育提质培优行动计划(2020—2023年):教职成〔2020〕7号.(2020-09-29).

[41] 中共中央办公厅国务院办公厅.关于推动现代职业教育高质量发展的意见:厅字〔2021〕47号.(2021-10-12).

[42] 广东省委组织部,广东省工业和信息化厅.关于强化我省制造业高质量发展人才支撑的意见:粤工信规划政策函〔2021〕15号.(2020-08-12).

[43] 粤府办.广东省制造业数字化转型实施方案(2021—2025年):粤府〔2021〕45号.(2021-06-30).

[44] 广东省人力资源和社会保障厅.2020年粤港澳大湾区(内地)急需紧缺人才目录:粤人社发〔2020〕40号.(2020-12-29).

[45] 粤府办.广东省人力资源和社会保障事业发展"十四五"规划:粤府办〔2021〕32号.(2021-06-30).